中小企業再生のための

財務DD^{デューディリジェンス}の実務

福島 朋亮／青木 健造／青柳 立野／赤坂 圭士郎

安齋 慎哉／牛越 直／鏡 高志／金子 剛史／鈴木 哲史

［著］

一般社団法人 **金融財政事情研究会**

はじめに

　本書の執筆に協力いただいた公認会計士の諸氏は、いずれも10年以上にわたって私的整理の財務デューディリジェンス（財務DD）から再生計画作成支援に関与しており、なかには中小企業再生支援協議会（現・中小企業活性化支援協議会。以下「協議会」という）のサブマネージャーの経験がある者、事業デューディリジェンス（事業DD）にも多く関与している者、企業再生税制や協議会の再生計画の調査報告書作成にあたっての財務面の検証担当者として多くの案件に関わっている者など、私的整理の実務において第一線で多くの経験を重ねてきた面々ばかりである。一般的に財務専門家としての公認会計士は1案件に1名（1社）の関与になるため、私的整理を得意分野としている公認会計士同士が同一案件の現場で顔を合わせることはほとんどない。そんな付かず離れずの間柄ではあるが、新型コロナウイルスの感染が拡大する前には、何かの機会に一緒になると、その後で場所を移し、終電も気にせず酒を酌み交わしながら、業務のクオリティーや個別論点などについて大所高所から枝葉末節に至るまで侃々諤々の議論を重ねていた。そんな議論を繰り返すうち、「財務DDの段階の手続が不十分で、そのあとの手続に問題が発生する事案が多い」ことが共通理解となっていき、いつの日か専門家といわれる公認会計士・税理士や金融機関担当者に向けて「財務DDのクオリティーを主題にした書籍を出してみたい」という思いを抱くようになった。

　新型コロナウイルス感染症によって経済・社会が大きな影響を受けるなかにあって、中小企業再生の現場はますます忙しく、私的整理の社会的な注目度が高まっていることが感じられた。そのさなかの2020年8月3日に、『実践的中小企業再生論［第3版］』が発刊された。同書は、2011年の初版刊行以来、実務家の間では執筆者である藤原敬三氏の名前をとって『藤原本』とも俗称され、「中小企業再生支援全国本部の公式見解ではない」という枠組みでこそあるものの、協議会案件に携わる各種の専門家、コンサルティング

会社の職員、金融機関担当者にとって、文字どおり「必読書」として利用されている。

　もっとも、『藤原本』を初めて読む方がこれを参考に実務を進めていこうと思っても、理念や姿勢については十分に理解できるものの、具体的な手続やスケジュール管理の仕方・成果物として求められる報告書や計画書のレベル感については伝わりにくい一面もある。「財務DDの段階で一定の品質を満たしてもらわないと、その後の手続に多大な時間とコストがかかる」という問題は、なかなか解決に至るものではないようである。筆者自身も、検証アドバイザーとして財務DD実施者らと面談する際に必ず『藤原本』を参考にして財務DDの手続を進めていただきたい旨をお願いしてきたが、結果として満足する水準が確保できないことが多いと感じていた（なお、今回の件もあって改めて『藤原本』を確認したところ、全400ページ弱のうち財務DDに割かれたページ数はわずか20ページ弱であった。それだけ再生計画策定に係る論点が多いということを認識すると同時に、「『藤原本』を参考に財務DD手続を行ってほしい」とDD実施者に依頼していたことが、実はそもそも酷な要求であった。もっと自らが伝えていかなければならなかったと反省した次第である）。

　ここで、冒頭の公認会計士仲間の誰からともなく「『藤原本』に書かれている趣旨を踏襲しつつ、具体的な手続や考え方・まとめ方を伝える書物がこの世に出れば、現場の助けになるのではないか？　そして、それができるのは、実務で様々な経験をしてきたわれわれではないのか」という声があがり、今般、「いつの日か書籍を出してみたい」という思いが実現するに至ることとなった。

　本書は、『藤原本』を参考にしているため協議会の案件に軸足を置いた内容になっているが、われわれの過去の経験において「最低限こうあるべき」と思うところを文章にまとめたもので、協議会案件ではない一般的な私的整理においても必要とされる財務アドバイザーの役割や技術に関して、十分に参考になると思われる。すなわち、「一定レベルの成果物（財務調査報告書・DDレポート）に直結する具体的・実践的な書籍を目指す」という統一のコンセプトのもとに、執筆者がそれぞれの知識や経験を文書化したもので、個

別案件の検証に携わる弁護士・公認会計士や債権者である金融機関が求めるレベルを満たせる財務 DD の成果物（財務調査報告書）を作成いただくための考え方や具体的な手続・事例をお伝えすることを目的としている。筆者としては、本書に記載されている手続を実施して、まとめ方をなぞっていただければ、最低限の合格点が出せるという内容を意識している。

　なお、「一定レベルの成果物」という表現をしたが、本書には「この手続さえクリアすれば及第点」とか「これ以上は応用問題なので、余裕があれば対応することでかまわない」といった区分は設けていない。また、本書は複数の公認会計士が分担して執筆しているため、多少の考え方や意見の相違・矛盾点があるかもしれないが、あえてその調整は図らないこととした。「本書の内容は絶対的なスタンダードではなく、ひとつのベストプラクティスとして示したもの。プロジェクトメンバーが案件や事業者によって最適解を選択すべきである」というスタンスを貫くためである。すなわち、手続の深度は案件の性質によって異なるもので、「リスケならここまででよし、DDS はここまで、実質カットだとここまでやらねばならない」といった再生スキームの結論ありきで決めるものではない。実際の手続の取捨選択は、予算などにも配慮しつつ、それぞれの案件ごとに決めるべきもので、当該案件のプロジェクトメンバー、とりわけ財務 DD 実施者の判断に委ねられるものである。本書では幅広く手続やノウハウを紹介したが、「手続過多」や「手続不足」に陥らないようにする判断は読者（個別案件の担当者）にお任せするというスタンスをとっている。そのため、DD レポートを利用する立場の方々におかれても、本書に紹介されている手続の一部を省略したことだけをもって、その成果物を「不十分だ」と安直に断罪することは避けていただきたいと願う次第である。この点は何卒ご留意いただきたい。

　本書の主要な読者として想定しているのは、主として財務 DD の実施者（主に公認会計士であるが、これに限らない）と財務調査報告書の利用者（主に金融機関担当者）である。また、再生案件に関わり財務 DD 実施者と並走する事業 DD 実施者や代理人弁護士にも、財務 DD 実施者の業務内容をご理解いただくという意味で手にとっていただきたいと願っている。また、『藤

原本』を側面から支えるイメージでまとめられているので、『藤原本』を横に置いてご利用いただくことをお勧めする。

　なお、本書は主に2020年後半から2021年前半にかけて各人が分担して執筆したものであるが、コロナ禍の影響で発刊に時間を要していた。そんななかで、2022年4月1日から中小企業再生支援協議会・中小企業再生支援全国本部に替わり、中小企業活性化協議会・中小企業活性化全国本部が発足した。そして直前の2022年3月に中小企業活性化パッケージが公表され、このなかで「中小企業の事業再生等に関するガイドライン」の策定・活用がうたわれた。このガイドラインは2022年4月15日に適用されることとなり、中小企業版私的整理手続のポイントのひとつとして『独立・公平な立場の第三者支援専門家（弁護士、会計士等）による支援』をあげている。具体的には、中小企業版私的整理手続においては、会社側の外部専門家に加えて第三者支援専門家が選任され、『債務者である中小企業者及び対象債権者から独立して公平な立場で事業の収益性や将来性等を考慮して、事業再生計画案の内容の相当性及び実行可能性等について調査し、原則として調査報告書を作成の上、対象債権者に提出し報告する』こととされている。
　本書はこうした会社側の外部専門家のみならず、第三者支援専門家が調査報告書を作成する際にも参考にしていただけるものである。

　本書は具体的には以下のような流れで構成してある。
　まず、第1章「財務DDの基礎知識」で協議会案件におけるDDのエッセンスである7つの指標について、主に再生計画を策定する際にどのような使われ方をするかをイメージしていただけるように解説を試みた。多少概念論的な記述もあるため、第2章以下の手続を進めながら立ち返っていただくことで、理解が深められると思う。
　次に、第2章「DDのスケジュール管理」という具体的な手続の解説に入る。ここでは「仮説⇒検証（DDの実施）⇒検証・精査」という流れを意識いただくことで、論点の抜け落ちや具体的手続のレベル感の欠如（やりすぎもしくは不足）という問題を事前に防ぐことを理解いただけると思う。

そして、第3章「DDの実施」にて具体的なDDのレベル感（フルパッケージのDDと簡易版DDにおいて、どこまで手続等の簡素化が許容されるか）と個別科目ごとの実態BSにおける評価の考え方について具体的に触れている。これに続いて第4章「売掛金、棚卸資産および簿外債務」で、管理状況に問題のある中小企業において特に実施が困難な売上債権・棚卸資産および引当金の調査手続や、実態BSにおける評価の考え方など、具体的な手続やまとめ方を詳細に解説した。また、財務DDのチェックリストについて網羅的に紹介した。実施者にとって最も参考にしたくなる分野と思われるため、多めにページを割いている。

　第5章は「借入金明細表・保全表の作り方」について、第6章では財務DD実施者として何を記述していいか迷いが生じがちな「窮境原因と除去可能性」について、第7章は金融機関の経済合理性の検証のために重要な指標となる「清算BSの必要性と留意点」について、それぞれ具体的なアプローチからまとめ方までを解説している。

　第8章は少し見方を変えた「スポンサー案件における計画立案上の留意点」という角度から、近年検証型の中心となっていると思われるスポンサー型を念頭に、「『SP型案件の場合には事業価値を物差しにした経済合理性（ないし金融支援の相当性）についての言及は必須ではない』という認識を有しているか」という論点についてまとめた。第7章までの論点はどの案件においても協議会や検証アドバイザーが「この水準は満たしてほしい」と願う水準である一方、第8章は債務免除等を含む抜本案件のなかでもスポンサーを必要とするような難易度の高い案件における論点をまとめたものである。スポンサー案件に携わっていない読者は読み飛ばしていただいても結構だが、いわゆる第二会社方式を用いた再生計画の根本的な考え方に通ずる論点であるため、抜本案件に携わる読者にはぜひともお読みいただきたい論点である。

　最後に第9章の「座談会　〜DDに臨む専門家の意識と姿勢〜」では、文章にして解説することが難しそうな論点や本書で触れていない論点、執筆者たちの現場での体験談（苦労話）などについて、専門家の矜持をテーマとして議論した記録を掲載した。この座談会はコロナ禍の2021年1月にリモート

対談の形式で実施されたものであるが、中小企業等の事業再生に関するガイドラインが適用されている現在においてはぜひとも一読いただきたい内容である。第三者支援専門家を利用した再生支援の現場においては、第三者支援専門家が案件の趨勢を決するにあたり最後の砦となるため、他の場面に比して『専門家の矜持』がことさらクローズアップされることになるのではないだろうか。

　なお、座談会の本文でも触れているが、紹介料を通したコンフリクト事案が複数報告されているようである。また、中小企業等の事業再生に関するガイドラインが適用されるや否や、オピニオンショッピングの事例が早速見受けられたという話も耳にした。「商売上、紹介者に不義理ができない」という一般常識レベルのことは理解できるが、紹介者である特定の金融機関や債務者企業のオーナー家（の財産）が有利になるように調査結果を誘導し私的整理の関係者に結果を押しつけるようなことは、専門家としての矜持や職業倫理のあり方に関わってくるものであり、同じ財務に携わる者として恥ずかしく思う。この件には本書に関わったメンバーが同じ思いを抱いていることに触れておきたい。

　繰り返しになるが、本書の内容は協議会の手続を意識してまとめたものであるものの、協議会案件でない一般的な私的整理案件でも活用していただきたいと願っている。それに加えて、「中小企業の事業再生等に関するガイドライン」に準じた私的整理手続のケースでも活用いただきたいものである。

　そもそも『藤原本』は、中小企業再生支援全国本部（現・中小企業活性化全国本部）や協議会の公式見解ではないとされているため、本書の内容も当然、公式見解といえるものではない。また、時限立法によって設けられた中小企業活性化協議会事業が終了したり、「中小企業活性化協議会実施基本要領」の改正が行われたりすることがあれば、本書の内容は（部分的に）実務と異なるものになるかもしれない。しかし、財務調査の手続そのものや金融機関が読みやすい・理解しやすいフォーマットの作り方など、私的整理に関与する財務専門家の技術的なものは変化しないだろう。そのようなことも意識しながら、筆者らの実務経験を文書化することにしたものである。さらに

付け加えれば、中小企業活性化全国本部や特定の地域の協議会の依頼に基づくものでもないことを申し添えておく。

　最後になるが、本書の執筆にあたって多くの方々のご協力を得た。本来であればお一方ずつお名前を掲げるべきであるが、ここに記して感謝申し上げたい。

　2022年9月

執筆者を代表して　　福島 朋亮

目　次

第3章　DDの実施

第4章 売掛金、棚卸資産および簿外債務

第5章 借入金明細表・保全表の作り方

第6章 窮境原因と除去可能性

第9章　座談会　DDに臨む専門家の意義と姿勢

第 **1** 章

財務 DD の基礎知識

1 事業再生において財務 DD が行われる目的

　事業再生の場面における財務デューディリジェンス（財務 DD）の目的は、事業再生計画立案のために必要な財務情報を入手することである。中小企業活性化協議会（旧・中小企業再生支援協議会）における財務 DD では、後述する「7つの指標」と総称される財務数値・指標の算定が求められており、これらの算定結果を総合的に勘案し、事業再生の可能性、事業再生計画において目標となる利益水準や、金融機関に求める金融支援の内容を検討することになる。

　なお、中小企業活性化協議会の手続などに不慣れな専門家の場合、単純に一時点における実態純資産額のみを把握した結果のみをもって、財務調査報告とする事例もあると聞くが、当然ながら一時点の実態純資産額を把握するだけが財務 DD の目的ではない。財務 DD では、一時点の貸借対照表（BS）のみならず、損益計算書（PL）やキャッシュ・フロー（CF）計算書を含めた財務諸表全体について、過去からの推移、そして各財務諸表のつながりを含め動的・俯瞰的に捉えるべきであり、そうでなければ事業再生計画立案のために必要な財務情報の入手はできない。一時点の実態純資産額を把握するだけでは、それまでの企業活動の結果を把握しているにすぎないのである。

　そのため、財務 DD では、企業活動の態様と合わせ、損益の実態（収益力。実態収益力、正常収益力と表現されることも多い。詳細は後述する）と資金の獲得能力（フリー・キャッシュ・フロー。以下「FCF」という）を把握するプロセスを並行して行うことが必要である。これらの企業活動の蓄積が、毎期の貸借対照表の動きに集約され、ひいては直近期末時点における実態純資産額に集約されているという視点で、対象企業の財務諸表全体を俯瞰的に捉えるべきである。そして、現状までの企業活動の結果である実態純資産額と、その結果をもたらした収益力と FCF を基礎として、事業再生計画の立案につなげていくのが財務 DD の目的なのである。

　事業再生計画において、「現在の収益力」から、改善施策によりどれだけの収益改善が必要なのか、「現在の実態純資産（実質債務超過）の状況」をどれだけの期間で改善させていくのか。その判断の基礎となる具体的な数値を

示し、再生の対象となる企業自身の自覚を促すに加え、その支援を検討する金融機関にその判断材料を提供し、事業再生計画の立案につなげていくプロセスが財務 DD なのである。

2　財務 DD の読者

　では、「財務 DD の読者」は誰なのか。一義的には、財務 DD の対象となる企業であろう。

　財務 DD は対象企業自身に自社の収益力、FCF、過剰債務、実態純資産額の状況を伝え、財務的な見地から今後必要と思われる経営改善のアクションを促す起点となる。そのため、対象企業自身が専門家の報告内容に納得し、さらに事業再生計画における利益目標や財務正常化までの時間軸などについても理解したうえで、改善に取り組んでもらうことが何より重要である。そして、対象企業への説明を経たのちに、金融支援の検討を行う取引金融機関が読者となることが想定される。特に対象会社に事業再生への取組みを促したメイン金融機関（メイン行、メインバンク）が最初に財務 DD の結果を把握することが実務上は多いと思われる。

　財務 DD の目的とも関連するが、この想定読者の主従関係を間違えると、金融機関の意向のみに引っ張られるかたちで調査報告書を取りまとめることにつながりかねない。例えば、金融機関側の事情により必要な金融支援スキームや金融支援額に制約があり、その想定範囲内に着地させるために、外部専門家に対して何らかの要請がなされる場合などである。これは、中小企業活性化協議会における財務 DD が公正中立な立場で実施されなければならないという基本思想からの逸脱を招き、また、メイン金融機関のみの意向を過度に反映して作成された財務 DD や事業再生計画は、準メイン金融機関以下の反対意見（過少支援あるいは過剰支援の問題、選択される金融支援スキームについての疑義など）を惹起することとなる。したがって、財務 DD の過程においては、そのような公正性を疑われることがないよう特段の留意が必要である。

　しかしこれは財務 DD に際し一切金融機関とコミュニケーションをとるべきではない、という意味ではない。取引金融機関、特にメイン金融機関は、

対象企業の業務内容や業績が好調だった頃の状況、経営が傾き始めたきっかけ、経営者の資質、過去の資金調達の経緯など多くの情報を有していることが多い。したがって、財務 DD の過程において、金融機関から情報を得て、債権者としての見立てや事業・財務についての関心事項を把握したうえで、調査に臨むのは否定されるものではない。あくまで専門家として、財務 DD の目的を果たすために必要と思われる情報収集は尽くすべきであろう。

3 「7つの指標」とは何か

　中小企業活性化協議会における財務 DD では、手続のなかで対象企業について把握・算定すべき指標として、いわゆる「7つの指標」が示されている。

　具体的には、①実質債務超過、②収益力、③ FCF、④過剰債務、⑤債務償還年数、⑥非保全額、⑦税務上の繰越欠損金である。それぞれの指標の目的、算定方法、実務上の留意点等は後述するが、ここではあくまで筆者の私見として、これらの指標がもつ意味合い、相互の関連性について簡単に述べたい。

⑴　対象企業の「事業価値」の観点からの指標

　本書の読者のなかには、事業価値評価を実務で行ったことがある方も多いと思う。一般に事業価値とは、「対象企業が将来生み出すであろうキャッシュ・フローの現在価値の総和」として定義される。また、資金調達の視点からみると——

　事業価値 ＝ 株主価値 ＋ 負債価値 － 非事業資産

として表現される。そして、将来キャッシュ・フローの総和としての事業価値のうち負債価値（有利子負債）を超える部分が、対象企業の株主に属する価値として捉えられる。

　【図表1−1】は簡略化したイメージ図であるが、この事業価値を求めるための一般的な手法として、DCF 方式（ディスカウンテッド・キャッシュ・フロー方式）が広く知られている。この手法の詳細は事業価値評価の専門書籍に譲るが、簡略的にいうと、対象企業の将来の収益力（指標②）を一定の条

【図表1-1】 企業価値のイメージ

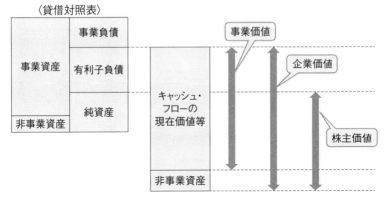

（注） 非事業資産には、例えば、遊休資産、余剰資金などがある。
（出所） 日本公認会計士協会「企業価値評価ガイドライン」（2013年7月3日改正）

件設定をもって定め、それを資金創出力（FCF。指標③）に変換し、これを現在価値に割引計算し総計することにより算定される。この計算結果が有利子負債（簡略化して金融機関からの借入金と等しいと仮定する）を超えていれば株主価値がプラスの状況にあり、理論上は借入金の返済能力を有していると考えられる。逆に借入金の方が大きければ、株主価値はゼロであり、当該企業は現時点で将来の資金創出力を超える借入金を負っている、すなわち過剰債務（指標④）の状況に陥っているといえる。中小企業活性化協議会の手続下にある企業は、この過剰債務の状況に陥っており、毎期のFCFを超える返済負担により、資金流出が継続している状況にあることが多い。

この事業価値の観点から対象企業のおかれている財務的な状況を把握するのが、上記3つの指標のもつ意味合いと考えられる。なお、それぞれの指標は中小企業活性化協議会手続において、実務上の指針として一定の算定方法が定められている。ただし、それぞれの算定方法はある程度簡略化されていたり、中小企業再生の実務に沿うような調整も加えられていたりするため、上記の考え方をそのまま踏襲しているわけではない点はご容赦願いたい。

(2) 対象企業の「金融支援検討」の観点からの指標

それでは、7つの指標のうち、残る4つの指標は何を意味するか。特に、

金融機関にとっても関心が高い実質債務超過（指標①）とは何か。詳細は後述するが、実質債務超過とは、対象企業の有する資産の実態価値が負債の実態価値を下回っている状態である。債務超過が直ちに企業の破綻を意味するわけではないが、例えば上場企業が債務超過に陥ると、上場している金融商品取引所（証券取引所）が定めたルールに基づき、一定期間内に債務超過を解消できない場合は上場廃止などのペナルティーを受けるし、監査報告書でも継続企業の前提について重要な疑義が生じている旨の注記がなされる。つまり、株式投資家にとって株式価値が毀損するおそれが高い状態にあるという意味において、対象企業および投資家に対して警告が出される仕組みとなっている。

　では、本書の主たるターゲットである非上場企業、特に中小企業にとって、実質債務超過とは何を意味するのか。中小企業では、株主と経営者が同一であることも多く、広く投資家から資金を募っているということも少ないため、債務超過であること自体が何らかのペナルティーに直結するわけではない。対象企業が取引先等に決算書を公表しているような場合は、仕入先ならば与信の縮小、得意先ならば取引の継続性に対する疑義からの取引量の縮小といったマイナス影響は生じるであろう。しかし、これも決算書を公表していればの話であり、直接的な因果関係があるわけではない。また、そもそも中小企業は取引先への決算書開示については、業績にかかわらず相当に慎重姿勢をとることも多い。

　そのように考えると、実質債務超過に強い関心を有するのは、やはり対象企業の取引金融機関であろう。なぜならば、中小企業に対する主な資金の出し手である金融機関にとっては、貸出先の実質債務超過は、自身の債権が貸出先の資産価値、つまり資産の換金価値に基づく最終的な支払能力では一部カバーされていないことを意味するからである。そのため、金融機関は債務超過である企業への融資に慎重であり、この指標への強い関心を抱くことになる。

　金融機関は、融資先企業が債務超過である場合、自身の債権の回収可能性を高めるため、早期にその状態から脱却し、財務健全化を果たしてほしいと考える。そのためには、企業が収益力（指標②）を高め、自助努力での利益

の積み上げによって、この債務超過を早期に穴埋めすることを期待する。しかし、企業が自助努力によってもこの実質債務超過を埋められない、あるいは一定期間に解消する目途が立たないとき、金融機関は初めて債権放棄等のいわゆる抜本的な金融支援により、これを埋めることを検討するに至るのである。

ただし、この自助努力で埋められない債務超過額のすべてを、金融機関が支援できるわけではない。金融機関は貸出しに際して不動産などの担保によって債権を保全していることも多く、この保全部分まで債権放棄等を求めることは金融機関側にとって経済合理性が立たない。したがって、債権放棄等は担保等により保全されていない部分が上限となる。すなわち非保全額（指標⑥）が債権放棄等の制約条件として機能することになる。

そして、金融機関にとって、実質債務超過（指標①）と並んで重視されているのが債務償還年数（指標⑤）である。この指標は、収益によって返済する必要がある要償還債務（詳細後述）を、FCF（指標③）の計算プロセス途中にある「借入元金返済原資」をもって除した値で算定される。金融機関にとっては、対象企業が有利子負債を返済する力がどの程度あるかを測る指標となっており、その直感的な分かりやすさから、一般事業会社に対する金融機関の債権管理の実務でも特に重視されている指標である。

以上のとおり、実質債務超過（指標①）、債務償還年数（指標⑤）および非保全額（指標⑥）は、金融機関の債権管理実務において重視されてきた主要指標であり、財務DD時点における対象企業の状況を示すという点で機能するのである。

最後に、税務上の繰越欠損金（指標⑦）であるが、これは対象企業の計画策定段階における金融支援等を具体的に検討するうえで重要な指標として機能する。すなわち、実質債務超過（指標①）を解消するためには債権放棄等が必要な場合であっても、税務上の繰越欠損金が不足している状況であれば債務免除益に対し課税が発生してしまう。あくまで対象企業の早期再生を図ることが債権放棄の目的であることから、スキーム検討上はこのような課税負担が早期再生の阻害要因とならないような配慮が求められる。

【図表１－２】　事業再生における「７つの指標」

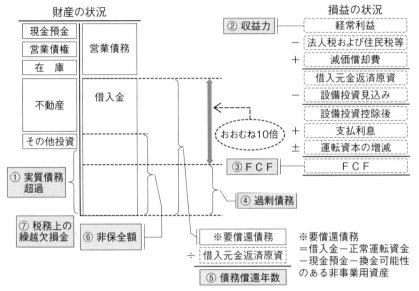

(注)　①～⑦の項目は、本文①～⑦と整合している。
(出所)　藤原敬三『実践的中小企業再生論［第３版］』をもとに筆者作成

(3)　「７つの指標」の総括

　上記を総括すると、「事業価値の視点」と「金融支援の視点」から、財務DDの基準日時点における対象企業の財務を俯瞰し、事業価値毀損の度合い、選択可能な金融支援のイメージを直感的かつ概括的に捉えることができるのがこの「７つの指標」の有意義な点である。７つの指標は【図表１－２】のとおり集約されているが、それぞれが独立した意味をもつと同時に、計算プロセスなども相互に関連していることが分かると思う。

　財務DDを行う外部専門家としては、冒頭に記載したとおり、単に一定時点における実質債務超過の報告に終始するだけでなく、財務三表を動態的に把握し、少なくともこれら「７つの指標」を報告書に織り込み、読者となる対象企業に現状理解を促すとともに、その支援を検討する金融機関の意思決定に資する情報を提供することが求められるのである。

　以下、各指標のもつ意味合いや実務上の論点について詳細に解説する。

4 「7つの指標」の解説

⑴ 指標①：実質債務超過（実態純資産額）

ア 総　論

「実質債務超過」とは、資産・負債を実態に合わせて評価替えした貸借対照表（実態貸借対照表、実態BS）において、資産の実態価額を負債の実態価額が上回る状態、つまり実態で純資産額がマイナスになっている状態をいう。

実態純資産額は、過去の企業活動の結果である純利益の蓄積といえる純資産額に、モノ・権利としての資産、義務である負債の実態金額を反映することによって算定される指標であり、その時点の企業価値をストックの面から表現したものである。

一般に、純資産額や、純資産額を総資産で除した自己資本比率は、対外的な企業の信用力を示す指標として広く使われている。なぜならば、主な資金の出し手である金融機関や、買掛金や支払手形を通じて信用取引を行っている取引先にとっては、純資産額や自己資本比率が、自身の債権が企業の換金価値、つまり資産が換金（換価）された場合の支払能力でカバーされている程度を表しているからである。純資産額がマイナスの状態である債務超過は、無論それが直ちに倒産を意味するものではないが、日本取引所グループの各株式市場でも上場廃止基準のひとつとしてあげられているように、取引上の信用力低下を示す典型的な状態として捉えられているのである。

また、金融機関の債権管理の実務では、債務償還年数と並び伝統的に重視されている指標であり、金融機関の決算業務のうち、債権に対する貸倒引当金額の算定に必要な自己査定業務においても、最もウエイトがおかれている指標のひとつである。

事業再生の実務においても、各再生スキームで計画が満たすべき基準の一種として、一定期間内での実質債務超過の解消が求められており、事業再生の数値面のゴールのひとつとしても意識されることが多い指標となっている。

(ｱ)　算定方法

中小企業活性化協議会より参考資料として示されている財務 DD のひな型
では、以下のような算定方法が示されている。

実態純資産額 ＝ 帳簿上の純資産額 ± 資産・負債の財務会計上の修正
　　　　　　　　事項 ± 資産の含み損益等の修正事項

a　財務会計上の修正事項

このうち「財務会計上の修正事項」とは、一般に公正妥当な会計基準に照
らして資産・負債の簿価を修正すべき事項と考えられる。

中小企業では、そもそも経理の専門人材が少なく、経理担当者の会計知識
も限定的である。また、上場企業等と異なり、財務諸表に対する外部監査も
義務づけられていない。そのため、中小企業の決算書には、会計処理の誤り
や本来行うべき会計処理の漏れが多く含まれるだけでなく、意図的な操作が
含まれるリスクも高い。このような誤りや操作を、本来あるべき会計処理に
修正したうえで、資産・負債の簿価を修正するのが、「財務会計上の修正事
項」である。

具体的には、固定資産の減価償却不足、滞留や処分見込みの棚卸資産の評
価減、売上債権や貸付金に対する貸倒引当金の計上漏れや貸倒処理漏れ、売
買目的有価証券やその他有価証券の時価評価漏れ、賞与引当金や退職給付引
当金の計上漏れなどが多い。

b　含み損益等の修正事項

これに対し、「含み損益等の修正事項」とは、一般に公正妥当な会計基準
では時価評価が求められていないものの、資産の換金価値による最終的な支
払能力を把握するという観点から、資産の含み損益を加減算すべき事項と考
えられる。

代表的なものは、不動産の時価評価である。事業用の不動産は、減損損失
の対象にならなければ、土地は取得原価、建物等は適正な減価償却後の簿価
による評価であれば、一般に公正妥当な会計基準に反していることにはなら
ない。しかし、不動産は鑑定評価等による時価の把握が可能であり、上述の
資産の換金価値による支払能力把握の観点から、「含み損益等の修正事項」

として、その時価を実態純資産額に反映するのである。

　ほかには、資産計上されている生命保険等の積立金を解約返戻金額で時価評価をしたり、電話加入権を各自治体の財産評価基準で時価評価したりすることなどが考えられる。

(イ)　中小企業特性

　「中小企業特性」とは、中小企業とその代表者等との一体性に着目した概念であり、企業の実質的な財務内容に、代表者等の資産内容等を加味することができるとされているものである（【図表１－３】）。

　その根拠は、金融庁が定めた『金融検査マニュアル別冊［中小企業融資編］』に求められ、2019年12月の同マニュアル廃止後も、金融機関の融資審査や自己査定の実務において、引き続き考慮されている要素である。

　中小企業の場合、代表者自身が支配株主であるとともに、金融機関からの

【図表１－３】　中小企業特性の概要

中小企業特性とは
・『金融検査マニュアル別冊［中小企業融資編］』に規定された、中小企業における代表者等※との一体性に着目した概念。 ・企業の実態純資産額の算定に際し、代表者等からの借入金や代表者等の個人資産を加算することができるとされている。 ・代表者等には、例えば、代表者の家族、親戚、代表者やその家族等が経営する関係企業等当該企業の経営者や代表者と密接な関係にある者などが含まれるが、実務的には会社の連帯保証人となっている経営者・その親族※であることが多い。 　※連帯保証人である経営者は通常中小企業特性の対象となるが、連帯保証人である経営者の親族については慎重な判断が必要。

実態純資産額に加算できるもの	手続上の留意点
実務的には代表者等の以下の資産が含まれる。 ・預金 ・不動産 ・有価証券（上場株式、ゴルフ会員権 等） ・貸付金（DDの対象会社向けが主） ・積立型の保険 なお、代表者等個人の借入金がある場合は控除する。 また、中小企業特性に加味できる金額は、保証債務の金額が上限となる。	・連帯保証人に中小企業特性の内容を説明し、理解を得たうえで、個人資産・負債の情報開示を依頼（必要に応じて根拠資料も依頼）。 ・個人資産に不動産が含まれている場合、不動産鑑定評価書、固定資産税の納税通知書等を閲覧し、評価額を把握。 経営者にとって極めてセンシティブな問題であり、丁寧な説明・依頼が求められる

借入れなどの連帯保証人となっていることが多い。要するに、代表者等が株主・経営者・保証人として企業と一蓮托生の関係にある場合、企業とその代表者等を一体として捉えることを許容し、中小企業の信用力を補強しようとする考え方である。

実質債務超過額の算定における中小企業特性の具体例としては、対象企業における代表者等からの借入金や、代表者等個人の預金・有価証券・積立型の保険・不動産等の資産を、企業の実態純資産額に加算することなどがあげられる。ただし、これらについて無制限に実態純資産額に加算できるわけではない。あくまで代表者等による保証金額の範囲内にとどまるとともに、代表者等からの借入金については返済予定が定められていないなど、実質的な純資産とみなせることが必要となる。

代表者等に含まれる範囲としては、『金融検査マニュアル別冊［中小企業融資編］』では「代表者の家族、親戚、代表者やその家族等が経営する関係企業等当該企業の経営や代表者と密接な関係にある者などが含まれる」とされているが、実務的には会社の連帯保証人となっている、経営者とその親族であることが多い。ただし、この代表者等の範囲に含まれる人のなかには、個人資産の開示に強い拒否反応を示す人もいるため、調査においては、対象者とある程度の信頼関係を構築し、中小企業特性の考え方について十分理解を得たうえで、情報開示を依頼することが望ましいだろう。

なお、中小企業特性は、あくまで「できる」規定であり、どこまで実態純資産額の算定上考慮するかは金融機関の判断に委ねられる。そのため、財務DDではその判断に必要な情報として代表等の資産内容を開示しつつ、計画策定段階では金融機関の意向や協議会の方針などを踏まえ、その範囲を決定していくことになるだろう。

イ 目 的

財務DDで実態純資産額を把握する目的は、金融支援額の目安となる数値を提供することである。

前述のとおり、事業再生においては、一定期間内での実質債務超過解消が数値面のゴールとして強く意識されている。債権放棄やDDS等のいわゆる抜本的な金融支援は、負債を減額あるいは劣後化することにより、一定期間

内で実質債務超過を解消することを主な目的としている。そのため、そもそも実質債務超過ではない企業に抜本的な金融支援は必要とされない。また、実質債務超過を解消するにとどまらず資産超過となってしまうほどの金融支援は過剰な支援とされる。つまり、一定期間内に対象企業が自力で解消できない実質債務超過額が金融支援の対象として認識される。

　よって、財務DDで実態純資産額を把握することにより、債権放棄やDDS等の金融支援の必要性の有無や、必要な場合の支援額の水準をイメージすることが可能になるのである。

　そして、金融支援の総額が決まった後の債権者別の負担額は、非保全額（指標⑥）のシェアに応じた負担（非保全プロラタ）とするのが一般的である。

　ただし、対象会社の資金ショートが短期的に見込まれ、第二会社方式によるスポンサー型の再生案件が検討されるような場合、金融機関は事業継続前提での実質債務超過額を目安とした金融支援額にとどまらず、それ以上の金融支援額を要請されることがある。これは、対象会社の貸借対照表が、事業継続を前提とした実態貸借対照表から清算を前提とした清算貸借対照表（清算BS）に近接していくためである。このような場合は、財務DDで別途作成される清算BSに基づく別除権の行使や清算配当による回収額の合計が、金融機関が最低限期待できる回収見込額となるため、金融支援額も清算に至った場合との経済合理性比較により、その上限が検討されることになる点には留意が必要である。

　　㋐　**金融機関における目的**

　再生案件における上記の目的に加え、金融機関にとっては、決算業務のうち、債権に対する貸倒引当金額の算定に必要な自己査定業務において、債務者区分（正常先、要注意先、要管理先、破綻懸念先、実質破綻先、破綻先）を決定する際の主要な指標のひとつとして、実態純資産額が把握されている。

　各金融機関の自己査定基準において、一般に債務超過の場合、増資等の支援や利益計上により短期的に解消が見込まれる場合を除き、要注意先以下の区分が検討される。そして、その解消が5年以内の場合は要注意先、5年超の場合は破綻懸念先以下とされることが多く、実質債務超過をひとつの基準として債務者区分が決められ、その区分が債権の引当額の基礎とされてい

る。

(イ) 対象企業にとっての目的

筆者の経験では、対象企業自身が資産・負債を実態ベースで評価したうえで、実態純資産額を把握していたという案件はなく、通常は表面上の純資産額の把握にとどまっていることが一般的である。仮に債務超過の解消を図ろうとした場合でも、増資するか、当期利益の継続により純資産を蓄積するしか方法はないため、利益や資金繰りに関する情報と比して、その重要性が低く認識されているものと推測される。

ただし、中小企業の経営者においても、債務超過が取引上の信用力低下を意味し、早期に解消すべきものとの認識を有していることは多い。そのため、簿価が資産超過であっても、会計処理の誤りや意図的な操作等を修正した実態ベースの純資産額が債務超過であることは相応にインパクトがある情報である。そのような状態を経営者に認識してもらうことにより、早期に業績改善に着手してもらうひとつの契機とすることができるだろう。

ウ 実務上の留意点

前述のとおり、実態純資産額は、債権放棄やDDS等の金融支援の必要性の有無や、支援が必要な場合の支援額を検討するための目安となる指標である。そのため、実態純資産額は、過大にも過少にも誤りがあってはならず、財務DDを担う専門家は、実務的には以下のような点に留意しながら、債権者・対象企業双方にとって客観性ある適切な評価を行わなければならない。

(ア) 基 準 日

一般には、直近の決算日が実態純資産額を把握する基準日として選択されることが多い。しかし、その場合、基準日が作業時点から1年近く前になることもあるため、実務的には直近の月次決算日が基準日とされることも相応にあると思われる。

直近の決算日を選ぶメリットとしては、①勘定明細・固定資産台帳など手続に必要な資料が揃っていることが多いこと、②決算日から一定期間が経過している場合は基準日後のデータから事後的な検証が行えること、③月次決算と比して必要な会計処理が行われていることが多く、修正事項が少なくて済むこと、などがあげられる。

デメリットとしては、①作業時点から1年近く前が基準日となることがあり情報の鮮度が劣ること、②決算日以降の組織再編や部門の新設・撤退等による大きな資産・負債の異動がある場合にその異動が反映できないこと、などがあげられる。

一方、直近の月次決算を選ぶメリット・デメリットは、直近決算日のそれと表裏の関係にあり、メリットとしては、最新の貸借対照表に基づく実態純資産額が把握できることがあげられる。しかし、手続面のデメリットとして、①勘定明細・固定資産台帳など手続に必要な資料が揃っていない会社が

【図表1-4】 直近決算日と直近月次決算日のメリット・デメリット

	メリット	デメリット
決算日	・勘定明細、固定資産台帳など手続に必要な資料が揃っていることが多い。 ・決算日から一定期間が経過している場合、基準日後のデータが得やすく、手続が実施しやすい。 ・必要な会計処理が行われていることが多く、月次決算と比して修正事項が少なく、手続の負担も小さい。 例：在庫の実地棚卸、減価償却費の計上、未払費用の計上、未払法人税等の計上　**決算日のメリットが大きい**	・決算日から期間経過している程度により、1年近く前が基準日となることがある。 ・決算日以降、組織再編、部門の新設・撤退等による大きな資産・負債の異動がある場合、現状の実態が反映できない。
月次決算日	・直近時点の実態純資産額を把握することができる。	・勘定明細、固定資産台帳など手続に必要な資料が揃っていないことが多く、その準備に時間を要する。 ・直近の月次決算を基準日とした場合、基準日後のデータがなく、入出金の確認など一部手続が実施できない。 ・月次決算で在庫残高を更新しない会社で、月次の在庫データがない会社の場合、在庫残高の検証が困難となる。

手続の実施面では決算日を選択するメリットが大きいが、決算日からの経過期間、資産・負債の異動等を考慮して決めるべき

多いこと、②基準日後のデータが少なく資産の評価に必要な入出金の確認など資産・負債の帰結が確かめられる手続の実施が限定されること、③月次決算で在庫残高を更新しない会社で、月次の在庫データもない場合、在庫残高の検証が困難となることもあり注意が必要である。

そのため、特段の検討なく基準日を直近の決算日とするのではなく、決算日からの経過期間や資産・負債の異動、手続の容易さなどを考慮して、基準日を決定することが望ましい（【図表1－4】）。

　(イ)　**連結の範囲**

複数の企業グループからなる中小企業においても、上場企業と異なり、連結財務諸表が作られていることはまれである。そのため、親会社以外の関係会社が、グループ内で質的・金額的に重要性をもつ場合、親会社単体に加え、関係会社単体さらには企業グループ連結での実態純資産額の把握が必要となる（【図表1－5】）。

筆者の経験における、再生案件の典型的なパターンとして、グループ内の

【図表1－5】　連結範囲を検討する際のポイント

		具体的検討事項
質的重要性	支配関係	・議決権比率 ・共通の株主・代表者
	取引関係	・主たる会社の事業の重要な部分（例えば主たる製造・営業）を担っているか。 ・従たる会社が破綻した場合に、主たる会社は事業継続可能か。
	支援関係	・債務保証関係 ・資金支援等の程度
	金融機関借入金	・金融機関からの外部借入れの有無 ・金融支援が主たる会社のみで想定されているか、従たる会社も含まれているか。
金額的重要性		・質的重要性が高くても、金額的な影響が僅少であれば、検討を省略することも考えられる。
上記を踏まえ、対象会社の実務的な対応可能性、金融機関の意向、中小企業活性化協議会の方針などを踏まえ対象会社の範囲を決定		

役割が、製造を行う海外子会社と、販売を担う国内親会社に分かれている場合に、子会社から親会社への販売価格に子会社のコストが十分反映されておらず、赤字が海外子会社に集中し、さらにその海外子会社で粉飾が行われているというパターンがある。そして、販売を担う親会社は、製造会社からの仕入額に一定の利幅を上乗せして外部に販売しているため安定した黒字が出る一方で、赤字の海外子会社への資金支援のため売掛金や貸付金が増加し、その資金が金融機関より運転資金として供されているというパターンである。このような場合、表面上、親会社には十分な純資産があるようにみえるが、実際は子会社向けの売掛金や貸付金の大部分が回収不能になっていることが多く、親会社単体だけでなく、子会社単体さらには連結ベースでの実態純資産額の把握が必要となる。

そのため、収益力（指標②）の項目でも触れるが、関係会社間の支配関係、取引関係、支援関係（債務保証、資金支援など）、金融機関からの有利子負債の有無などの質的重要性に加え、その関係会社の規模などの金額的重要性を勘案したうえで、実態純資産額把握の調査範囲を決定することが望ましい。

㈱ 関係会社向け債権・出資の評価

複数の企業グループからなる中小企業で、各社単体の実態純資産額を評価する場合、関係会社向け債権・出資額の評価が必要となる。

その場合、出資額については、出資先である関係会社の実態純資産額と持分割合を考慮して評価することになろう。例えば関係会社が実質債務超過である場合は、純資産がマイナスということになるため、その価値をゼロと評価するということが考えられる。

また、債権額についても、債務者である関係会社の実態純資産額を基礎に評価することが考えられる。例えば、債務者である関係会社が実態でも資産超過である場合、債権額は関係会社の資産の価値によってカバーされているため、簿価評価をするということが考えられる。ただし、債務者である関係会社が実質債務超過である場合、債務超過分だけ債権額が資産価値によってカバーされていないということになる。そのため、グループ会社間での支援可能性も踏まえ、債権者である関係会社が他の債権者に対し、債務超過分を優先的に負担すると仮定し、債権額を実質債務超過額分だけ減額するという

ことが考えられる。

　　㈑　**資産と負債の手続と記載内容**

　実態純資産額の把握には、モノ・権利としての資産、義務である負債の実態価額の評価が必要となるが、会計監査における監査手続と同様に、その評価手続は、資産に対してはその「実在性」と「評価の妥当性」の検証に重点がおかれ、負債に対してはその「網羅性」の検証に重点がおかれる。

　個別の勘定科目に対する手続については**第4章**に譲るが、資産は、すでに計上されている項目の実在性や価値を確かめる手続が主となるため、財務DDの資料の作成上、資産計上されている各項目について、どのような手続のうえ評価を行ったかの説明が中心となる。

　一方、負債は、本来負債計上すべきものの計上漏れがないかを確かめる手続が主となるため、財務DDの資料作成上、負債計上されていない項目についてもどのように評価したかを説明する必要があり、評価の結果、負債計上が必要ないと判断した項目についても、なぜ負債計上が必要ないのかを説明しなければならない点には留意が必要である。このような項目として注意が必要なものとしては、賞与引当金、退職給付引当金、債務保証損失引当金、偶発債務などがあげられる。

　　㈒　**不動産の評価**

　不動産は、一般に企業が有する資産のなかでも計上額が大きく、その評価が実態純資産額に与える影響が大きい項目である。原則的には、最も客観的な不動産鑑定に基づく評価が行われるべきであるが、不動産鑑定は対象企業に費用負担も生じ、評価に時間もかかることから、実務的には簿価（建物等は適正な償却後の簿価）や固定資産税評価額を基礎とした評価も多用されている。

　一般に、債権放棄やDDS等の抜本的な金融支援が想定される場合は、最も客観的な評価方法により金融支援額が検討されるべきであり、不動産鑑定による評価が行われる。

　一方、簿価評価が許容されるのは、本社・工場など売却が想定されない事業用不動産で、かつ、債権放棄やDDS等の抜本的な金融支援が想定されない場合のみとなろう。

【図表1-6】　金融支援に応じた不動産の評価方法

想定される金融支援		リスケジュール	DDS	債権放棄	備考
不動産の評価方法					
簿価	簿価	◯			・本社・工場など売却が想定されない事業用不動産で、かつ、債権放棄やDDS等の抜本的な金融支援が想定されない場合など。
固定資産税評価額	固定資産税を基礎とした評価額（土地は70%で割り戻すことが多い）	◯			・簡易に把握できる時価としてリスケジュール案件では多用される。
固定資産税評価額	早期売却価格として上記に一定の掛け目（50〜80%程度）	◯			・リスケジュール案件で、非事業用の不動産の早期売却が見込まれる場合など。
不動産鑑定評価額	正常価格	◯	◯	◯	・債権放棄やDDS等の抜本的な金融支援が想定される場合などに、中小企業活性化協議会選任の不動産鑑定士に依頼することが多い。
不動産鑑定評価額	早期売却価格	◯	◯	◯	・非事業用の不動産で、早期売却が見込まれる場合など。

想定される金融支援、金融機関の意向、中小企業活性化協議会の方針などを踏まえ評価方法を決定

簡易的な時価評価といえる固定資産税評価額を基礎とした評価額は、抜本的な金融支援が想定されない場合に広く用いられる。上記の簿価評価と併用されるかたちで、非事業用資産や事業用資産でも売却を予定する不動産については固定資産税評価額を基礎とした評価額を用いることが多い。

このように、不動産の評価については、評価方法を恣意的に決定できるわけではないため、不動産の保有目的や想定される金融支援、金融機関の意向、中小企業活性化協議会の方針などを踏まえ評価方法を決定することが望ましい（【図表1－6】）。

(2) 指標②：収益力

ア 総 論

収益とは、企業会計上、純資産の増減につながる事業活動の結果であり、損益計算書の各段階において営業利益、経常利益、税引前当期純利益、当期純利益などとして表現されるものである。また、利益は最終的には金銭の稼得に結実するものであると同時に、後述する FCF（指標③）の算定の基礎となるものでもあり、過剰債務（指標④）や債務償還年数（指標⑤）の計算の基礎としても用いられることから、極めて重要な指標である。

ただし、決算書に記載されている利益が、必ずしもそのまま収益力を表しているわけではない。収益力とは表面上の利益ではなく、実態として利益を獲得する力を意味する。中小企業の決算書には、会計処理の誤りや漏れが多く含まれるだけでなく、意図的な操作が含まれていることも多い。したがって、財務 DD で把握が求められる「収益力」は、会計処理の恣意的な操作や誤りを取り除いた、あくまで実態としての収益力となる。

イ 目 的

まず、財務 DD における収益力把握の目的は、対象企業の過去数期間の利益水準（状況によっては将来の情報も加味することが必要。後述）を算定し、別途把握されることが予定される対象企業の実質債務超過（指標①）の水準や有利子負債の残高と比較することで、合理的な期間内に債務超過を解消するために必要とされる利益水準とのギャップや、一定期間内に有利子負債を返済するために必要なキャッシュ・フロー水準とのギャップを把握し、現状から必要な利益改善幅を算出し、具体的な経営改善につなげることにある。ま

た、そのギャップが自助努力で改善できる水準を超えている場合は、債権放棄や DDS 等の抜本的な金融支援の要請による財務体質の改善を検討することになる。

ウ　実務上の留意点

この収益力は、他の指標とは異なりその算定にあたっての実務上の振れ幅が大きい項目である。当然、対象企業の業種によっても収益力把握のアプローチは異なるため、まずは総論的なアプローチを記述するが、一般的には、①対象企業のビジネスを理解したうえで、②過去の損益計算書を手がかりとし、③その期間に含まれる不適切な経理処理などがあればそれを修正し、④また一時的な利益・損失要因を除外し、対象企業の実力数値としての収益力＝利益を把握することになる。

㋐　対象企業のビジネスの理解

収益力を把握するには、当然ながら対象企業のビジネスの内容、すなわち「誰から何を仕入れ」「どのような付加価値をのせ」「誰に何を売っているのか」といった商流や事業構造、対象企業がなぜその事業を展開しているのか、そしてその事業の付加価値の源泉などの理解が求められる。つまり対象企業ならではの「儲けのポイント」を理解することが必要であり、財務 DD においても最低限の事業内容の記載が求められる。

これらの事業内容についての理解があれば、過去の損益計算書を分析するにあたり、何が経常的で何が非経常的なのか、あるいは一時的な取引なのかについての見当もつけやすくなる。また、事業のうちどの部分で利益が創出できなくなっているのかの理解も容易になる。そうすれば、財務 DD で記載が求められている「窮境要因と除去可能性の検証」についての説得的な説明にもつながるし、ひいては再生計画策定に向けたアクションプランの具体化にもつなげることができるのである。

財務 DD の範疇でこれら損益構造をどこまで把握するかは、許容される作業時間との兼ね合いであるが、事業デューディリジェンス（事業 DD）担当の外部専門家からもこのような情報は入手可能であることから、当該専門家との連携も視野に入れて対応することが効率的であり、対象企業の経営改善に有用な情報提供につながる。

㈠　過去の損益計算書の把握

　対象企業の収益力を把握する最初の手がかりは、過年度の損益計算書である。調査の対象とする会計期間に明確な基準はないが、おおむね３〜５年程度の過去実績推移を対象とすることが多い。あまり古い会計期間までさかのぼって調査をしても、事業内容が現状と大きく異なっていて情報価値が落ちてしまっていることもある。一方、直近単年度だけでは売上げや損益のトレンドを把握することができないため、数期間の財務諸表数値の推移を俯瞰して、トレンドをつかむ必要がある。これに実務的な作業負荷も勘案すると、上記程度の期間が妥当な対象範囲となろう。

　なお、収益力の把握とは別に、対象企業の業況が好調だった頃から現在の窮境に至るまでの長期的なトレンドを把握し、どこに経営の変化点があったのかを捉える長期決算分析を別途行うことがある。この場合は、20〜30年などの長期間の決算書を調査対象とすることもあり、直近数年の決算書からは把握できない過去の大口取引先（なぜ取引が消滅してしまったのかという気づきにもつながる）、利益水準、外部環境の影響（例えばリーマンショック、東日本大震災など）などを把握するには有用である。

㈢　不適切な経理処理の除外

　実質債務超過（指標①）の項目でも説明したとおり、中小企業再生における財務 DD では、対象企業の決算書上において何らかの不適切な経理処理（不適切経理）が行われている事案がたびたびみられる。対象企業自身が不適切経理の存在を認め、どのような調整を行っているのかについて十分に理解し、説明能力を有している場合は、当該影響額を除外することでとりあえずの必要作業は足りるであろう。

　しかし、実務上は不適切経理があることの説明は受けているものの、対象企業自身が、不適切経理を実施している期間、各期の損益への影響金額、調整を行った勘定科目まで十分把握できていない場合も多い。また、そもそも作業着手時点では対象企業から不適切経理の有無について何ら説明を受けていない、あるいは確認したとしても、「存在しない」と虚偽の説明を受けていたが、調査の過程でその存在が判明することも多いのが現実である。

　本書は不適切経理の解明方法を説明することが目的ではないため、ここで

は収益力把握にあたり不適切経理が存在することが判明している場合の対応について、以下2パターンに分け簡単に記載する。

　　a　不適切経理の内容が事前に判明している場合

　この場合は、対象企業自身が不適切経理について正確な説明が可能であれば、それほど緻密な作業をする必要は生じないであろう。

　まず、不適切経理の期間、手法、対象となっている勘定科目、調整金額を特定し、この調整影響を損益計算書の各段階（売上総利益、営業利益、経常利益など）で集計し把握する。加えて、損益に対する不適切経理は、必ず資産の過大計上あるいは負債の過少計上というかたちで貸借対照表に影響しているため、貸借対照表への影響も同時に把握する必要がある。一般的に運転資金勘定（売上債権・棚卸資産・仕入債務）に関連する損益勘定科目（売上高、仕入高、期末製品・商品棚卸高）に不適切経理は起こりやすいため、貸借対照表上の影響額も除外することにより、連続する期間における実態的な運転資金の増減を把握することにつながる。

　なお、そのなかでも棚卸資産は調整の容易さもあり、特に不適切経理の対象とされやすく、調整期間も長期にわたっていることが多い勘定科目である。これは、売上債権や仕入債務など取引先との対外的な関係から残高管理が必要な勘定とは異なり、棚卸資産が自社内で完結する勘定であることが理由として考えられる。また、年度末に在庫金額を水増しし原価を過少に調整した場合でも、当該水増し額は翌年度の期首棚卸高として今度は原価に加算されるため、翌年度に十分な利益を出しその解消を行えばよいとの安直な考えから、調整に利用されるのであろう。ただし、翌年度以降その水増し分を解消できるだけの十分な利益がなければ棚卸資産の水増しが継続する結果となる。そもそも財務調査の対象企業は収益力に問題があることが大半であるため、この棚卸資産の水増しが解消できないまま固定化してしまうのである。

　なお、不適切経理が存在する場合は、単に調整事象のみに着目するだけでなく、経営者等へのインタビューにより、不適切経理に至った背景について併せて確認を行うべきである。これは、決して不適切経理の是非を問いただすという意味合いではない。不適切経理の背景には、通常、経営悪化の端緒

となった何らかの事象・変化点があるはずであり、それが現在の対象企業の窮境に至るきっかけであることも多い。そのため、その背景を知ることは、そのまま対象企業の窮境原因を知ることにつながるのである。

　　b　不適切経理の内容が不明な場合

　意外かもしれないが、これは驚くほどよくあるパターンである。

　対象企業自身が在庫や売上げ（売掛金）の増額、仕入れ（買掛金）の減額調整などを慢性的に行っており、かつ、調整に関する資料を整理・保存していない、調整が経理担当者任せですでにその担当者が退職しているなど、各過年度での財務諸表への影響額を正確に把握できないような場合である。

　調査対象時点における実質債務超過（指標①）を把握するプロセスにおいて、存在しない在庫や売掛金の減額修正を行うことはそれほど難しくはない。しかし、そこから、不適切経理の内容が事前に判明している場合と同様に各年度の損益影響を把握しようとすると、調査対象期間にわたって、各期における勘定科目別の損益影響を把握する必要が生じるため、外部専門家としての作業負荷が飛躍的に増大することとなる。筆者の経験ではあるが、財務 DD で通常予定されているスケジュールや工数の範囲内で、不適切経理の存在の有無およびその態様を全面的に解明することは相当に難易度が高いと思われる。

　不適切経理の実態把握について対象企業から十分な説明・情報を得られない場合は、個別案件の性質にもよるものの、対象企業の収益力について合理的な説明が可能となる水準感まで、相当な深度で過年度の財務諸表の不適切経理と思われる調整の有無を精査し、その発生年度や金額影響を把握する必要が生じる。しかし、限られた期間でこれらの作業にすべて対応しつつ、財務 DD としての通常作業も行うのは実務的には相当な負担となる。このような場合、中小企業活性化協議会手続における財務 DD とは調査の目的や責任の範囲などを異にするものとして、「過年度財務諸表調査」を別途行うべきであり、そのための費用負担や調査期間の確保等について、対象企業や当該案件の主要関係者と意見交換をすべきではないかと考える。不適切経理の実態解明は、対象企業の経営責任とも直結する論点にもなりがちであり、この調査を経たうえでないと再生計画や金融支援の検討に至らないという金融機

関も多いであろう。そのため、外部専門家として不適切経理の検証に臨むにあたっては、専門家として実施できる手続の範囲やそれを踏まえた調査結果の責任範囲などについて利害関係者に理解を求めつつ、調査内容が利害関係者の要求に応えられるよう、その内容について金融機関・中小企業活性化協議会と相談をしながら決定していくことが望ましい。

㈡ 一時的な損益要因の除外

「一時的な損益要因の除外」と書けば表現としては容易であるが、対象企業にとって、何が一時的で何が経常的なのかを判断することは意外に難しい。ある年度に大規模な人員整理をして多額の退職金を計上した、売上原価段階で一時に不稼働在庫をまとめて損失処理し、売上総利益が急激に落ち込んだ、多額の補助金を得てそれが売上げに計上されていた、などは除外すべき一時要因と直感的に理解できるであろう。

それでは、3期程度の調査期間中に、ある事業部門から撤退しており、X-3期、X-2期は当該事業部門損益が含まれているものの、X-1期は完全撤退済みであり当該部門損益がなくなっている場合には、このX-3期からX-1期までの財務諸表はそのまま比較してよいのか。この場合、対象企業の過去損益が事業別に作成されていれば、X-3期、X-2期において撤退事業の損益影響を除外することは比較的容易であろう。しかし、そのような管理資料がない場合、外部専門家として事業部別損益把握の重要性や人的リソース配分の問題を踏まえ、どの程度まで精緻に事業撤退による損益影響の把握を行うかという判断が必要となる。

では、別のケースとして、X-3期に重要顧客A社から多額の受注があったことで損益が急改善したが、翌期以降はその大口受注がなくなってしまい、損益が大幅に落ち込んだ場合はどう考えるか。A社からは継続して小口の受注があり、営業活動も継続している場合、このX-3期の大口受注を一時要因と言い切れるか。このような場合は、当該A社と対象企業の関係性や将来の受注増加の見通し、平均的な受注額なども考慮しつつ、X-3期の大口受注を一時要因とするか通常取引とするか、個別に判断することになろう。

このように、収益力については実務上その判断に迷う事例は多い。この点

について、私見ではあるが、財務DDでは実務的に「収益力」は1つではなく、複数の場合分けで示してもよいのではないかと考える。A社の事例でいえば、A社取引を含む過年度損益はこう、除外した場合はこう、といった具合である。除外した場合は大口取引の影響が除外され、平準化された損益トレンドが把握できるし、含めた場合は対象企業の正常な営業活動をすべて含む収益力の把握につながる。どちらかが正解ではなく、どちらも収益力としては説明可能であり、利害関係者に共有すべき情報といえる。

ただし、前述のとおり、収益力（指標②）は他の7つの指標とも密接に関連するものである。そのため、「収益力」単独としては多様な情報を提供しつつも、他指標算定上は、保守的あるいは平均的な収益など単一の値を用いることが、情報が散漫にならず有用であると思われる。

エ　参考アプローチ

以下では、対象企業の収益力把握にあたって有用と思われるその他の留意点を参考に記載する。各案件によって必要とされる収益力把握のアプローチ・深度は異なり、事業DDとの線引きが難しい内容も含まれている。外部専門家が財務DDと同時に事業DDを受嘱しているような場合は別として、財務DDだけを担当する外部専門家がすべての案件においてこのようなアプローチを行うことは時間的な制約等も勘案すると難しい場合も多いと思われる。一方で、事業DD側で対象企業の損益構造の詳細分解がなされている場合も多い。そのため、事業DD担当の外部専門家から、対象企業のビジネスフロー、管理会計損益などの情報を得ることは、財務DDにおける収益力把握においても必要な取組みとなろう。

㈠　損益構造の因数分解

収益力把握の起点として共通するのは、まずは対象企業の損益計算書を手がかりとする点である。そして、一般的に企業は複数の事業や部門、工場、店舗といったパーツに分けることができる。また、企業活動は日々変化している。調査対象とする過年度において新規事業を開始していたり、あるいは逆に調査対象年度の途中で事業撤退していたりすることもある。これら調査対象年度内で連続しない事業の動きが存在し、かつ、その影響が収益力の把握に重要な影響を及ぼすと考えられる場合には、対象企業の損益を経営実態

【図表1－7】 業種ごとの損益構造の分解アプローチ

業　種	想定される分解アプローチ（例）
製造業	工場別・部門別・主要得意先別
飲食業	店舗別・チャネル別
小売業	店舗別・チャネル別
卸売業	部門別・得意先別
建設業	公共・民間別、土木・建築別、工事発注者別
旅館・ホテル	施設別・部門別
運送業	配送ルート別・得意先別

に即して因数分解し、その分解されたパーツごとに売上高や損益の状況を把握する必要が生じる。簡単な類型ではあるが、業種ごとの損益構造の分解アプローチとして【図表1－7】のようなパターンが考えられる。

　しかし、対象企業の財務会計の精度や管理会計資料の整備状況などから、そもそもこのような分解アプローチを DD 期間内で十分行うことが困難な場合もあり得るため、対象企業による作業協力への程度も勘案しながら、実務的な作業範囲・深度を定めていくことになる。その際重要となるのは、損益構造の分解アプローチを行う目的を理解することである。単なる「分解作業のための作業」となってはならない。損益分解アプローチによって対象企業の収益力の実態的な把握につなげられるか、ひいては窮境要因やその除去可能性を把握し経営改善につなげることができるかといった視点をもちながら、意味ある分析に取り組むべきであろう。

⑷　将来見込みの試算

　財務 DD における収益力の調査対象期間はおおむね過去3〜5年程度が一般的であることは先述のとおりである。しかしながら、重要な論点として、過去の情報のみに依存した収益力の把握が、事業再生計画立案のために必要な財務情報を入手するという財務 DD の目的に資するかという問題がある。

　通常、事業再生の取組みが必要な企業の多くは赤字状態にあり、事業を従来どおりまったくの成り行きに任せて進行期でいっそう損益が悪化している

企業がある一方で、一刻も早く赤字から脱却すべく費用削減や事業リストラクチャリングを足元で進めている企業もある。このように、財務 DD を実施している進行期の会計年度において、すでに相当程度の損益改善の自助努力が行われ、過年度から損益構造が変化していることもある。よくある事例としては、進行期において不採算事業や不採算取引から撤退し売上高が過年度から大きく減少する一方で採算性が改善している、従業員の早期退職を実施し固定費水準が大幅に下がっている、拠点撤退により地代家賃などが下がっている、などである。

　このように損益が悪化あるいは改善途上にある対象企業において、過去実績に基づく「収益力」とは何を意味するのであろうか。筆者の私見ではあるが、このような状況にある対象企業において、さらにいえば本来的にはすべての企業において、過年度の財務諸表だけでなく、現状の損益の状況や、対象企業の自助努力の結果として変化した売上げ・採算性・固定費構造を前提として、このまま進行年度末を迎えた場合の営業利益・経常利益等の着地見込みを把握することが、より実態に即した対象企業の足元の「収益力」把握につながるのではないだろうか。この場合、当然、売上高・売上総利益・固定費などの数値を「見込む」ことになるため、財務 DD の難易度は上がり、外部専門家の業務負担も増すことになるが、財務 DD が単なる形式的な報告に堕すことがないよう、事業再生に携わる専門家として対象企業の再生にとって有用な情報は何かを自問すべきであろう。

　さらにいえば、進行期中でそのような自助努力が行われた場合、当該進行期では、自助努力が実施される前の月次損益と実施された後の月次損益が混在し、通年での自助努力効果が十分反映されない結果となる。このような場合は、例えば自助努力の効果が通年で寄与した場合の年間収益力を一定の仮定のうえで試算し、これを補足的な情報として記載することも有用であると考える。過去 3 期間の平均収益力およびキャッシュ・フローが赤字であるため、過剰債務や債務償還年数、実態純資産の解消年数といった指標の算定が不能といった場合でも、将来の収益力で黒字化が見込まれるのであれば、これらの指標を算定することも可能となり、より現状に即した過剰債務や実質債務超過解消年数の把握につながる。そして、何より事業再生計画において

達成すべき利益目標までのギャップ、すなわち「現状」からの追加で必要となる改善額の正確な把握にも資することになる。

　しかし、財務 DD の範疇でこの将来の損益見込みを必ず把握すべきということを述べているわけではない。財務 DD はまず過去の確定した会計年度実績に立脚した分析作業を行うことが基本であり、そのうえで、情報として必要であれば進行年度さらに将来年度の予測数値を取り込んでいくアプローチで問題ないと考える。そもそも対象企業の事業構造が安定しており、年度による損益の振幅も少なく、足元で大規模なリストラクチャリングなども行っておらず、固定費水準も安定しているのであれば、過去実績をもとにした収益力把握でも指標としては十分有意なのである。また、仮に将来損益についての見立てが必要な場合であっても、事業 DD の外部専門家側が有している情報をうまく活用しながら簡易的に算定するというアプローチも考えられる。いずれにしても、財務 DD に投入できる人的リソースや時間を踏まえつつ、個別事案の特性も見極めながらその対応を判断すべきであろう。

　　㈨　**連結ベースでの収益力の把握**

　対象企業に子会社が存在し、その子会社の収益力が対象企業グループ全体の収益に大きく寄与、あるいは負担となっている場合には、当該子会社固有の金融機関からの有利子負債の有無、あるいは対象企業と同時に中小企業活性化協議会手続に入っているか否かにかかわらず、当該子会社の収益力も含めた連結収益力を算定し、他指標との関係を把握する必要があると考える。

　当該子会社が企業グループ全体において商流、損益水準、財務状況等の観点から重要な一部を構成しているのであれば、収益力のみならず、当該子会社についても実質債務超過額等の把握も含め全般的に財務 DD を行う必要があり、財務 DD の作業範囲も拡大する。そのため、グループのどの会社まで財務 DD の対象とするかは、作業着手前に対象企業、金融機関、協議会と認識を合わせるべきだろう。

　⑶　**指標③：フリー・キャッシュ・フロー（FCF）**

　ア　総　論

　FCF は、企業が一定期間において事業から獲得するキャッシュから、事業活動の維持に必要な設備投資等の投資キャッシュを控除した残額として定

義されることが一般的である。また、資金提供者の側からは、中小企業にとって主たる資金の出し手である金融機関と株主に分配可能なキャッシュ・フローとしてみることもできる。通常の事業再生計画においては、このFCFが対象企業にとって有利子負債を返済するにあたっての主要原資であり、このFCFの将来合計を有利子負債が超過している場合、財務的には当該企業は過剰債務の状況にあると考えられるのは前述のとおりである。

イ　算定方法

中小企業活性化協議会の手続上、FCFは以下のように計算するとされている。

$$\text{FCF} = 経常利益 - みなし法人税 + 支払利息 + 減価償却費$$
$$\pm 運転資本の増減 - 年間必要な最低限の設備投資概算額$$

以下、各項目の有する意味合いを概説する。

㈎　経常利益

収益力（指標②）について述べたとおり、本項目で用いられる経常利益は対象企業の表面上の経常利益ではなく、実態収益力の試算の結果として算出される実力ベースの経常利益として考えるべきである。直近の実態収益あるいは過去の実態収益の平均値とすることもあれば、前述のとおり、直近の状況変化を反映した進行期の着地見込み、あるいは足元の自助努力が通年で寄与した場合の一年間の実態収益力の見込値を用いる場合もあろう。

㈏　みなし法人税

対象企業の法定実効税率を対象企業の経常利益に乗じることで、対象企業の収益に標準的に課税されるであろう税額を簡易的に試算することが多い。なお、対象企業に税務上の繰越欠損金が存在する場合、実際の事業再生計画においては当該繰越欠損金を活用して税負担を抑制したうえで、金融機関への返済原資を最大化する計画を策定することが多い。したがって、このみなし法人税の計算プロセスにおいても、対象企業に将来見込まれる課税所得に対し繰越欠損金が金額も繰越期間も十分な余裕がある場合、一部の固定的な税額を除き法人税がかからないという前提で計算する方法もとり得ると考える。

⒄　**支払利息**

　金融費用であることから、ファイナンス理論上も FCF の計算プロセスでは除外項目とされており、中小企業活性化協議会の手続においても加算調整されるものである。

㈑　**減価償却費**

　一般的に財務諸表上に現れる減価償却費は非資金項目であり、FCF 算定プロセス上、会計上の概念である経常利益に対して加算調整を行うことで、キャッシュ・フロー情報に変換される。なお、減価償却費は上記のとおり加算調整されるが、通常企業は事業活動継続のために恒常的に設備投資を行っているため、設備投資概算額は別途控除項目（後述の㈦参照）として扱うことで、FCF 計算に組み込まれる。

　留意点としては、現行の会計基準ではリースにて取得した資産のうち、ファイナンス・リース取引については会計上も資産計上されたうえで減価償却処理する会計処理が原則となっている。しかし、ファイナンス・リース取引は通常数年程度の長期にわたり、毎月定額のリース料を支払う契約となっているのが通常である。そのため、会計上は減価償却費となっていても、事実上資金支出を伴う費用となっている。設備投資にリースを多用している会社であれば、この「資金支出を伴う」減価償却費も多額に上るため、FCF計算上、単純に勘定科目だけをみて非資金項目として加算してよいのかという疑問も生まれる。この点、FCFの計算プロセス上は、オンバランスのリース取引に係る資金支出を FCF の計算上減額したり、設備投資概算額を減額したりすることで整合性が確保できる。しかし、事業再生計画上の借入金返済計画において実際の借入金返済原資を対象企業の FCF から導出するような場合、上記のリース減価償却費まで加算調整してしまう、つまり資金支出項目であるにもかかわらず返済原資としてしまうと、対象企業にとっては過剰な返済負担につながってしまう。そのため、事業再生計画における FCFの算定プロセスにおける減価償却費については、対象企業の設備資金調達の実情に応じた細やかな対応が必要である点を補足しておく。

㈺　**運転資本の増減**

　この項目も、会計上の利益をキャッシュ・フローに変換する計算ステップ

として機能する。通常、対象企業が多額の運転資金を要する資金構造にあり、かつ、増収基調にある場合、運転資本は将来的にも増加（キャッシュ・アウト）すると仮定できるし、逆に、減収局面にあれば運転資本も減少（キャッシュ・イン）するものと考えられる。実際、事業再生計画における対象企業の貸借対照表計画では、運転資本勘定の推移は売上高・仕入高の基本的なトレンドに基づいて一定の前提をおいて算出していることが多いと思われる。

　それでは、FCF の算定プロセスとしての「運転資本の増減」はどのように捉えるべきか。筆者の私見ではあるが、収益力（指標②）の算定上、対象企業について明確な増収・減収トレンドがないような場合で、かつ、運転資本の増減についても収益力との一定の相関関係をもって提示しにくいと思われる構造であれば、本項目は「―（なし）」としても問題ないと考える。一方、毎期増収あるいは減収トレンドにあって運転資金の増減もこれと相関しているのであれば、増加幅・減少幅を本計算に織り込むことも考えられよう。

㈹　年間必要な最低限の設備投資概算額

　FCF の算定実務上は外部専門家の考え方によって幅が出やすい項目であると思われる。まず、「最低限」の定義が難しい。現状の CF を維持するために、設備の陳腐化や機能的な劣化に対する定期的な維持更新投資が必要であれば、それは必要な「最低限」の設備投資といえる。一方、例えば、毎期新規の顧客ニーズに応えるために新たな設備投資を行っており、それが既存ニーズの減収をカバーしているような場合は、当該毎期の新規設備投資額もやはり「最低限」といえると思われる。

　そのため、財務 DD 実務上は、対象企業のビジネスの理解、過去の設備投資の経緯、投資内容、投資額の水準などの実績データを入手し、どれが「最低限」と考えるべきかについて経営者や管理責任者等へのインタビューを行い、見定めていくプロセスが必要と思われる。そして、このプロセスが同時に、事業再生計画で具体的に織り込まれる設備投資予算の検討につながり、金融機関への返済額の算定上で社内留保を要請しなければならない投資資金の把握にもつながるのである。投資と回収の絶えざる循環ともいえる企業活

動において、その循環が目詰まりしているがゆえに窮境となっている中小企業は多い。そのため、経営者等のインタビューが「現状具体的な設備投資の計画はない」との回答であったとしても、安直に必要投資額をゼロとはせず、対象企業が現状の CF 水準を維持するために、どの程度の設備投資額が必要なのか、専門家として慎重な見極めが必要な項目であると考える。

　なお、何が「最低限」の設備投資に該当するかに加え、対象企業の一般的な設備投資のサイクルも考慮する必要がある。毎期の営業利益が２千万円の会社にとって、維持更新投資が３年おきに３千万円かかるというのであれば、対象企業はまず３千万円を投資して３年で６千万円の利益、３千万円の FCF を稼ぐ力がある、という表現が実態に近い。しかしながら、FCF はあくまで単年度の概念であるため、その算定上、単年度の設備投資平均額として１千万円を計算に織り込む、という考え方をとることが多いと思われる。そのため、財務 DD の読者に対しては、対象企業の設備投資サイクルや上記の計算プロセスなどを注記することで、対象企業の設備投資の実態についてイメージをつかんでもらうような配慮も必要であろう。

⑷　指標④：過剰債務

ア　総　論

　中小企業活性化協議会の手続においては、「過剰債務金額」は――

過剰債務金額　＝　要償還債務　−　FCF　×　10倍

として計算式が示されている。この計算式での過剰債務とは、対象企業の FCF の将来総和について、収益力から算定されるキャッシュ・フローの10倍（10年分）と見積もったうえで、対象企業が収益をもって返済する必要のある借入金が当該金額を超えている場合のその超過額を意味する。

イ　目　的

　対象企業の過剰債務を算定する目的は、文字どおり対象企業にとって収益力・FCF を超える借入金の水準を把握し、事業再生計画における金融支援の必要性や、必要な場合の支援額についてイメージするための指標のひとつとして示すことである。

ウ　算定方法

　収益力（指標②）あるいは FCF（指標③）についてはすでに述べたが、本項目でいう「要償還債務」とは何か、また「10倍」という基準が何を意味するのか。

(ア)　要償還債務

　要償還債務は、一般的には対象企業が自ら生み出す収益から返済を進めていく必要がある借入金を意味し、中小企業活性化協議会手続においては、

$$要償還債務 ＝ 金融機関に対する有利子負債 － 正常運転資金$$
$$－ 現金預金 － 換金性のある有価証券$$

として計算式が示されている。なお、ここでの各項目の詳細は、債務償還年数（指標⑤）で詳述する。

　　a　金融機関に対する有利子負債

　文字どおり、対象企業が基準日時点で負っている金融機関からの借入金や社債等の合計であるが、本計算プロセスから除くべき借入金が一部存在する点について留意が必要である。

　　b　正常運転資金

　対象企業の正常な営業循環プロセスにおいて通常発生する必要資金であり――

$$運転資金 ＝ 売上債権 ＋ 棚卸資産 － 仕入債務$$

として定義されることが一般的である。この営業循環プロセスのなかでは、先行して支払が行われ、最後にようやく現金回収に至ることが多いため、支払から回収までは、収益力の多寡にかかわらず先行する支払に対応するための運転資金が必要となり、多くの中小企業はこの運転資金を金融機関からの調達に依存している。この資金調達は事業活動が正常に行われている限り常に必要となる一方で、仮に事業活動が停止した場合は最後に現金回収される売上代金をもって返済される構造にあるため、収益から償還しなければならない借入金、つまり要償還債務から除外して考えるものとされている。

　なお、「正常」という概念については、債務償還年数（指標⑤）で詳述す

る。

　　c　現金預金

　対象企業に残存する手元現金、普通預金、当座預金、定期預金等の合計であり、要償還債務からの除外項目とされている。これは、現金預金の増減が上記の運転資金の増減と表裏の関係にあることに加え、現金があれば理論上はそれを即座に返済に充当することができることが根拠となっていると思われる。

　　d　換金性のある有価証券

　本項目では、対象企業が保有する上場株式、投資信託、ゴルフ会員権、リゾート会員権、解約返戻金のある生命保険契約など、比較的現金化が容易な流動性のある金融商品などを含めることが多い。現金預金と同様に理論上は即座に返済に充当することができるため、要償還債務からの除外項目とされている。

　　(イ)　FCF の10倍基準

　過剰債務の算定上、要償還債務から FCF を10倍した値が控除されるが、FCF の10倍とする理由は何であろうか。この点、「FCF の10倍を企業が通常返済可能と考えられる借入金の額」とみなされ、この10倍した値が「過剰債務の算定や、再生達成の基準のデファクト・スタンダードとなっている」という意見がある（『実践的中小企業再生論［第3版］』86頁参照）。実際に、「中小企業活性化協議会実施基本要領」別冊2・2(5)④や「中小企業の事業再生等に関するガイドライン」でも、計画最終年度において「有利子負債の対キャッシュ・フロー比率」が、10倍以内となることが求められている。このように、対象企業の不確定な将来における債務償還能力をみるうえで、事業再生に関与する様々な実務家の知見、経験から導かれたひとつの共通的な尺度として、FCF の10倍が採用されているものと考えられる。

　なお、あくまで筆者の私見であるが、この「FCF の10倍」が財務 DD における共通尺度であることは間違いないものの、例えば不動産業などではそもそもの金銭消費貸借契約の期間が10年超となる場合もあり得るだろうし、債務償還にあたって長期の返済期間が予定されている業種においては、この過剰債務計算においても多少の幅をもった議論はあり得よう。

これらの計算プロセスを経て算定された「過剰債務」は、純粋なファイナンス論的な意味合いに対して、金融実務、事業再生実務に沿うかたちで調整された数値として機能する。財務 DD の読者にとっては、FCF（指標③）と過剰債務（指標④）の組み合わせにより、対象企業が収益で有利子負債を返済していくには、現状どの程度の年数がかかるのかを把握することもできるし、10 年分の FCF を超える過剰債務が金融機関にとっては金融支援を検討すべき目安とみることもできるのである。ただし、繰り返しになるが、実際の金融支援の検討は、前述の実質債務超過（指標①）や後述の非保全額（指標⑥）などによる制約条件まで含めての総合判断で行われることには留意いただきたい。

　なお、対象企業の FCF がマイナスの場合、この過剰債務の計算は不能となり、全額が過剰債務という結果となってしまう。この結果自体は計算プロセスとして何ら誤りではない。しかし、収益力（指標②）のところで述べたように、対象企業が足元で自助努力による改善を進め、進行期では赤字状態から脱却し、黒字転換しつつあるような場合には、当該一連の改善後の通年ベースでの収益力を基礎とした FCF を用いて過剰債務を計算した方が、財務 DD の読者に対する情報価値は高いと思われる。対象企業の再生の可能性を幅広く検討するためにも、その自助努力の効果を指標にも適切に織り込む姿勢を失ってはならないだろう。

(5)　指標⑤：債務償還年数

ア　総　　論

「債務償還年数」とは、有利子負債を返済する力がどの程度あるかを測る指標であり、要償還債務をその返済に充当可能な年間の CF で除すことにより求められる年数である。あくまで、有利子負債を返済する力を測るものであり、実際に有利子負債を何年で返済するかということとは異なった概念であることは注意が必要である。

　しかし、企業規模の大小にかかわらず比較できる指標であり、その直感的な分かりやすさからも、一般事業会社に対する金融機関の債権管理の実務では、特に重視されている指標である。また、金融機関の決算業務のうち、債権に対する貸倒引当金額の算定に必要な自己査定業務において、実質債務超

過（指標①）と並び、最もウエイトがおかれている指標のひとつである。

　なお、事業再生の実務においても、中小企業活性化協議会スキームにおける数値基準のひとつである「有利子負債の対キャッシュ・フロー比率」とも類似した指標であり、現状の債務償還年数をスタート地点として再生に必要な業績改善幅・金融支援額などを試算する際に、最もイメージがしやすい指標である。

　業種にもよるが、一般に債務償還年数が10年以内の場合、有利子負債の返済能力に大きな懸念は生じていないと判断され、10年超となった場合、業績改善など損益計算書面の改善や、有利子負債の圧縮など貸借対照表面の改善の必要性があると認識されることが多い。

　「「中小企業活性化協議会実施基本要領」別冊2Q&A」Q26に示されているとおり、債務償還年数の算出は、2002年12月19日付け「企業・産業再生に関する基本指針」（産業再生・雇用対策戦略本部決定）および2003年4月10日付け「我が国産業の活力の再生に関する基本的な指針」（経済産業省告示第129号）に定義されている以下の方法に従うことが一般的であろう（【図表1－8】も併せて参照されたい）。

　債務償還年数　＝　要償還債務　÷　その返済に充当可能な年間のCF

　ただし、上記の定義を参考にしつつも、勘定科目名や運転資金の範囲、CFに含められる範囲は企業ごとに異なるのであるから、対象企業の実力を適切に反映するため、適宜必要な修正を施すべきであろう。

　イ　目　的

　財務DDで債務償還年数を把握する目的は2つある。

　1つ目は、事業再生を検討するに際して現状を把握することである。総論でも記載のとおり、有利子負債とその返済原資となる資金を生む力のバランスを確認し、現状および現状の延長線上で有利子負債の返済力を指標として把握することが目的となる。

　2つ目は、現状を踏まえたうえで必要な改善の数値感を把握し、再生案件の難易度や必要な金融支援額をイメージするためである。一般に債務償還年数が10年超となった場合、改善の必要性があると認識されるため、それを10

【図表1－8】　債務償還年数の考え方

$$\frac{有利子負債合計額 - 現預金 - 信用度の高い有価証券等の評価額 - 運転資金の額}{留保利益 + 減価償却費 + 前事業年度からの引当金の増減額} \leq 10$$

※1）　有利子負債
　　　　有利子負債＝短期借入金＋割引手形＋長期借入金（1年以内に返済予定のもの
　　　　　　　　　を含む）＋社債（1年以内に償還予定のものを含む）
※2）　運転資金
　　　　運転資金＝売掛債権＋棚卸資産－仕入債務
　　　　　ただし、運転資金の計算において、売上債権中の回収不能額や棚卸資産中の
　　　　不良在庫などは控除する。
※3）　留保利益
　　　　留保利益＝経常利益－法人税および住民税等（注イ）－社外流失（配当・役員
　　　　　　　　　賞与）（注ロ）
　　　（注イ）　法人税および住民税等
　　　　　　　　法人税および住民税等とは、経常利益に対する法人税、住民税および
　　　　　　　法人事業税（以下「法人税等」という）のことであり、その予想額算出
　　　　　　　にあたっては、経常利益に法人税等の実効税率を乗じて算出することが
　　　　　　　できる。
　　　（注ロ）　社外流失
　　　　　　　　社外流失の算定にあたっては、（算定時点における）予想数値を用い
　　　　　　　ることとする。
※4）　減価償却費
　　　　減価償却費は、過去の実績や今後の設備投資計画に基づき、その予想額を算出
　　　　する。
※5）　引当金
　　　　引当金に係る計算に関しては、次に掲げる引当金は含まないものとする。
　　　●　賞与引当金、退職給付引当金
　　　●　特別損益の部において繰り入れまたは取り崩しが行われる引当金

年以内とするにはどの程度の CF 改善が必要となるか、その自助努力による改善幅を数値としてイメージすることができる。さらに、その自助努力が実現される蓋然性も検討したうえで、自助努力だけでは債務償還年数を10倍以内とすることができない場合は、債権放棄や DDS 等の金融支援の必要性の有無や、必要な場合の支援額の水準をイメージすることが可能となる。

　　　㋐　**金融機関における目的**
　再生案件における上記の目的に加え、金融機関にとっては、決算業務のう

ち、債権に対する貸倒引当金額の算定に必要な自己査定業務において、債務者区分（正常先、要注意先、要管理先、破綻懸念先、実質破綻先、破綻先）を決定する際の主要な指標のひとつとして、債務償還年数が把握されている。

　各金融機関の自己査定基準では、業種にもよるが（不動産賃貸業・鉄道業・倉庫業・宿泊業などの、大型かつ長期に使用収益する設備投資を必要とする業種の場合、その設備の築年数や経済的耐用年数を加味することが一般的）、一般に債務者の債務償還年数が10年以内の場合は有利子負債の返済に大きな懸念がない正常先、10年超20年以内の場合は要注意先または要管理先、20年超の場合は破綻懸念先以下との目安とされていることが多く、各債務者区分が債権の引当額の基礎とされている。

　　(イ)　**対象企業にとっての目的**

　再生案件における対象企業では、意識されていることが少ない指標である。当然、経営者は有利子負債の額と利益・CF 額について、自社の水準を認識していることが多いものの、その２つを組み合わせて、有利子負債が過剰である、あるいは利益・CF 額が低水準であるという認識はされていないことが多い。筆者の経験でも、債務償還年数を意識して、有利子負債水準の管理や、必要な利益・CF 額の目標設定をしていた企業はなかった。

　再生局面にある企業は、金融機関に対する有利子負債の返済が困難になったことを契機に、金融機関から促されるかたちで再生の取組みに着手していることが多い。つまり、中小企業の事業再生は、いかにして金融機関に債務を返済するかの取組みともいえるのである。そのため、自社が金融機関にどうみられているのか、あるいはみられなければならないのかという視点は極めて重要である。しかし、その点が金融機関から説明されることは少ない。金融機関にとって、顧客でもある対象企業に対し、「御社は破綻懸念先に区分されているため追加融資は困難です。この状況を解消するためにあと＊＊百万円の利益改善に取り組んでください」などと説明することは、かなり踏み込んだ発言となる。ゆえに、対象企業は、現状および必要な改善額を自ら理解する必要があるが、その理解の大きな助けとなるのが債務償還年数なのである。

　相手と状況を選ぶ必要はあるが、債務償還年数から、現状が金融機関に

とって、例えば「破綻懸念先」以下とされる状態であるという見立てを専門家から対象企業に伝えることは、経営者に現状を認識させ、目を覚まさせるには相応にインパクトがある情報となろう。

　また、対象企業が再生に取り組む際にも、組織の力を結集するには、漠然とした「改善」という言葉ではなく、「あと＊＊百万円の利益改善」という具体的な目標が必要となる。その際、債務償還年数を10年以内にできる利益・CF水準を目指すというのは、企業の大小を問わず、金融機関の目線も意識した、実務的にイメージしやすい目標となるだろう。

ウ　実務上の留意点

　繰り返しになるが、「企業・産業再生に関する基本指針」の定義を参考にしつつも、勘定科目名や運転資金の範囲、利益・CFの構成要素は企業ごとに異なるのであるから、対象企業の実力を適切に反映するため、適宜必要な修正を施すべきであろう。

㋐　他の指標との整合性

　債務償還年数の算出には、他の7つの指標で把握された情報が必要となり、財務DDの信頼性を保つため、各情報間の整合性を保つ必要がある。

　分子を構成する有利子負債・現預金・信用度が高い有価証券等の評価額・運転資金については、実質債務超過（指標①）の把握に必要な実態貸借対照表との整合性や、非保全額（指標⑥）の把握に必要な金融取引情報との整合性を保つ必要がある。

　また、分母を構成する留保利益・減価償却費・引当金の増減額は、収益力（指標②）やFCF（指標③）との整合性を保ち、さらには後述する税務上の繰越欠損金（指標⑦）で把握した税務の状況を踏まえて決定する必要がある。

㋑　算出に含める有利子負債・CFの範囲

　中小企業活性化協議会スキームを主とした中小企業の再生案件の多くは、対象企業と金融機関との間の私的整理として行われることが多い。そのため、債務償還年数の分子を構成する有利子負債も、私的整理の枠内の金融機関からのものに限定する方が、金融機関にとって分かりやすい情報となる。

　そのため、分母を構成するCFも、その全額ではなく、あくまで金融機関に返済可能な額とすべきである。よって、私的整理の対象に含まれない、従

来の返済を継続するリース債務や設備支払手形、建設協力金などは、分子となる有利子負債に含めないだけでなく、分母となる CF にもリース料の支払等の資金支出が適切に反映されなければならないと考える。

(ウ) 運転資金の算出方法

運転資金とは、対象企業の正常な営業循環プロセスにおいて通常発生する必要資金であり、「企業・産業再生に関する基本指針」では――

運転資金 ＝ 売掛債権 ＋ 棚卸資産 － 仕入債務

とされ、債務償還年数の計算上では有利子負債合計金額より控除するものとされている。

一般的な営業循環のプロセスは、例えばメーカーの場合、「仕入れ→製造・加工→在庫化→販売→（現金にて）回収→再び仕入れ」というサイクルをとる。すなわち、プロセスのなかで、先行して支払が行われ、最後にようやく現金回収に至ることが多い。そのため、支払から回収までは、収益力の多寡にかかわらず先行する支払に対応するための運転資金が必要となることが多い。多くの中小企業はこの運転資金を金融機関からの調達に依存しているが、この運転資金は事業活動が正常に行われている限り常に必要となる一方で、仮に事業活動が停止した場合は最後に現金回収される売掛代金をもって返済される構造にあるため、収益から償還しなければならない借入金、つまり要償還債務から除外して考えるものとされているのである。

ただし、「売上債権中の回収不能額や棚卸資産中の不良在庫などは控除する」とされているため、売上債権・棚卸資産・仕入債務の額は、実質債務超過（指標①）の把握の際に算出した実態評価額と整合すべきであり、あくまで正常な運転資金として評価することが必要である。回収不能債権や不良在庫を控除するのはもちろん、関係会社に対する売上債権が回収遅延し実質的に貸付金となっていたり、支払手形に設備支払手形が含まれたりすることもある。また、卸売業などによくみられるが、仕入先に対して仕入保証金という名目で、取引額の一定率を毎月、毎年といったサイクルで積み立てている商慣行が散見される。直接的な仕入れとは異なるものの、事実上運転資金として考えられる性質を有していることから、上記正常運転資金に含めるケー

スもある。各勘定の内訳も把握したうえでの適切な評価が求められる。

　また、企業によっては入金の方が早く、支払があとにまわる業種もあり得る。このような運転資金構造は、売上債権よりも仕入債務の方が大きい「逆運転資金」といわれ、中小企業活性化協議会案件の要償還債務の算定プロセスにおいては、対象企業に運転資金が存在しないと考えて「ゼロ」と扱う考え方が一般的であるため、注意が必要である。

　なお、ここで運転資金として計算に含められるものは、要償還債務を算出するための一時点の運転資金の額にすぎないという点は留意が必要である。運転資金の額は、季節や売上高の振幅等により変動するものであり、その変動は現預金の増減と表裏の関係にある。よって、要償還債務の算出上は、現預金残高も有利子負債より控除されるため、一時点の運転資金額を用いることで済んでいるのである。

　中小企業活性化協議会スキームを卒業する段階で、改めて有利子負債を運転資金部分とそれ以外とに区分し、運転資金分は当座貸越や手形貸付などの極度融資とし、それ以外を定期・定額の返済を行う融資として組み直すことがある。この場合の運転資金部分は、季節性や余剰として維持すべき現預金水準などを考慮して決めるべきであり、ここで定義される要償還債務のように一時点の運転資金額を用いるべきでない点には注意が必要である。

　　(エ)　**現預金、信用度が高い有価証券等の評価額**

　「企業・産業再生に関する基本指針」で、要償還債務の算出上で現預金を控除するのは、前述の記載のとおり現預金の増減が運転資金の増減と表裏の関係にある点に加え、有利子負債の返済に随時充当可能な点を考慮してのことであろう。

　そのため、現預金でも随時返済に充当可能でないと判断される金額は、要償還債務の算出上、控除しない方が適切と考える。例えば、不動産賃貸業における預り敷金・保証金や得意先に対する取引保証金などは、差入人からの請求に対応できるよう常に現預金に一定額をプールしておく必要があり、それに見合った現預金残高は、金融機関への有利子負債の返済に充当できないと考えられる。

　一方、信用度が高い証券等は、その換金の容易性と時価の客観性などを考

慮して、要償還債務の算出上、控除の可否を判断することになろう。実務的には、上場株式や投資信託、役員等を被保険者とした生命保険の解約返戻金などを含めていることが多く、不動産などで具体的な売却計画があるものなども控除の余地があるだろう。

ただし、上場株式でも取引先との関係性から政策的に保有しているものもあり、事業継続を前提とした場合、そのようなものの換金は容易でないため、要償還債務の算定上で控除するか慎重な判断が必要だろう。

(6) 指標⑥：非保全額

ア 総 論

「非保全額」とは、財務 DD の対象企業における有利子負債から担保や信用保証協会の保証等により保全されている金額（保全額）を控除した金額である。そのため、非保全額の算出には、有利子負債の金額と保全額を把握することが必要となる。

ただし、有利子負債の金額と保全額については、必ずしも案件共通の明確な計算方法が存在するわけではなく、各再生案件でその範囲の決定方法・評価方法が常に同じというわけではない。そのため、以下は一般的な説明である点に留意していただきたい。

まず、有利子負債の金額であるが、中小企業活性化協議会等を利用した中小企業の私的整理においては、主に銀行や信用金庫・信用組合等の民間金融機関と、日本政策金融公庫・商工組合中央金庫を主とした政府系金融機関からの借入金や社債等で、利子を付して返済をしなければならない負債の金額となる。

次に、保全額であるが、前述の有利子負債のうち、対象会社と物上保証人の不動産・動産・有価証券・預金・売掛金に対する担保や、信用保証協会による保証により、優先的な回収が見込まれる金額ということになろう。

しかし、再生案件によって、有利子負債に金融機関以外の債権者が含まれたり、保全額に担保設定されていない定期預金を含めたりすることがあるなど、その範囲は一様ではない。さらに、保全額については、担保等の範囲を決めた後は、定期預金担保や金額が明示された保証などを除き、その回収見込額の評価が必要となるが、不動産に複数の評価方法があるように、その評

価方法もまた一様ではない。

そのため、財務DDでは、有利子負債や保全額の範囲・評価について、客観性と中立公平性を保ちながらも、私的整理を成立させるために、関係者の納得が得られるような情報と考え方を提示し、その結果として非保全額を示すことが求められるだろう。

イ 目 的

財務DDで非保全額を把握する理由は2つある。

1つ目の理由は、金融支援額を決定する基礎となる数値を提供することである。債権放棄・DDS等のいわゆる抜本的な金融支援を行う際に、その金融機関別の負担額を決定する必要があるが、その基礎となる数値が金融機関別の非保全額となる。事業再生における金融支援は、原則的に債権者に対し平等に要請されるものであり、再生計画で示された必要な債権放棄やDDS等の金融支援額は、各債権者に対し原則的に非保全額のシェアに応じた負担（非保全プロラタ）を要請するのが一般的である。

2つ目の理由は、債権者が再生計画の経済合理性を判断する基礎となる数値を提供することである。債権者は、債権放棄など金融支援の要請を含む再生計画に対し、組織として諾否の判断を行う必要がある。その場合、理論上、金融支援額の上限となる非保全額を超過した金融支援に応じることは困難である。さらに、再生計画に同意する場合、少なくとも対象企業を清算した場合の債権回収見込額を、その再生計画による債権回収見込額が上回る必要がある（清算価値保障原則）。

対象会社を清算した場合の債権回収見込額は、財務DDで作成する清算貸借対照表を前提に、相殺や保全・保証等による債権回収額に、これらの回収額を有利子負債から控除した非保全額に清算配当率を乗じた金額を加算することにより求められる。

㈦ 金融機関にとっての目的

上記の目的と重なるが、債権者は、財務DDの段階で、対象企業の事業再生を進めることによる金融支援の想定負担額を把握する必要がある。そして、その負担の経済合理性の検討にとどまらず、現状の対象企業向け債権への引当状況や、金融機関としての利益予算、維持すべき自己資本等も踏まえ

た許容される負担額から、債権者自身が再生案件にどう対応するか判断しなければならない。そのための基礎となる情報が、有利子負債のうち保全額であり非保全額なのである。

⑷　対象企業にとっての目的

対象企業の経営者にとって、有利子負債の総額にこそ関心はあれ、その内訳である保全額や非保全額への関心は薄いのが一般的であろう。実際に、中小企業の業績改善に取り組む際に、保全額や非保全額を継続的に把握すべき指標として選択することはない。そのため、非保全額は、事業面というよりは、債権者側から再生案件を検討するための金融的意味合いの強い指標である。

あえて、対象企業にとって、非保全額を意識する意味合いをあげるとすれば、非保全額を基礎に算定される清算時の金融機関等の債権回収額は、再生計画で示すべき最低限の返済目標ということになるが、あくまで最低限であり、実際に意識されることは少ない。

⑺　実務上の留意点

a　基　準　日

実質債務超過（指標①）を算定する調査基準日と整合性をとるべきとの意見もあろうが、非保全額を含む金融取引を把握する基準日を直近の決算日とする場合、基準日が作業時点から1年近く前になることもあり、その間に、有利子負債や保全に異動が生じていることも多い。そのため、作業時点の直近月末などを、金融取引を把握する基準日とした方が、金融機関の現状認識と近い情報を示すことができる。

また、中小企業活性化協議会スキームを利用する場合、財務DDの作業時点で、金融機関に対し返済猶予や担保権行使の猶予が要請されていることも多い。このような場合、財務DD後の再生計画で要請される金融支援や返済計画に備え、金融機関と対象企業の権利関係を一時的に固定化し、金融機関の足並みを揃えようという意図があるわけであるから、なおさら現状の固定化された金融取引が把握できる基準日を選択すべきであると考える。

なお、筆者は、非保全額を含む金融取引について、財務DDの作業時点の直近月末を基準日とすることが多いが、特段の指摘を受けたことはない。

b　対象債権者の範囲

　中小企業活性化協議会スキームなどを利用した中小企業の私的整理においては、金融支援の対象となる有利子負債の対象債権者は、民間金融機関と政府系金融機関となることが一般的である。

　なお、信用保証協会などの保証付きの有利子負債がある場合、直接資金を出している債権者においては、保証額を保全額とする一方で、その保証額については信用保証協会等を債権者と考え非保全額を算定する点には注意が必要である。

　ほかには、設備投資資金を融資した独立行政法人や金融機関から債権譲渡を受けたサービサー、過去の代位弁済ですでに債権者となっている信用保証協会が対象債権者に含まれることもある。筆者の経験では、親子会社の両社で金融支援が必要となった案件で、子会社の有利子負債の対象債権者に、その親会社が含まれたことがある。また、主要な仕入先がスポンサー候補となり、その先からの金融支援が見込めたこともあり、仕入先を対象債権者に含めることを検討したこともある。

　つまり、対象債権者の範囲は案件に応じた検討が必要であり、財務 DD の実施者は、判断に迷う債権者がいる場合、独自に判断するのではなく、中小企業活性化協議会やメイン金融機関とも相談のうえで，その範囲を決定することが必要となる。

　ただし、小規模の貸金業者等の一般的な金融機関でない金融業者等が含まれている場合、中小企業活性化協議会スキームでの対応は難しいとされており、その場合は、一般の私的整理を目指すか、法的手続による再生を目指すべきとされている点は留意が必要である（『実践的中小企業再生論［改訂版］』300頁参照）。

　　c　有利子負債・保全の網羅的な把握

　非保全額に誤りがある場合、債権者に金融支援見込額や経済合理性の判断を誤らせるおそれがある。そのため、非保全額の算定に必要な、有利子負債と保全額は漏れなく把握することが求められる。中小企業活性化協議会スキームでは、中小企業活性化協議会から金融取引の一覧表が共有されることもあるが、DD 実施者が自ら調べることを怠ってはならない。

有利子負債は、決算書や試算表の情報を頼りに、金融機関発行の残高証明書や金銭消費貸借契約証書の現物、返済予定表等を確認することになる。「借入金のような、確認が容易と思われる勘定科目で粉飾をするのか」と思われるかもしれないが、筆者の経験では、簿外の借入金があった会社で、偽造した残高証明書のコピーを提示されたこともあり油断はできない。決算書などを鵜呑みにせず、残高証明書や契約書の現物を確認すべきである。

保全については、抵当権設定契約書等や登記の確認、対象会社・金融機関へ質問のうえ、担保提供資産の内容と抵当権等の権利内容を確認することになる。しかし、対象企業以外の第三者からの担保提供もあり、網羅的な把握は意外と難しい。

いずれにしても、金融機関に対し保全内容も含めた債権届を出してもらったり、財務 DD の実施者がまとめた借入れ・保全の状況を金融機関に確認してもらうことで、認識漏れが防げる可能性が高くなるであろう。

　d　実態貸借対照表との整合性

不動産担保は、保全として最も一般的なものであるとともに、その金額の大きさから、保全・非保全額への影響が大きい項目である。原則的には、最も客観的な評価額として不動産鑑定評価額により評価すべきであるが、実質債務超過（指標①）のところでも述べたとおり、案件ごとに評価方法が異なることも多く、保全額の評価においては、実態貸借対照表での評価との整合性を保つべきであろう。

ただし、債権放棄・DDS 等の抜本的な金融支援が想定されない再生案件では、実態貸借対照表において継続保有予定の事業用不動産が簿価評価されることもあり、その評価額が時価と乖離することもある。その場合、評価額（簿価）は、明らかに保全額として適切ではないため、不動産鑑定評価額や固定資産税評価額を基礎とした評価額などを保全額とすべきであろう。

　e　事業継続ベースと清算ベースでの非保全額の表示

非保全額は、対象企業の事業継続を前提とした実態価額で保全額を評価したものと、清算を前提とした清算価額で保全額を評価したものとの、2パターンが記載されることが望ましい。なぜならば、前述のとおり非保全額を算定する理由が2つあるためである。

非保全額を算定する１つ目の目的は、金融支援額を決定する基礎となる数値を提供することである。債権放棄やDDS等の金融支援が行われる場合、各債権者に対し原則的に非保全額のシェアに応じた負担（非保全プロラタ）を要請するのが一般的である。この場合、自力型・スポンサー型の再生にかかわらず事業継続が前提となるため、保全額を事業継続ベースで評価することが、この目的と整合する。

　一方、非保全額を把握する２つ目の目的は、債権者の経済合理性判断の基礎となる数値を提供することであり、対象企業を清算した場合の債権回収見込額の算出が必要となる。この場合、対象企業の清算が前提となるため、保全額を清算ベースで評価することが、この目的と整合するのである。

　そのため、非保全額を把握する目的を理解したうえで、その目的に適した不足のない資料作成を行うことが必要となる。

(7)　指標⑦：税務上の繰越欠損金

ア　総　　論

　法人税法上、青色申告書を提出した法人において、各事業年度の所得金額が赤字、つまり欠損金額が生じた場合、翌事業年度以降、一定期間繰り越して、これを損金算入することが認められている。平成28年度の税制改正により、2018年（平成30年）４月１日以後開始する事業年度に生じる欠損金額の繰越期間は10年とされている。それ以前は、平成23年度の税制改正に基づき2008年（平成20年）４月１日以後終了した事業年度に生じた欠損金額の繰越期間は９年とされていた。

　繰越欠損金額は、法人税申告書の別表七（一）「欠損金又は災害損失金の損金算入に関する明細書」に発生事業年度ごとの繰越欠損金額の記載があり、容易に把握可能である。財務DDでは、別表七（一）で把握した、調査基準日までの発生事業年度ごとの、繰越欠損金額とその使用可能期限を示すとともに、繰越欠損金額の合計を示すのが一般的である。

　しかし、事業再生に必要な税務に関する情報は、繰越欠損金にとどまらないため、財務DDでは、将来のCFに影響を与える税務リスクや、タックス・プランニングで考慮すべき含み損益等の情報なども含め、広範な記載が求められる。

イ 目 的

財務 DD で繰越欠損金を把握する理由は 2 つある。

1 つ目の理由は、繰越欠損金が法人税額を通じて対象企業の純利益・CF に影響を与える程度を把握し、対象企業の再生可能性をより適切に把握するためである。

対象企業に将来、課税所得が見込まれる場合、繰越欠損金額が法人税額に影響を与えるため、純利益や FCF（指標③）の算定上で考慮が必要であり、実質債務超過（指標①）の解消に必要な年数の計算、過剰債務（指標④）や債務償還年数（指標⑤）にも影響を与えることになる。

当面見込まれる課税所得と比して、繰越欠損金が金額も繰越期間も十分な余裕がある場合、純利益や FCF の算定上、一部固定的な税負担を除き法人税額を控除する必要はないと考えられる。その場合、繰越欠損金を考慮しない場合と比して、実質債務超過の解消に必要な年数は短く、過剰債務は小さく、債務償還年数は短く算出することができ、対象企業の再生可能性をより適切に、かつ、より高く見込むことができるだろう。

繰越欠損金を把握する 2 つ目の理由は、直接債権放棄や第二会社方式による実質債権放棄が見込まれる案件において、債権放棄に伴い生じる債務免除益や、事業や資産・負債の移転の際に生じる利益に対し、法人税が課されるおそれを把握するためである。

直接債権放棄や第二会社方式による実質債権放棄のスキーム実行に付随して、法人税が生じた場合、債権者である金融機関は、税負担分だけ過大に金融支援が必要になる。しかし、そのような金融支援は金融機関の理解が得られず、事業再生計画が不同意となるおそれが大きい。そのため、財務 DD 後の計画策定段階で行う、金融支援やスキームの検討に必要な情報として、繰越欠損金の把握が必要となるのである。

(ア) 金融機関における目的

繰越欠損金額が影響を与える FCF（指標③）は、再生計画に含まれる返済計画の検討時に、債権者である金融機関への返済額を決める基礎となることが多い指標である。そのため、金融機関が再生計画における返済額をより適切にイメージできるよう、財務 DD の段階から繰越欠損金は必要な情報とな

る。

(イ) 対象企業における目的

　一般的に経営者は税金に対して関心が高く、節税策に対し強い興味を示すことが多い。経営者は、税負担を考慮のうえ、従業員への賞与や自身の役員報酬を決め、さらには設備投資の意思決定などを行う必要があるため、繰越欠損金の把握は経営者にとっても当然の責務となる。

　また、中小企業活性化協議会スキームにより再生計画を策定する場合、計画が満たすべき数値基準が３つあり（「中小企業活性化協議会実施基本要領」別冊２・２(5)②〜④。本書70頁参照）、「中小企業の事業再生等に関するガイドライン」などの他スキームでも同様の、または類似した数値基準が定められていることが一般的である。中小企業活性化協議会スキームでは、経常利益黒字化の基準を除き、基準を満たすために必要な自助努力による損益改善額が、将来の税負担に応じて変化する。当然、将来の税負担が大きいほど、必要な増収、採算性改善、費用削減の水準は高くなるため、財務DD後の計画策定段階で、より踏み込んだ改善策の検討が必要となることを、経営者は認識する必要がある。

ウ　実務上の留意点

　前述のとおり、繰越欠損金の状況は、法人税申告書により容易に把握可能である。しかし、税負担が将来の純利益やFCF（指標③）へ影響を与えることから、財務DDでは、繰越欠損金にとどまらず、想定外の納税が生じる税務リスクの把握や、再生計画策定段階でのタックス・プランニングの検討に足る十分な記載が求められる。そのため、財務DDにおいては、「税務の状況」として、繰越欠損金の状況に加え、実務的には以下のような記載を行うことが考えられる。

(ア)　直近の税務調査における指摘事項とその修正状況

　対象会社やその顧問税理士に対し、直近の税務調査の指摘事項を確認し、その内容や修正状況を確認する必要がある。調査対象年度のあとで指摘を受けた取引や処理が再度行われている場合、将来の税務リスクが高いため、確認結果を財務DDに記載することが必要である。

㈡ 顧問税理士への税務リスクの確認

再生局面にある会社は、長期間、税務調査が行われていないことが多い。また、税務調査が行われている場合でも、調査対象年度後において税務リスクが存在することがある。また、税務リスクは法人税に限らず、財務DDにおいて、消費税、源泉所得税などで認識されることもある。その点、対象会社の顧問税理士は、税務の専門家として、経営者が認識していない税務リスクを広範に認識していることが多く、財務DDに有益な情報をもたらしてくれる存在である。そのため、財務DDの初期段階で、対象会社の了承を得たうえで、顧問税理士に対し税務リスク全般について質問を行い、確認結果を財務DDに記載することが望ましい。

㈢ 納税状況

再生局面にあり資金繰りに窮している会社は、法人税や社会保険料等の公租公課を滞納していることがある。そのような場合、管轄の税務署や年金事務所から資産の差押え（滞納処分）を受け、事業継続に支障を来すことも考えられる。また、中小企業には社会保険料を現金主義で費用計上している会社もあり、滞納額が簿外債務となっていることもある。そのため、対象会社の経営者・経理責任者に対し、租税滞納の有無を質問し、回答結果を財務DDに記載する必要がある。

㈣ 法人税申告書の別表四における申告調整項目の確認

再生計画の策定において、将来の法人税等の算出が必要になるが、会計上の税引前当期純利益から繰越欠損金の損金算入額を減額した金額を課税所得とし、これに想定される実効税率を乗じた金額を、計画上の法人税等とすることが多い。

しかし、実際は、法人税申告書の別表四において、損益計算書上の当期純利益にいわゆる申告調整による加減算を行った所得金額に対して、法人税額が計算される。そのため、前述のような計画上の法人税等の計算において考慮すべき申告調整がないか、過去の別表四を確認し、その結果を財務DDに記載することが考えられる。

㈤ 期限切れ欠損金

「期限切れ欠損金」とは、繰越期間を経過した欠損金であり、具体的には、

法人税申告書の別表五（一）I利益積立金額の期首差引合計額のマイナス金額から、別表七（一）の前期以前から繰り越された青色欠損金を控除することにより算出される。

期限切れ欠損金は、繰越欠損金とは異なり、法的整理や一定の条件を満たした合理的な私的整理で債権放棄等の金融支援が行われた場合に、損金算入が可能となるものである。ここでは損金算入に必要な税務上の要件の説明は割愛するが、財務DDにおいては、期限切れ欠損金の金額を繰越欠損金に併記することが望ましい。

(カ) タックス・プランニングで考慮すべき含み損益の内容

事業再生に取り組む以上、事業面の改善はもちろん、会社のCF改善のため、資産・負債や税務面においても、利用できるものはすべて利用を検討するという姿勢が必要である。そのため、繰越欠損金や期限切れ欠損金にとどまらず、将来のタックス・プランニングに利用可能な資産の含み損等の内容は、財務DDに記載すべきである。

例えば、実体はあるが販売予定がない在庫や、含み損のある有価証券であって市場で売却が可能なものなどは、廃棄や売却による含み損の実現時期を会社が決められる余地があり、将来のタックス・プランニングを検討するうえで重要な情報となる。

なお、タックス・プランニングというと節税面に関心が向きがちであるが、資金繰り目的での資産売却や生命保険の解約に伴う前払費用の取り崩しの際などに、資産の含み益が実現することがあり、その実現の可能性が高い場合には、含み益の内容も財務DDに記載することも必要である。

ただし、含み損の実現には留意点がある。再生局面にある会社でも繰越欠損金が十分にない会社があり、そのような会社では再生計画において税負担の軽減を図るため、資産の含み損の実現を検討することがある。このような場合、資産の含み損はすでに実質債務超過額に反映されているため、含み損の実現は税務的なメリットこそあれ、計画上デメリットなどないのでは、と考えてしまいがちである。

しかし、中小企業の場合、仕入先からは与信判断上の要請により、得意先からは供給の継続性判断の要請により、取引先に決算書を提出していること

があり、取引先はこの入手した決算書上の利益・純資産により対象会社の信用力を判断していることが多いと思われる。そのため、実質債務超過額に影響がないからといって税負担の軽減目的で含み損の実現を図ると、決算書上で赤字や債務超過に陥って取引先からの信用が低下し、取引条件が悪化したり、最悪の場合は取引停止を招いたりするおそれもある。

　税負担の軽減策は、経営者にとって CF 改善への寄与がみえやすい魅力的な策であり、それを提案する専門家にとっても価値を出しやすいところであるが、その策に本業への悪影響がないかは慎重な検討の必要である。

　また、タックス・プランニングにおいて、税務上否認されるおそれがある税務処理を行う場合、通常、その否認リスクは納税者が負えば済む話であるが、中小企業活性化協議会スキームなど公的機関が関与する再生案件においては、そのような税務的にグレーな処理は避けるのが賢明であろう。

5　企業グループの DD

　対象企業に複数の子会社がある場合で、かつ、子会社が個別に金融機関からの有利子負債を抱えるような場合は、対象企業と同時に当該子会社も中小企業活性化協議会手続の対象となることが多い。したがって、このような場合、当該子会社に対する財務 DD 等が必然的に行われることになる。

　それでは、子会社で有利子負債がない場合、対象企業と同様に調査対象とすべきか。この点については実務上明確なルールが存在するわけではないため、個別事案ごとに判断されることとなる。例えば、当該子会社が企業グループ内の重要な事業・部門を担っている場合は実質的には対象企業と一体で事業を把握すべきである。また、実質債務超過（指標①）について述べたとおり、対象企業と多額の債権債務関係を有しているような場合は対象企業における当該子会社に対する債権の回収可能性を判断するためにも、財務 DD の対象とすべきであろう。

　なお、子会社以外でも対象企業にとって重要な位置づけにある企業は存在する。以下に列挙するような場合には、各企業が対象企業の財務・損益に及ぼす影響の金額的・質的な重要性等も勘案しながら、調査対象に含めるべきか否か、含める場合はその調査範囲を判断する必要がある。

【DD 必要性の判断基準】

① 対象企業の経営者が株式を保有している企業

② 対象企業の経営者が役員に就任している企業

③ 対象企業が資金を貸し付け、あるいは借り入れている企業

④ 対象企業が担保提供または保証契約を締結している企業

⑤ ④とは逆に、対象企業に対して担保提供または保証契約を締結している企業

⑥ 対象企業との取引の大半を占めている企業

⑦ 仮払金や立替金などの明細に経常的に登場する企業（実質的な資金貸借を行っていることになる）

⑧ 農業生産法人など、許認可の都合上、別法人を設立する必要がある場合の当該企業

　対象企業の子会社や兄弟会社であればともかく、実務上は当該企業の財務情報が入手できるかが不透明なこともあるため、各企業の対象企業に及ぼす重要性に加え、情報の入手可能性も勘案し、調査範囲を柔軟に判断すべきであろう。

6　海外現地法人の DD

　中小企業においても、海外現地法人の子会社を有していることは相応にあり、その場合、当該海外子会社を財務 DD の対象に含めるか否か、含める場合はその調査範囲を判断する必要がある。一般論ではあるが、海外子会社が対象企業のサプライチェーンの根幹を担っている場合は、当該海外子会社の実質債務超過、収益力、キャッシュ・フローといった財務諸表から導出される指標は少なくとも把握しておくべきであろう。実際、中国や東南アジアに進出している中小企業は多く、これらの海外子会社が対象企業にとって重要な生産拠点となる一方で、資金流出の原因となっている事案は多い。

　そのため、海外子会社の重要性が高い場合、外部専門家が直接現地を訪問することも検討が必要であろう。現地訪問の際は、現地の管理責任者にインタビューを行い、財務会計や管理会計の運用状況を確認したり、一般に管理

がずさんであることが多い在庫の管理状況を確認したり、工場であればその稼働状況を確認したりすることができれば有用である。現地訪問調査によって、海外子会社の状況を直接確認できるのみならず、現地責任者や管理担当者と直接接点をもつことで、帰国後の当該海外子会社とのコミュニケーションの円滑化、依頼内容のミスマッチ回避なども期待できよう。

　ただし、通常は作業期間や対象企業の予算上の制約などもあり、海外子会社の直接訪問まで含めた財務DDを行うことが困難な案件が多い。また、新型コロナウイルス感染症の流行などに代表されるように、調査時点の情勢によっては、そもそも海外への渡航自体が容易ではないこともある。しかし、その場合でも、最近では海外現地法人とウェブ会議システム等を導入している企業も多く、必ずしも現地訪問をしなくとも相応にコミュニケーションを図ることができる時代になっている。そのため、企業グループにおいて重要な役割を担っている海外子会社であれば、上記のようなツールも駆使しつつ、現地責任者へのインタビューや質問リスト等を用いたヒアリングの実施により、最低限の手続は行うべきであると思われる。

　なお、補足であるが、特に中国子会社については、そもそもの経理実務が発票主義（領収書主義）で行われており、これを発生主義ベースの経理に置き換える作業がないと当該子会社の実態収益力および実態純資産額を把握できないことが多い。一方で、発票主義から発生主義への修正は相当な作業負荷を伴うため、当該海外子会社の収益力把握の重要性や作業期間・予算の制約等に応じてどこまで調査を実施するか、対象企業や中小企業活性化協議会などと相談しながら決定していくことが望ましい。財務DDは情報の正確性・信頼性が必要であるものの、事業再生はスピード感も大切であるため、外部専門家として許容・説明できる限り、ある程度の割り切りをもって調査範囲を定めることも重要である。

7　資金繰り見通しの把握

　最後に、「7つの指標」には含まれないが、財務DDに含まれるべき重要な情報として資金繰り見通しについて述べたい。

　中小企業活性化協議会の手続では、財務DDの調査項目として「調査基準

日後の状況」、すなわち実態貸借対照表作成基準日以降の入手・分析可能な月次試算表の推移を把握し、財務調査基準日以降の重要な財産および損益状況の変動について確認することが求められている。この項目はあくまで対象会社の損益およびキャッシュ・フローの状況の過去実績が分析の対象となっている。

しかし、財務DDの対象企業は資金繰りが不安定な状況にあることが多く、赤字基調にある企業の場合は、仮に借入金元本の返済猶予を行ったとしても、現在進行形で資金繰りが悪化する状況にある。中小企業活性化協議会手続の入口段階では、手続期間の対象企業の資金繰りが確保されていることが前提ではあるものの、現実の事業活動のなかで資金繰りが変動することは常である。そもそも、事業再生の俎上にある中小企業は、資金繰りに窮する段階で初めてその取組みに着手することが多く、外的・内的要因を問わず、財務DDの途中で当初想定以上に資金繰りが悪化し、計画策定までの時間的猶予が失われてしまうことは多い。

そのため、対象企業がこのような状況に陥っている案件や、対象企業の管理能力不足で自社の資金繰り見通しを把握できないような場合は、外部専門家として、対象企業のみならず金融機関、中小企業活性化協議会など様々な利害関係者から資金繰りの検証が求められることも多い。具体的には、財務DDでの検証結果等を踏まえ、将来数か月から半年程度の資金繰り見通しや、資金ショートのタイミング予測（月末か月中かなど、より正確な時点予測まで）などの作業を求められる場合である。

このように、利害関係者としても関心が高く、状況によっては実質債務超過よりも強い関心を寄せる資金繰り見通しの把握業務を、そもそも財務DDの範疇として外部専門家が担うべきであろうか。あくまで筆者の私見であるが、将来予測数値に係る不確実性について責任を負うことができない、つまり予測が外れ資金繰りが下振れてしまったとしても外部専門家としては一切責任を負うことはできない、という前提を利害関係者に当然に理解していただく必要はあるものの、許容できる範囲で対応することは必要であろうと考える。そのため、対象企業自身の資金繰り表の作成ロジックの検証、過去実績との整合性の検証など、許容範囲内での具体的な対応の検討が必要であろ

う。

　資金繰りの確保はすべての再生手続を遂行する前提条件である。財務 DD を皮切りとした対象企業再生のための時間的な猶予を把握するためにも、特に資金繰りが不安定な状況にある企業においては、財務 DD のなかでも資金収支の構造把握を優先的に行い、多少粗い前提条件であっても将来の資金繰り見通しを早期に検証することは、財務 DD を担う財務・会計の専門家として期待される役割であろう。

DD のスケジュール管理

1 DDのスケジュール管理の重要性

第1章では財務DDの基礎知識について触れたが、この第2章ではDDのスケジュール管理について解説していく。

中小企業活性化協議会スキームにおいて、どのタイミングでDDが実施され、その時間的猶予はどの程度見込むことができるのであろうか。【図表2-1】は、『実践的中小企業再生論［第3版］』65頁に掲げられた図表の抜粋である。中小企業活性化協議会スキームでは、手続開始後に、財務DD、事業DDを行い、対象企業による再生計画案の作成を中小企業活性化協議会が支援する。この再生計画案が完成するまでの期間は、ケースバイケースであるが、平均的には3～6か月程度であろう。再生計画案が作成された後の合意形成までの期間は2～3か月程度であり、手続期間のトータルは6～9か月と考えられる。

第二次対応開始から再生計画案の提出までの3～6か月のうち、前半戦がDDフェーズ、後半戦が計画策定フェーズと大別できる。

ちなみに、かつての「中小企業再生支援協議会事業実施基本要領」6⑻①では、「再生計画策定支援にかかる標準処理期間（第二次対応開始から再生計画策定支援の完了まで）は原則として、6か月（検証型の場合は4か月）とする」とされていた（現在の基本要領では、この標準処理期間の定めは廃止されている）。

【図表2-1】　再生計画策定支援に係る標準処理期間

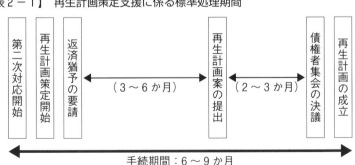

（出所）　藤原敬三『実践的中小企業再生論［第3版］』65頁をもとに筆者作成

【図表 2 - 2】 第二次対応開始から計画成立までの時間軸（例）

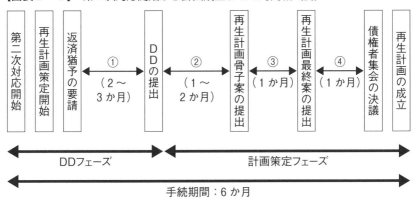

（出所） 旧「中小企業再生支援協議会事業実施基本要領」6⑻①をもとに筆者作成

　【図表 2 - 2】は、手続期間のトータルを 6 か月とした場合のスキーム全体のスケジュールの一例である。前半戦の DD フェーズとして 2 〜 3 か月、後半戦の計画策定フェーズ（合意成立までの検討期間含む）として 3 〜 4 か月といった時間的配分が一般的であろう。より詳細に説明すると、前半戦のDD フェーズは、着手から DD の提出までの 2 〜 3 か月の間（①）に DD を実施し、報告書を完成させ、内容について関係者の了解を得るといった流れを含んでいる。

　後半戦の計画策定フェーズは、3 段階に分けて考えられる。まずは、再生計画骨子案の提出までの 1 〜 2 か月の間（②）に対象企業による再生計画案の作成を支援し、骨子案を完成させる必要がある。次に、再生計画最終案の提出までの 1 か月の間（③）に再生計画骨子案に対する金融機関等からの意見を集約し、反映させるための再生計画案の修正を行い、最終案を完成させる必要がある。再生計画最終案の提出後、債権者集会の決議・再生計画の成立までの 1 か月の間（④）は、再生計画最終案に合意できるか否かの各金融機関の組織決定を諮るための期間である。

　このスケジュールに則ると、DD フェーズの時間的猶予は 2 〜 3 か月であるが、多くの場合、DD が完了した段階でバンクミーティングが開催され、DD 結果を報告することになる。

【図表2－3】 DDフェーズの流れ（イメージ）

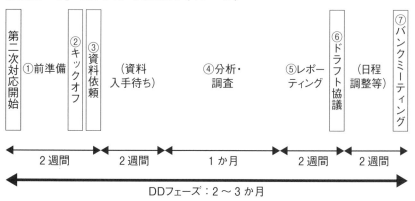

【図表2－3】は、DDフェーズの2～3か月を財務DDの流れに沿って
スケジューリングしたものである。このような短期間で「①前準備→②キッ
クオフ→③資料依頼→④分析・調査→⑤レポーティング→⑥ドラフト協議→
⑦バンクミーティング」を行う必要があるため、再生計画策定のための実態
把握という目的意識をもったうえで、手続の濃淡を判断し、スケジューリン
グする必要がある。おおよその目安としては、中小企業活性化協議会が第二
次対応開始してからキックオフのバンクミーティングが開催されるまでの前
準備段階（2週間程度）、資料依頼をしてから資料入手するまでの待ち時間
（2週間程度）、分析・調査期間（1か月程度）とレポーティング期間（2週間
程度）、ドラフト協議を経てバンクミーティングを開催するための日程調整
期間（2週間程度）となる。

とはいえ、DDの障害となる何らかの事象が発生するケースがあり得るこ
とから、いかなるときでもスケジュールの遵守が最優先というわけではな
い。必要に応じて関係各所との調整を図ってもらうことも想定し、早めに中
小企業活性化協議会に状況を説明することも必要である。時間的・物理的制
約から調査が不十分となり、事業の改善がおろそかな再生計画ができあがっ
てしまっては、事業再生という目的とは裏腹に、結果として二次破綻リスク
が高まり、本末転倒となりかねない。

財務 DD スケジュールの工夫

　一般的な財務 DD のスケジュールは前述のとおりであるが、第二次対応開始の前後に近接して対象企業の決算期がある場合には、DD の基準日やスケジュールについて齟齬が生じないよう、中小企業活性化協議会とのすり合わせが必要である。

　というのも、「中小企業活性化協議会実施基本要領」別冊2・2⑸②では、再生計画成立後最初に到来する事業年度開始の日から5年以内の実質的な債務超過解消が求められていることから、再生計画成立直前の事業年度の実質的な債務超過額を財務 DD で算定しなければならない。

　一方、財務 DD は第二次対応開始時の直前事業年度末を基準日として実施することが通常であるところ、決算期が到来してまもない時期に第二次対応が開始した場合、当該直前事業年度の決算が終了していないことがある。この場合には、対象企業の決算スケジュールを確認したうえで、財務 DD の着手が後ろ倒しになる分だけ、財務 DD の報告が遅れることについて中小企業活性化協議会に説明を行い、DD に必要な時間を確保することが望ましい。

　また、第二次対応開始後に対象企業の決算期が到来する場合、次の2つの対応が考えられる。1つ目は、直前事業年度を基準日として財務 DD を実施したのち、再生計画成立までに決算期が到来した場合には、追加調査によって実態債務超過額を含む必要な項目の時点修正を行うものである。2つ目は、財務 DD の基準日を第二次対応開始後に到来する決算期とするものである。第二次対応開始直後に決算期が到来する場合、あるいは第二次対応開始時における進行期の動きが著しい場合には、限られた時間軸のなかで、重複を回避し、対象企業の負担を考え効率的に DD を行うためにも後者の対応となるよう中小企業活性化協議会と協議することをおすすめする。もちろん、スケジュールには期限があること、対象企業の窮境を鑑みれば、早期に対応することが望ましいことは明らかであることから、いずれのケースにおいても、対応できるところから順次進めていくことはいうまでもない。

　蛇足にはなるが、産業競争力強化法の規定により、独立行政法人中小企業基盤整備機構は、経済産業大臣の認定を受けた全国47の認定支援機関が実施した中小企業活性化業務を評価し、その結果を経済産業大臣に報告する必要がある。そのなかでは、再生計画策定支援（二次対応）完了件数がモニタリングされていることから、年度末に近い案件の際には、その点を頭の片隅において、スケジューリングするのがよいだろう。

2 前 準 備

中小企業活性化協議会が第二次対応開始してからキックオフのバンクミーティングが開催されるまでの期間に財務DD担当者としてできることはないだろうか。

外部専門家として選定され、キックオフのバンクミーティングの日程調整をして待つだけでは限られた時間の過ごし方としては無駄が多い。限られた時間のなかで効率的に財務DDを進めていくうえで、初動は非常に重要である。

(1) 「企業概要表」の活用

財務DDにおけるスケジュールの進捗管理の肝は「再生計画策定のポイントは何か」という視点を常にもちながら全体をスケジューリングすることである。窮境原因と窮境原因の除去可能性、改善の方向性、実態債務超過の状況、実態収益力、必要となる金融支援など、それぞれ仮説を立て、どこに力点をおき、どの深度のDDを行うかプランニングしたうえで、この仮説を検証していく作業がDDであり、作業進捗とともに必要に応じて仮説を修正していくのである。何の仮説も立てずやみくもにDDを進めると、論点の抜け落ち、手続の過不足、DD全体の統一感の欠如といった問題が顕在化することになる。

初動段階で仮説を立てるうえで、中小企業活性化協議会が作成している「企業概要表」は情報がコンパクトにまとまっていることから非常に有用である。したがって、可能であればぜひ入手することをおすすめする。なお、入手できない場合は、不足する情報を自ら収集し、整理することとなろう。

さて、中小企業活性化協議会が作成している企業概要表とはどのようなものであろうか。中小企業活性化協議会は財務DDを含む第二次対応に進む前段階で、窓口相談として第一次対応を行っている。「中小企業活性化協議会実施基本要領」第2章第2の3(2)では、その際に、以下に掲げる事項を把握し、課題の解決に向けた適切な助言、支援施策・支援機関の紹介を行うとされている。

【実施基本要領が掲げる把握すべき事項】

① 企業の概要

② 直近3年間の財務状況（財務諸表、資金繰り表、税務申告書等）

③ 株主、債権債務関係の状況（取引金融機関等）

④ 事業形態、構造（主要取引先等）

⑤ 会社の体制、人材等の経営資源

⑥ 現状に至った経緯

⑦ 改善に向けたこれまでの努力およびその結果

⑧ 取引金融機関との関係

⑨ 収益力改善、経営改善、事業再生、再チャレンジに向けて活用できる会社の資源

⑩ 収益力改善、経営改善、事業再生、再チャレンジに向けた要望、社内体制の準備の可能性

　中小企業活性化協議会は、第一次対応の過程において入手した情報を踏まえ、現状認識と問題点の把握、そして再生に向かっての大きな方向感とイメージを企業概要表にまとめ、弁護士や公認会計士といったアドバイザーなど、案件の関係者間で共有することがある。【図表2-4】は、『実践的中小企業再生論［第3版］』48〜49頁の抜粋であり、企業概要表の参考様式である。

(2) 決算書と企業概要表に基づいた初期の見立ての実施

　中小企業活性化協議会からは、この企業概要表以外にも、第一次対応の際に入手している各種資料の共有を受けることができる。そのなかには定量情報として、直近3年間の財務状況（財務諸表、資金繰り表、税務申告書等）が含まれていることから、今後の財務DDを見据えて、貸借対照表、損益計算書、キャッシュ・フロー計算書の推移表の作成や直近期の勘定科目明細の作成・データ化に着手できる。

　ここでおすすめしたいのが、定量面からのアプローチとして、決算書と企業概要表に基づいた初期の見立てをすることである。【図表2-5】は、その参考様式である。中小企業活性化協議会スキームで策定される再生計画案

【図表２−４】 企業概要表

<table>
<tr><td rowspan="9">(1)
対象先・概要</td><td colspan="2">対象先</td><td></td><td>支店名</td><td></td><td colspan="4">【債務者区分の決定根拠】</td></tr>
<tr><td colspan="2"></td><td></td><td>債務者区分</td><td></td><td colspan="4"></td></tr>
<tr><td colspan="2">連絡先</td><td></td><td>住　所</td><td colspan="5"></td></tr>
<tr><td colspan="2">業　種</td><td></td><td>設立年月日</td><td></td><td colspan="2">年商</td><td colspan="2">百万円</td></tr>
<tr><td colspan="2">(事業内容)</td><td></td><td>代表者</td><td></td><td colspan="2">年齢</td><td colspan="2">才</td></tr>
<tr><td colspan="2">資本金</td><td>従業員数</td><td>主要金融機関</td><td>1</td><td>2</td><td>3</td><td>4</td><td>5</td></tr>
</table>

会社沿革・概況

株主構成	名前	株数	関係	役員構成	名前	役職

(2) 財務内容及び問題点

20XX／X 月　　　　　　　　　　　　　　　　単位：百万円　　　主要項目コメント及び問題点

資産の部	決算	修正	実質	負債の部	決算	修正	実質
売上債権				支払債務			
棚卸資産				短期借入金			
その他				その他			
流動資産計				流動負債計			
土地				長期借入金			
建物				その他			
その他							
有形固定資産							
無形固定資産				固定負債計			
投資有価証券				負債合計			
関係会社株式				純資産の部			
その他				資本金			
投資等				その他			
固定資産計							
繰延資産				自己資本			
資産合計				負債・資本合計			

(3) 業績推移等

	月期	月期	月期	月期
売上高				
営業利益				
経常利益				
当期利益				
減価償却				
決算上自己資本				
修正				
実質自己資本				
総借入				

20XX／X 月

収益弁済原資	百万円
債務超過解消年数	年
債務償還年数	年

66

	金融機関名	月期	シェア	月期	シェア	月期	シェア	保全額	引当額
(4) 銀行取引状況									
	その他								
	合計								

(5) 現状と課題認識

① 現　況

② 問　題　点

(6) 対　応　方　針

【図表2－5】 決算書に基づいた初期の見立て（参考）

会社名：●●株式会社

入手した決算書数値を転記

	2019/3	2020/3	2021/3
売上高	520,000	480,000	450,000
売上原価（△）	△370,000	△350,000	△330,000
売上総利益	150,000	130,000	120,000
売上総利益率	28.8%	27.1%	26.7%
販管費（△）	△140,000	△140,000	△140,000
うち減価償却費（△）	△10,000	△10,000	△10,000
営業利益	10,000	10,000	20,000
営業利益率	1.9%	△2.1%	△4.4%
営業外収益	1,000	1,000	1,000
営業外費用（△）	△4,000	△4,000	△4,000
うち支払利息（△）	△3,500	△3,500	△3,500
経常利益	7,000	△13,000	△23,000
経常利益率	1.3%	△2.7%	△5.1%
特別利益	－	－	－
特別損失（△）	－	－	－
税引前当期純利益	7,000	△13,000	△23,000
法人税等（△）	△300	△300	△300
当期純利益	6,700	△13,300	△23,300
当期純利益率	1.3%	△2.8%	△5.2%
欠損金	10,000	23,000	46,000

〈キャッシュ・フロー倍率〉

	2019/3	2020/3	2021/3
借入金	800,000	800,000	800,000
現預金	50,000	35,000	15,000
信用度の高い有価証券	2,000	2,000	2,000
運転資金	50,000	48,000	45,000
要償還債務	698,000	715,000	738,000
経常利益	7,000	△13,000	△23,000
法人税等	△300	△300	△300
減価償却費	10,000	10,000	10,000
小計	16,700	△3,300	△13,300
必要設備投資額	△10,000	△10,000	△10,000
返済原資（CF）	6,700	△13,300	△23,300
キャッシュ・フロー倍率	104.2倍	算定不能	算定不能

〈債務超過解消年数〉

	2019/3	2020/3	2021/3
帳簿純資産	60,000	46,700	23,400
調整額	△223,400	△223,400	△223,400
実態純資産	△163,400	△176,700	△200,000
経常利益＋法人税等	6,700	△13,300	△23,300
債務超過解消年数	24.4年	算定不能	算定不能

※上表は直近年度の決算数値を用いて必要営業利益を試算しているが、状況に応じて3期

68

〈必要営業利益の試算〉

債務超過目標解消年数5年における必要営業利益	63,201
経常利益黒字化のための必要営業利益	3,500
目標CF倍率15倍における必要営業利益	76,933

以上の3要件を満たすための必要営業利益	76,933

※繰越欠損金を考慮外としているため、実際のハードルはもう少し低い見込み

想定法人税率	33%

決算書の実績数値との
乖離を把握

〈債務超過解消年数〉

債務超過目標解消年数	5.0年

必要当期純利益	40,000
必要経常利益	59,701
支払利息	3,500
必要営業利益	63,201

債務超過額を解消年数
で除し、想定法人税率
で割り戻し、支払利息
を加算

〈経常利益〉

必要経常利益	－
支払利息	3,500
必要営業利益	3,500

債務超過解消年度（5
年後）の倍率10倍をイ
メージ

〈キャッシュ・フロー倍率〉

目標キャッシュ・フロー倍率	15.0倍

目標キャッシュ・フロー	49,200
必要設備投資額	10,000
減価償却費	△10,000
法人税等	24,233
必要経常利益	73,433
支払利息	3,500
必要営業利益	76,933

要償還債務をキャッ
シュ・フロー倍率で除
し、設備投資額や減価
償却費を加減算したう
えで想定法人税率で割
り戻し、支払利息を加
算

企業概要表の情報を転記

　平均値や現在進行期の試算表数値等を用いることも含め検討が必要

には、いわゆる「3要件」（数値基準）が盛り込まれる。「中小企業活性化協議会実施基本要領」別冊2・2⑸②〜④では、次のように定められている。

【再生計画に盛り込む「3要件」（数値基準）】
①　実質的に債務超過である場合は、再生計画成立後最初に到来する事業年度開始の日から5年以内を目途に実質的な債務超過を解消する内容とする。
②　経常利益が赤字である場合は、再生計画成立後最初に到来する事業年度開始の日からおおむね3年以内を目途に黒字に転換する内容とする。
③　再生計画の終了年度（原則として実質的な債務超過を解消する年度）における有利子負債の対キャッシュ・フロー比率がおおむね10倍以下となる内容とする。

　決算書と企業概要表に基づいた初期の見立てにおいて、最終的に策定する再生計画案が「3要件」を充足するものになるためには、どの程度の営業利益が必要となるか逆算してみるのである。そうすることで、過去実績の営業利益水準と「3要件」を充足するために必要となる営業利益水準とのギャップを認識することができる。そのギャップがわずかであれば、再生計画における金融支援はリスケジュールにとどまることが多い。このような案件では、財務DDのレベル感はコストとの兼ね合いも鑑み、限定的な手続となる可能性はある。一方で、ギャップが非常に大きい場合には、踏み込んだ金融支援が必要となる再生スキームが選択される可能性があり、対象企業においても事業の大規模な見直し等をする必要に迫られよう。このような案件では精緻な財務DDを実施し、窮境原因と窮境原因の除去可能性、改善の方向性、実態債務超過の状況、実態収益力を明確にする必要がある。
　また、再生計画策定のポイントとなり得る事象について力点をおいた分析・調査をすることも重要である。関係金融機関に抜本的な金融支援を要請する場合に、財務DDにおいて限定的な手続しか実施されていないケース、再生計画策定のポイントとなり得る事象についての分析・調査が不十分なケースでは関係金融機関からの納得は得られないであろう。

なお、ギャップがわずかであったとしても、簡易的な財務DDで足りると拙速的に考えるのは危険であると申し添えたい。あくまでも「決算書（と企業概要表の修正）が正しい」という前提に立った初期の見立てにすぎないからである。後述するが、中小企業活性化協議会スキームで取り上げる対象企業は程度の差はあれ、ほぼ不適切経理（粉飾）があるといっても過言ではない。不適切経理があれば当然過去の決算書は不正確であり、「3要件」を充足するために必要となる営業利益水準と過去の実態収益力には大きなギャップがあるかもしれない。したがって、財務DDの過程では不適切経理が潜んでいるリスクを常に意識しながら、作業進捗とともに必要に応じて初期の見立てを修正していく必要がある。

(3) 対象企業の業界・業種についての理解

　初動段階で行うべきこととして、対象企業の業界・業種についての理解を深めることがあげられる。「財務DDは実態債務超過の算定がメインであるから、業界・業種への理解は不要」などということは決してない。繰り返しになるが、DDとは窮境原因と窮境原因の除去可能性、改善の方向性、実態債務超過の状況、実態収益力、必要となる金融支援など、それぞれ仮説を立て、この仮説を検証していく作業である。仮説を立てるにあたっては、決算書数値等に基づく定量面からのアプローチのみでは表面的な仮説にとどまるリスクがある。一方、業界・業種についての理解を深めることでマクロ的側面や業界特性を踏まえた定性面からのアプローチも生まれ、窮境の原因について定量面と定性面を組み合わせた複合的な視点から深みのある仮説を立てていくことが可能となる。また、業界・業種についての理解が深まれば、決算書への違和感（この業種でこの残高、回転期間はおかしいなど）を感じ取ることにより定量面の分析・調査の手がかりを得ることや、マクロ的な視点から改善の方向性へのヒントを得ることにより、再生計画策定のポイントとなり得る事象について力点をおいた分析・調査をすることも可能となるのである。

　対象企業の業界・業種についての理解を深めるためには、対象企業が属する業界団体のウェブサイト、政府等が公表している各種統計資料などはもとより、金融財政事情研究会から数年おきに刊行されている『業種別審査事

典』も参考になる。同書には業種の理解、業界の動向、特性、業種分析のポイントなどが記載されており、初動で対象企業の業界・業種についての理解を深めるためのツールとしては有用である。

3　キックオフ

　中小企業活性化協議会が第二次対応を開始してから、前準備段階を経て、キックオフのバンクミーティングが開催される。もっとも、キックオフのバンクミーティング開催の有無はケースバイケースであり、特に近時は新型コロナウイルス感染症の拡大の影響で開催されないケースも多い。

　キックオフのバンクミーティングの主な開催目的は、中小企業活性化協議会スキームを用いて対象企業の再生に着手するという「キックオフ宣言」であり、関係者の顔合わせ的な要素も多分にある。中小企業活性化協議会からは第二次対応を開始した（支援決定した）理由・経緯等についての説明があり、関係金融機関への依頼事項や今後のスケジュールの説明等が行われることが一般的である。対象企業からは足元の業績・資金繰りなどについての説明があり、関係金融機関からの質疑応答もある。キックオフのバンクミーティングを通じて得られる情報としては、例えば次のようなものがあげられる。

【キックオフのバンクミーティングで得られる情報】
　① 　（前準備段階で入手した企業概要表により把握はしているものの）中小企業活性化協議会は、第一次対応の過程において入手した情報を踏まえ、現状認識と問題点の把握、そして再生に向かっての大きな方向感とイメージをどのように捉えているのか。
　② 　関係金融機関との質疑応答を通じて、関係金融機関が課題・問題点として注視しているポイント、再生スキームについての許容度・温度感、その他の要望事項等はどのようなものか。
　③ 　対象企業が行う足元の業績・資金繰りなどについての説明や、関係金融機関との質疑応答を通じて、対象企業の誰が業績や数値について把握しているのか。

また、キックオフのバンクミーティングの開催に前後して、対象企業の会議参加者や、事業DDを担当する中小企業診断士等との顔合わせを行うことになろう。事業DDを担当する中小企業診断士等と財務DDを担当する公認会計士等は対象企業の再生計画策定支援を行う個別支援チームのメンバーであり、対象企業の再生という同じ目的を共有する同志ともいえる。目的を効率的・効果的に達成するためにも、再生計画が成立するまでの様々な局面で緊密に連携することが望まれる。

　さらに、可能であれば、キックオフのバンクミーティングで顔合わせを行った際に、対象企業に対して初期ヒアリングを実施することが望ましい。【図表２－６】は初期ヒアリング項目の一例である。前述２の前準備段階では、定量面からのアプローチとして決算書と企業概要表に基づいた初期の見立てを行い、さらに業界・業種についての理解を深め、マクロ的側面や業界特性を踏まえた定性面からのアプローチも行うことで、窮境の原因について定量面と定性面を組み合わせた複合的な視点から深みのある仮説を立てていくことの重要性を説明したが、初期ヒアリングを行うことで対象企業の実情に合致したミクロ的な定性面からのアプローチも可能となり、当初の仮説の検証や軌道修正を早めにすることで財務DDの効率性を高めることが期待できる。

　なお、【図表２－６】に掲げた「創業からの沿革概要」や「事業内容（創業から現在まで）」についてのヒアリングは意外に思われるかもしれないが、重要なポイントでもある。仮に、取扱製品ラインアップの一部や、複数営んでいる事業の一部が斜陽産業に属しているものであったとしても、安易にこれを軽視する発言や撤退を想起する発言は控えた方がよいだろう。なぜなら、創業時の事業拡大に大きく貢献してくれた非常に思い入れのある製品・事業かもしれないし、代々受け継いできた可能な限り残したい製品・事業かもしれない。したがって、初期ヒアリングで「創業からの沿革概要」や「事業内容（創業から現在まで）」を聴き出すなかで、取扱製品や営んでいる事業に対する思い入れ等を探る必要がある。無論、DDを行い、再生計画を策定する過程で客観的なデータ分析や市場動向分析等を行ったうえで撤退や縮小を織り込んだ再生計画となる可能性はあるし、それを排除する必要は一切な

【図表2－6】初期ヒアリング項目（例）

No.	確認項目
1	創業からの沿革概要
2	事業内容（創業から現在まで）
3	グループ会社の有無、ある場合は設立経緯・現在の利用目的
4	株主概要（特殊な株主の有無、オーナーとの関係等）
5	過去の企業再編の有無
6	組織概略と従業員数規模
7	社内会議体の確認
8	各部門（または従業員別）の役割、社長以外のキーマン
9	従業員の定着状況
10	社会保険の加入状況
11	後継者の有無
12	窮境原因についての会社見解
13	現状の課題と今後の方向性についての会社見解
14	租税・社会保険料等の滞納の有無
15	一般取引債権滞納の有無（手形ジャンプ、買掛繰延等）
16	仮装経理の有無、減価償却不足
17	足元の業績状況（改善傾向 or 悪化傾向およびその要因）
18	資金繰りの状況（タイトさ）
19	顧問税理士の関与度合い
20	財務関係書類の保管場所（会社 or 顧問税理士）
21	経営管理指標、決算書以外の数値管理資料の有無（細分化 PL の切り口）
22	社長、オーナーとの取引の有無、ある場合はその内容
23	競合他社の状況
24	簿外債務や潜在債務、将来発生が見込まれる重要な支出等
25	他社（者）への債務保証、他社（者）からの債務被保証の有無
26	デリバティブの有無
27	訴訟等含めたトラブルの有無

いが、対象企業の社長も感情をもっている人間である。対象企業と円滑なコミュニケーション、信頼関係を構築できなくては DD の品質にも影響を及ぼす可能性があることを肝に銘じておくべきである。

> **column 2**　　　　　　バンクミーティングを活用せよ
>
> 　中小企業活性化協議会への窓口相談（第一次段階）にあたっては、地域によるものの、事前に金融機関へ相談あるいは金融機関から利用を勧められているケースが多い印象であるが、金融機関に相談することなく、対象企業が直接中小企業活性化協議会に相談するケースもある。
>
> 　このこと自体は何の問題もないが、事前に金融機関への相談がないケースでは、対象会社の経営者と金融機関との間に信頼関係がなく、むしろ相互に不信感を抱いていることが少なくない。「金融機関は何もしてくれない」といった経営者の不満をよく耳にするが、金融機関からすれば経営者の情報開示に対する姿勢や内容への不信が根底にあることが多く、このようなケースでは、金融機関の不信感を払拭するような DD が必要になる。
>
> 　一方、金融機関が中小企業活性化協議会の利用を勧めているケースでは、外部専門家は独立の第三者の立場であるにもかかわらず、金融機関サイドの立場と穿った見方をする経営者がいないわけではない。
>
> 　DD の成否は、情報の量と質に比例するといっても過言ではなく、そのためには経営者の協力が不可欠であることから、いかに経営者から信頼されることが重要かお分かりいただけるであろう。
>
> 　キックオフのバンクミーティングは、外部専門家としての立場や役割を明らかにし、財務 DD のポイントを説明するのに絶好の機会であることから、経営者と金融機関の双方からの信頼を得るためのファーストステップとなるような立ち居振る舞いを心がけるべきである。

4　資料依頼

　キックオフを経て、対象企業や事業 DD を担当する中小企業診断士等とのコミュニケーションをとることができたら、次に対象企業に対して資料依頼を行うことになる。

　中小企業活性化協議会から第一次対応の際に対象企業から入手している資

【図表2－7】資料依頼リスト（例）

●●株式会社　御中

依頼資料リスト

	項目	期間	内容
I	**全般的事項に関する依頼**		
1	会社案内		
2	グループ会社取引関係図		
3	組織図		
4	定款		
5	商業登記簿謄本		履歴事項全部証明
6	株主名簿（法人税申告書以外にあれば）		過去の株主変更も含む
7	株主総会・取締役会議事録		
8	規程一覧		経理規定、就業規則、給与規程、救与規程、退職金規程等
9	企業再編・増減資等に関する事項		過去に実施した企業再編・増減資等の明細、会計処理、関連する契約書等
10	監督官庁による検査報告書		労働基準監督署等の指導・注意・勧告等を含む
11	過去のデューデリジェンス資料		過去にデューデリジェンスを行った際の報告書、経営計画書
12	主要取引先・仕入先リスト		回収・支払サイトの情報を含む
13	商流図		ビジネスモデルの俯瞰図（主な取引先や、仕入先、取引フローの分かるもの）
14	経営管理資料		会議体や会社経営において使用している管理資料、システムを用いて作成している管理資料等のサンプル
15	システム（会計・販売・在庫管理システム等）データ		
16	役員個人の資産・負債金額が分かる資料		役員個人の保有不動産、住宅ローン等の借入残高および返済予定表。その他換金価値の高い資産や多額の債務
II	**債務超過算定に関する依頼**		
II－1	**財務情報**		
1	決算書	過去10期	
2	勘定内訳書	過去5期	
3	固定資産台帳	直近期	
4	月次試算表（月次推移形式）	過去5期	
5	総勘定元帳	過去5期	
6	仕訳帳		
II－2	**税務関連**		
1	法人税申告書	過去5期	
2	地方税申告書	過去5期	
3	消費税申告書	過去5期	
4	修正申告書・更正通知書		直近にて税務調査を受けていれば、指摘事項が分かる資料
5	届出書		設立後に提出したすべての届出書の写し
6	納税証明書	直近期	
II－3	**資産関係**		
1	現金預金	直近期	左記時点の金種表（現金出納帳）、および残高証明書（通帳）
2	売掛金	直近期	売掛台帳、発生時期が分かる資料（年齢表など）
3	商品	直近期	棚卸資産、管理台帳、余剰・長期滞留・陳腐化在庫の明細、評価減・償却に関する方針、在庫の返品状況
4	貯蔵品	直近期	棚卸明細

	項目	時期	内容
Ⅱ-4	負債関係		
5	所有不動産	直近期	不動産一覧、不動産登記簿謄本、固定資産税評価証明書
6	無形固定資産	直近期	内訳の分かるもの
7	投資有価証券・出資金	直近期	内訳および直近の決算状況が分かるもの（出資証券、直近の決算書など）
8	長期前払費用	直近期	期末前払費用の内訳、計算根拠資料、内容等が把握できる資料
9	保険積立金	直近期	契約書、解約返戻金相当額が把握できる場合はその明細
Ⅱ-4	負債関係		
1	買掛金	直近期	買掛金台帳、内容、発生時期等の分かる資料
2	未払金	直近期	相手先、内容、発生時期等の分かる資料
3	未払費用	直近期	相手先、内容、発生時期等の分かる資料
4	預り金・仮受金	直近期	相手先、内容、発生時期等の分かる資料
5	支払延滞明細	直近期	仕入債務を含む支払を繰り延べている（滞納している）費用等の発生時期、支払期日等が相手先別に把握できる資料、過去の滞納額を繰り延べ先別に把握できる明細
6	滞納公租公課の明細	直近期	滞納している公租公課（法人税等、消費税、住民税、源泉所得税、償却資産を含む固定資産税、社会保険料、労働保険料等の税金および賞与に関するもの）の発生年度ごとの明細および該当当該公租公課に対する延滞金の明細【該当があれば】
7	銀行借入金	直近期	契約書、返済予定表、担保一覧表
8	担保設定契約	直近期	担保の設定に関する契約その他関連契約書類一式（不動産登記簿謄本、担保契約等）
9	保証協会関係資料	直近期	信用保証協会等、金融機関ごとの契約定借入のうち、保証協会付融資の一覧
10	役員借入金	直近期	内訳、契約内容の分かる資料、あれば契約書
11	長期未払金	直近期	相手先、内容、発生時期等の分かる資料、あれば契約書
12	リース関係	直近期	リース物件管理台帳、契約書、リース会社からの支払予定表
Ⅱ-5	労務関係		
1	従業員名簿（雇用形態情報を含む）	直近期	契約時点の明細書
2	従業員数の推移	過去5期	事業別従業員数の推移（①製造原価・販管費、②正社員・パート、③組織図上の所属部門別に区別されている もの）
3	給与・賞与台帳	直近期	左記基準日の前後1か月分の給付台帳の写し
4	社会保険料	直近期	労働組合関係の書類
5	労働組合関連	直近期	未払いの残業代等の発生状況、概算額
6	未払残業関連	直近期	賞与引当金の計算内容が分かるもの
7	賞与関連	直近期	賞与引当金の計算資料、役員退職慰労金の計算内容が分かるもの
8	退職金関連	直近期	退職給付引当金、役員退職慰労金の計算内容が分かるもの
Ⅲ	その他		
Ⅲ-1	契約関係等		
1	不動産賃貸借	直近期	現在契約期間中である不動産、設備の賃貸借契約書
2	販売取引、業務提携	直近期	取引基本契約書または取引内容、規模、決裁条件等の明細
3	外注、業務委託	直近期	取引基本契約書または取引内容、規模、決裁条件等の明細
4	その他契約	直近期	その他、当事者となっている重要な契約
Ⅲ-2	その他		
1	保証関係の一覧資料（個人保証含む）	直近期	他社に対する、および他社からの保証、保証予約、債務引受、経営指導念書
2	偶発債務、簿外債務（潜在的な債務）	直近期	土壌汚染、耐震工事、大規模修繕等に関する記録およびその計画
3	紛争、クレーム	直近期	当事者となっている裁判その他の紛争、取引先等のクレームのリストその他の記録
4	デリバティブ取引	直近期	為替予約、金利スワップ、通貨オプション等のデリバティブ取引の明細およびその契約書
5	特許、許認可、資格等	直近期	特許権、許認可、ISO等の認証登録等の一覧

料の共有は受けているものの、財務 DD をするうえでは情報もデータも不足している。必要となる資料やデータを取りまとめた資料依頼リストを対象企業に手渡すことで、それらの準備を促すことや、資料収受の抜け落ちを防ぐことなどが期待される。【図表2-7】は資料依頼リストの一例である。以下、資料依頼に際しての留意点を説明する。

(1) 資料依頼先が中小企業であることへの配慮

会計監査が義務づけられているような大企業の場合、質、量ともに十分な経理体制が整備されており、会計監査自体が毎年実施されるものであることから、会計監査に必要な資料やデータは時間を要することなく入手できることが多い。

一方、中小企業活性化協議会スキームにおける対象企業は、基本的に DD など受けたこともない中小企業が大半であることから、会計監査のように労せずして必要な資料やデータを入手できるとは限らない。DD に慣れていないことに加え、必ずしも会計・経理全般に精通している人材に恵まれているわけではないことから、「資料依頼リストを手渡して終わり」ではなく、資料徴求の目的や趣旨、優先順位は丁寧に説明したい。資料依頼リストに記載した名称ずばりの資料やデータこそないものの、単に名称が異なるだけのケースや、代替する資料あるいは基礎データであれば作成・存在しているケースは意外に多いものである。また、システム化が進んでおらず手書きの資料しかないことや、記帳代行を含め経理機能すべてを顧問税理士任せとなっていることもあるため、資料依頼したのちに、適宜状況をフォローアップし、今後の作業負荷の見直し、代替資料・データのヒアリング、顧問税理士へのヒアリング等、必要に応じた対応を検討したい。

加えて、再生局面にある会社は、経営資源が限られていることから、営業や製造が優先され、管理面の整備は後回しにされがちである。もちろん、中小企業でもしっかりとした経理機能を有しており、データ化できている会社も存在するが、この「中小企業への資料依頼である」ということを十分に理解せず、資料依頼リストを手渡せば対象企業から DD に必要な資料やデータを入手できると思い込んでしまうと、資料収集に必要以上の時間を浪費してしまいかねない。

⑵ **資料依頼リストのカスタマイズ**

続いて、【図表2－7】の内容を説明をしよう。

これは大別すると、「①全般的事項に関する依頼」「②債務超過額算定に関する依頼」「③その他」となる。

①は、会社案内、組織図、定款、商業登記事項証明書等のいわゆる会社そのものの概要を把握するための資料依頼である。

②は、財務情報、税務情報、財務DD基準日（直近期末）の貸借対照表に計上されている各勘定明細の評価に関する情報に分類され、まさに債務超過額を算定するための資料依頼である。

③は、重要な契約や偶発債務、訴訟の有無等、②を補足するような資料依頼であり、ここでオフバランス項目が発見されると、債務超過額の算定にも影響を及ぼすことになる。

財務DDを実施する際に必要となる資料は定型的なものが多いが、案件ごとのカスタマイズは必要である。決算書や総勘定元帳、税務申告書など、すべてのケースで必要かつ優先度が高い資料やデータ依頼は定型化すればよいが、対象企業の業界・業種が異なれば使用している勘定科目も異なる。また、キックオフの段階までに入手した情報で立てている仮説を検証するための必要資料、再生計画策定のポイントとなり得る事象に力点をおいて分析・調査するための必要資料もケースバイケースであろう。したがって、ベースとなる資料依頼リストはある程度定型化しつつ、個別案件ごとに項目の加除や優先度の調整といったカスタマイズを行うべきある。

財務DDの目的は、ひな型の資料を網羅的に入手することではない。資料収集の初期段階では、「あるものから提供してください」というスタンスで足りるはずである。何のためにどのような資料が必要かを見定め、適切な優先順位を設けること、決して資料依頼リストを網羅することにこだわって対象企業に過度な負担を強いることなく進めていくことが求められよう。

対象企業の負担軽減という観点では、資料依頼の段階でも事業DDを担当する中小企業診断士等との連携を考慮する必要がある。財務DDと事業DDそれぞれで必要となる資料やデータには重複するものがあるため、いずれかですでに入手済みの資料やデータを繰り返し要求することは回避すべきであ

るし、可能な限り、財務 DD と事業 DD の資料依頼リストを統合するなどして対象企業の負担の軽減を図るべきであろう。時間的制約がある財務 DD において、資料の入手待ちは極力避けるべき状況であり、その回避に対象企業の物理的負担軽減はもちろん、心理的負担への配慮は必須であろう。

⑶ データ入手の重要性

効果的・効率的な財務 DD の実施を考えた場合、資料の入手が紙ベースなのかデータなのかは雲泥の差である。

中小企業活性化協議会スキームの対象となる中小企業のなかには、記帳代行を顧問税理士に依頼しているため社内にはプリントアウトされた総勘定元帳しかないことや、販売管理ソフトやシステムを導入していないため、集計された事業別、得意先別、商品別の売上高が分からないことなどが往々にしてあり得る。ここで、データの入手を早々にあきらめ、紙ベースの総勘定元帳のみに依拠したり、事業別等の売上高の把握を調査対象から除外したりしていては、効率的・効果的な DD の実施は望めない。総勘定元帳のデータを顧問税理士に依頼し、会計ソフトの互換性等に問題があれば MS-Excel 形式や CSV 形式で提供してもらえばよい。総勘定元帳のデータ化が煩雑であれば、仕訳日記帳のデータ化でも情報としては足りる。集計された販売実績データがなくても、季節変動が少なければ、例えば直近の数か月間だけ売上伝票等を集計し、それを年換算することや構成割合を活用することでおおよその事業別等の売上高を把握することもできよう。

また、趣旨や目的を丁寧に説明することで、未作成と回答を受けていた資料に代替資料や基礎データがあるというようなことはよくある。対象企業から入手できるデータ量は財務 DD の有効性・効率性と比例するといっても過言ではない。DD の初期段階において、必要な資料を可能な限りデータで入手することは、こだわりたいポイントである。

⑷ 資料入手待ちの回避

さて、資料依頼をすると、どうしても「資料の入手待ち」が生じる。限られた時間で実施する財務 DD において資料の入手待ちは極力避けるべき状況であることから、いかに資料の入手待ちの時間を減らすかといった視点、もしくは他の作業を行うことで時間の有効活用を図るかといった視点はもって

おきたい。

1つ目は、資料依頼リストを対象企業に手渡し、対象企業がそれらの資料を全部揃えるまで入手待ちになるのを避けるために、いまあるものから、そして優先順位が高いものから順次提供するように促すことである。意外に思われるかもしれないが、対象企業は五月雨式に資料提供することに引け目を感じ、ある程度まとまってから資料やデータを提供した方がよいと考えているケースが多い。DDを進めていくなかで、追加の資料依頼や質問があることを事前に伝え、早めのアクションを促すのがよいだろう。

2つ目は、キックオフのバンクミーティング以前に資料依頼リストを手渡し、資料やデータの準備を始めてもらうことである。そうすることで、キックオフのバンクミーティング開催後、速やかに資料やデータの提供を受け、スムーズに分析・調査を進めることができよう。事前に資料依頼リストを手渡す方法としては、外部専門家紹介等の顔合わせの場を設けてその場で手渡すことや、中小企業活性化協議会の担当者経由で対象企業に手渡してもらうことなどが考えられる。

また、資料入手待ちの間、第一次対応の際に入手している資料や、それを加工して作成した直近3年間の貸借対照表、損益計算書、キャッシュ・フロー計算書の推移表や勘定科目明細、税務申告書等をレビュー・分析することで、ヒアリングすべきポイント、レポーティングに必要なポイントの抽出作業は可能である。例えば、推移分析による著増減のある勘定科目の抽出、勘定科目残高や明細に動きがない滞留債権等の抽出、回転期間分析で運転資本に含まれる異常値の抽出、税務申告書における別表調整の確認による特殊な会計処理・税務処理の抽出や税務リスクの抽出等、基本的な資料からだけでも着手できる作業は案外とあることがお分かりいただけるだろう。

---

column 3　　　　　　　　　　隠れたキープレイヤー？

　中小企業活性化協議会の財務DDにおいて、顧問税理士は隠れたキープレイヤーといえるかもしれない。

というのも、本文で述べたとおり、記帳代行、給与計算など経理機能を顧問税理士が担っている場合、財務 DD に必要な情報の大半は顧問税理士から入手する必要がある。そこまで関与割合が高くないとしても、決算時に勘定残高の確認を顧問税理士が行っているか否か、行っている場合にどのような手続を実施しているかは、勘定残高の信頼性にも影響することから、財務 DD のレベル感を測るためにも確認しておきたい。

また、先代経営者の時代から 2 代にわたってつきあいがあるなど、長年関与している顧問税理士も多い。このようなケースでは、顧問税理士から「財務 DD 実施者は自分の顧問会社にちょっかいを出す存在である」と誤解され、協力を得るまでに時間を要することがある。

いずれにしても、財務 DD に必要な資料の入手可能性または信頼性において、顧問税理士は重要な役割を担っていることが多い。資料依頼への対応によって、どんな顧問税理士であるかを見極めることはその後の DD の進め方やスケジュールを見通すうえで有用である。

5　分析・調査およびレポーティング

　資料やデータの入手が進むにつれて、財務 DD のフェーズは「分析・調査」に移っていく。財務 DD のスケジュールのなかで最も多くの時間を割くフェーズであり「本丸」ともいえるものである。とはいえ、前準備段階、初期ヒアリング、資料依頼を通じて、対象企業の再生計画策定のポイントが何かを意識しながら全体をスケジューリングできていれば臆することはないはずである。前述のとおり、窮境原因と窮境原因の除去可能性、改善の方向性、実態債務超過の状況、実態収益力、必要となる金融支援など、それぞれ仮説を立て、どこに力点をおくか、どのレベルの DD を行うかプランニングしたうえで、この仮説を検証していく作業が DD であり、作業進捗とともに必要に応じて仮説を修正していくことになる。初動を通じて、きちんとしたストーリー性のある仮説が立っていれば、この「分析・調査」のフェーズはそれを検証するフェーズと言い換えられよう。

　仮説の検証フェーズである「分析・調査」の次は「レポーティング」である。いうまでもなく、「分析・調査」が完全に終了してから「レポーティング」に移行するということはなく、「分析・調査」の過程で「レポーティン

グ」も同時並行的に進め、「レポーティング」の際に判明した分析・調査が不十分な項目の追加調査をするといった流れを繰り返しながら、再生計画策定のポイントにも言及した財務 DD の報告書を練り上げていくのである。

「分析・調査」と「レポーティング」フェーズにおける留意点としては以下が考えられる。

(1) 訪問頻度やタイミングへの配慮

訪問のタイミングや頻度はどうするのかなどについては、対象企業の受け入れ態勢により様々である。会計監査の場合、監査人が占有できるスペースに数日間にわたって常駐し、その場で質疑応答や調書作成等の監査業務を行うことが一般的である。しかしながら、対象企業となる中小企業の場合、財務 DD 実施者が数日にわたって占有できるスペースを確保することも、通常業務を一人何役もこなしている対象企業の担当者を質疑応答の相手として長時間拘束することも困難な場合が多い。したがって、対象企業の現場では入手資料の内容確認にとどめ、不足資料やデータは郵便や電子メール等で追加送付してもらうよう依頼するなどし、事前に分析や調査をしたうえで対象企業へ訪問し、ポイントを絞った質疑応答をすることが望ましい。

ここでも対象企業の負担軽減という観点で、事業 DD を担当する中小企業診断士等との連携を考慮する必要がある。対象企業へのアポイントが重ならないように訪問の時期や時間をあらかじめ外部専門家同士で調整することや、ヒアリング内容で重複しそうなものについては一緒にヒアリングを実施するといったことも可能である。対象企業においては、通常業務を行いながら DD 実施者への応対を行うことは本業に支障を来すこともあるため、定休日等の応対可能な日時が限定的な場合もあることを意識する必要がある。

資料依頼のフェーズでも事業 DD を担当する中小企業診断士等との連携の必要性を述べたが、なぜそこまで対象企業の負担軽減という観点を重視するか疑問に思うかもしれない。中小企業活性化協議会スキームで関与する中小企業は窮境に陥っている会社である。人件費や経費をすでに切り詰め、最小限の陣容で事業運営をしてなんとか切り盛りしているかもしれない。大企業に比べてマンパワーは絶対的に不足しているのが常である。再生計画策定のための実態把握にあたり不可欠なものは対象企業に負担がかかっても依頼せ

ざるを得ないし、ヒアリングにまとまった時間を確保してもらわなければならないが、物理的・心理的負担軽減への配慮は円滑なDDのためには必要不可欠である。

(2) 仮説の検証フェーズという意識

繰り返しになるが、財務DDの「分析・調査」のフェーズは、窮境原因と窮境原因の除去可能性などに対して仮説を立て、どこに力点をおくか、どのレベルのDDを行うかプランニングをしたうえで、この仮説を検証していくフェーズである。

勘定科目明細を機械的に潰し込んでいくDDでは掘り下げに強弱もなく、何が再生計画策定のポイントなのかといったストーリーはみえてこない。再生計画策定のポイントではないことにいたずらに工数をかける一方で、力点をおいて深掘りすべきポイントへの投入工数が不足していれば、論点の抜け落ちやレベル感の欠如を招く。結果として、実態債務超過の状況を知るという財務DDの目的の一部は達成できたとしても、再生計画策定のポイントを探るという目的からすれば物足りない財務DDになってしまうおそれがある。

何らかの仮説を立てたうえで「分析・調査」フェーズに挑み、矛盾がないか様々な角度から強弱をつけて仮説の検証をするという意識をもつことが重要である。

(3) スケジュールを遅らせる阻害要因

財務DDのスケジュール管理という観点から、スケジュールを遅らせるおそれのある阻害要因として、金融機関の支援姿勢等に影響を及ぼすおそれのある「質的な阻害要因」と、作成や情報収集に時間を要する「手続的な阻害要因」に大別できる。

時間的制約がある財務DDにおいて、阻害要因をあらかじめ認識しておくことは重要である。

ア 質的な阻害要因

金融機関の支援姿勢等に影響を及ぼすおそれのある「質的な阻害要因」を財務DDの過程において発見した場合は、速やかに中小企業活性化協議会と情報共有を図ることが求められよう。

(ｱ)　想定外の粉飾の発見

後述の「column 4」にも記載のとおり、中小企業活性化協議会で取り扱われる案件では、程度の差はあるものの、ほぼ不適切経理（粉飾決算）が行われている。中小企業活性化協議会が作成する企業概要表において、想定される粉飾を修正事項として調整している場合があり、第一次対応の過程においてある程度の粉飾を想定していることを垣間見ることができる。また、金融機関側も粉飾を把握している場合があり、これらは想定内の粉飾といえなくもない。

ところが、財務DDの過程において、企業概要表で想定していた金額を大幅に上回る金額規模の粉飾や、簿外債務に代表されるような想定していない性格の粉飾を発見することがある。

このような想定外の粉飾が発見された場合、その金額の多寡によっては、金融機関が当初想定していた以上の金融支援を必要とする可能性があることから、金融機関の支援姿勢等に影響を及ぼすおそれがある。

また、金額的な重要性は乏しいとしても、金融機関と対象企業経営者との従前からのやり取り、信頼関係を根底から覆すような内容の粉飾が発見された場合、金融機関が態度を硬化させるおそれがあることは頭に入れておきたい。

(ｲ)　想定外の滞納の発見

質的な阻害要因としては、想定外の滞納の発見もあげられる。租税債務や主要取引先との取引債務を滞納しているにもかかわらず、金融機関や中小企業活性化協議会に対して滞納の事実を申告していない場合における滞納の発見、あるいは滞納額として説明していた以上の金額の滞納の発見がこれに該当する。

そもそも、再生計画が成立するまでの間、金融機関が元本返済猶予を行えば、対象企業の資金繰りに支障がないことが第二次対応開始の前提であるところ、資金繰りが破綻しては、前提そのものが崩れかねない。

また、資金繰りが破綻しないまでも、滞納債務の支払を優先せざるを得ない事情があるケースが大半である。例えば、租税債務の滞納による差押えは、資金繰りの観点からも、対外的な信用の観点からも、絶対に回避しなけ

ればならないし、主要仕入先への滞納債務の解消が、仕入自体の継続や取引条件維持の条件となっている場合には、事業継続に影響を及ぼしかねない。

滞納債務への支払を優先することになれば、金融機関は想定していた金額の返済を受けることができないおそれが高いこと、滞納債務の無申告や虚偽説明は、経営者の誠実性が問われる問題であり、信頼関係にも悪影響があることから、金融機関の支援姿勢等に影響を及ぼすおそれがある。

イ　手続的な阻害要因

作成や情報収集に時間を要する「手続的な阻害要因」として、あくまでも例示であるが次のようなものがある。

㈦　税金、社会保険料等の滞納

中小企業活性化協議会スキームの対象となる中小企業は総じて資金繰りに窮しているため、税金や社会保険料の公租公課を滞納している場合も多い。財務 DD の手続として、納付書等を確認し、納付の事実を確認するだけでは不十分な場合もある。直近の税金、社会保険料の納付は納付書で確認できたとしても、過去分に滞納があれば、財務 DD において税金、社会保険料の滞納を債務認識しなければならないことはいうまでもない。

そのため、納税証明書等を対象企業に取得するように依頼することをおすすめするが、意外にこれが時間を要する。税務署、県税事務所、市役所、年金事務所等から納税証明書等を取得してもらう必要があるが、通常業務に追われてなかなか時間を割くことができず、入手が遅れがちとなることが多いからである。

㈦　外部から入手する必要のある時価情報

生命保険に代表される保険契約がある場合、解約返戻金の有無、解約返戻金がある場合には含み損益を認識するため保険の解約返戻金の時価情報が必要となる。また、デリバティブ等の金融商品を所有している場合も、時価情報が必要となる。外部から入手する必要のある時価情報は、対象企業のみでは完結できないため、最初から依頼しておく必要がある。

㈦　役員個人資産等の情報開示

中小企業特性として役員個人資産等の情報開示を受ける必要があるものの、当然ながら情報開示に積極的な役員は少ない。情報開示を受けることが

できない場合もスケジュールの阻害要因となり得る。財務DD実施者としては、まずは対象企業との信頼関係を構築し、情報開示が必要となる理由や趣旨を丁寧に説明することで情報開示を促し、状況に応じては中小企業活性化協議会やメイン金融機関からの情報提供等も含め、協力を仰ぐことになろう。

㈤　金融機関借入金明細表の作成

金融機関借入金明細表の作成は、場合によっては非常に工数を要したり、そもそも困難であったりすることがある。

対象企業である中小企業は書類の整理もなされていない場合もあり、重要な契約書や金銭消費貸借契約書であろうとも段ボールにまとめて突っ込んでいるだけという場合もある。このようなタイプの経営者は、自身で必要書類を探し出して提供してくれることも、金融機関とやり取りして正確な情報収集のサポートをしてくれるような誠実な対応をしてもらえないことも多い。その場合、財務DD実施者が自ら資料収集を試みることもあるが、過去からの書類がすべて乱雑に入っている段ボールのなかから現在有効な書類をみつけだすことは宝探しのようなものであり、不毛な作業である。また、第二次対応開始以前にすでに期限の利益を喪失しており、その後の返済条件等について金融機関との合意形成がなされていないような場合、残高、利息、遅延損害金等の情報を対象企業側からの情報のみでうかがい知ることが困難な場合もある。

中小企業活性化協議会によっては、金融機関に対して債権届出の提出を要請し、その情報共有を受けることで金融機関借入金明細表を正確に無駄な工数もかけずに作成することができる場合もある。対象企業の書類整理がずさんである場合や、対象企業側からの情報のみでは作成が困難な場合もあることに鑑みると、そのような運用は大変ありがたいのである。

⑷　報告書全体のレビュー

初動からレポーティングに至るまでの間に、「仮説を立てる→検証する→仮説を修正する→検証する」という作業を繰り返してきており、作業が進捗し入手する情報量が増えるにつれ、当初立てた仮説はたび重なる修正を経て実態に迫っているはずである。その核心に迫った実態を財務DD報告書とい

うかたちでレポーティングすることになるが、一呼吸をおいて全体を見直してほしい。できれば、財務 DD 実施者以外の者が第三者的な立場でレビューすることが望ましいが、一晩、二晩寝かせるくらいの気持ちで、全体のストーリーが矛盾なく 1 本の線でつながっているか、ほかの選択肢や可能性がないか冷静に振り返る余裕が必要である。「分析・調査」フェーズの過程では、自らが最初に立てた仮説が実態であると考えがちであり、その仮説に都合が悪い要素は無意識のうちに排除しているきらいがある。そして、財務 DD も佳境となり、レポーティングするだけとなった最後の最後に全体を俯瞰して初めて気づく事柄もあるというのが筆者の正直な実感である。

したがって、レポーティングのフェーズであろうが、違和感があれば、仮説を修正する覚悟をもって、追加の調査・分析を行う必要がある。これを怠ると、読みにくい報告書となってしまうだけでなく、再生計画策定のポイントがみえていない、もしくはミスリードしている報告書になりかねない。

(5) 報告書記載内容の共有

時間的制約がある財務 DD において、締め切り間際に一挙にレポーティングするようなスケジューリングになりがちであるが、極力前倒しでレポーティングするのが望ましい。

というのも、財務 DD と事業 DD の 2 つがあってこそ、十分な仮説の検証が可能となり、対象企業の実態により近づくことができるといえ、分析・調査のフェーズでの情報共有は非常に重要なステップだからである。『実践的中小企業再生論 [第 3 版]』73 頁では、事業 DD における実態収益力と財務 DD における実態収益力の差異から粉飾の発見につながったというエピソードが紹介されているが、このことを端的に示す一例といえる。

限られた時間で、役割分担をしながら DD を実施しているため、財務 DD というメニューのなかで事業 DD を行うことは不可能であるが、事業 DD を意識せずに、財務 DD を行ってはならない。

財務面からの分析は、対象企業の一面にすぎず、財務面にばかり固執してしまうと、対象企業の実態や全体の方向性を見誤るリスクをはらむこととなる。そのようなリスクを軽減するには、事業 DD を担当する中小企業診断士等と進捗状況を共有することが重要であるが、初めて連携する専門家の場合

はなおさら、いつ何を共有するかは悩ましい問題である。

　いろいろな考え方があり得るが、財務DD担当者は、数字を扱う専門家として、また総勘定元帳など客観的かつ定量的なデータを基礎として、増減分析、実態債務超過や実態収益力の分析・調査を行っているのであるから、その成果物は惜しむことなく、適宜共有することをおすすめする。財務面からの定量的な分析をヒントに仮説が立てられ、事業面における定性的な分析が進んでいくことがあれば、事業面における定性的な分析が財務面の定量的な分析によって裏付けられることもあるのである。もちろん、その逆も然りであるから、これに対するフィードバックや事業面における定性的な分析の提供を受けることを忘れてはならない。

　また、事業DDを担当する中小企業診断士等や対象企業と財務DD報告書が完成するまで記載内容の共有や確認を一切していない場合、報告書間の矛盾や、事実誤認により実態と乖離した報告書になっているおそれがある。事業DDを担当する中小企業診断士等や対象企業への共有・確認不足は、大規模な手戻りにつながるリスクもあることから、少なくとも重要と考える箇所については前倒しでレポーティングを進め、適宜記載内容を共有し、確認に努めることでこのような事態を回避しなければならない。

---

column 4　　　　　経営者への質問からみえるもの

　中小企業活性化協議会で取り扱われる案件では、程度の差はあるものの、ほぼ不適切経理（粉飾決算）が行われている。不適切経理の発見自体は財務DDの目的ではないものの、実質的な債務超過額に影響があることから、結果的に不適切経理の有無の調査は避けて通れないものといえる。

　不適切経理の契機といえば、来期に穴埋めすればよいと、当期の赤字を黒字に装うべく在庫や売掛金を水増ししたものの、結果的に業績は好転せず、むしろ悪化するなどし、架空在庫や架空売掛金が帳簿に残ってしまうケースが多い印象である。

　なぜ、このような不適切経理に手を染めてしまうかといえば、赤字決算となることで、金融機関の融資姿勢が厳しくなり、資金調達に支障が生じることをおそれるからである。本心を問えば（金融機関の姿勢に変化がないとい

う前提ではあるが)、不適切経理をやめたいと考える経営者や経理責任者は多い。

　中小企業活性化全国本部が公表している「中小企業活性化協議会ご利用のイメージ」によれば、第二次対応の支援決定までに、対象企業の了解のもと、メイン金融機関にヒアリングを行い協力意思の確認をすることになっている。すなわち、第二次対応の支援決定が行われたということは、メイン金融機関が対象企業の事業再生への協力の意思表明を行ったことにほかならず、対象企業にとっては、メイン金融機関の協力を得ながら事業再生に取り組む絶好の機会といえる。このチャンスを活かせるかどうかは、経営者の事業再生に対する熱意次第であり、このことを経営者に理解してもらい、行動に移してもらうべくコーチングすることは、外部専門家として本来求められている役割ではないかもしれないが、非常に重要な役割と考える。

　不適切経理に関する質問への経営者の対応は、経営者の誠実性、信頼性を測るメルクマールといえよう。

6　ドラフト協議およびバンクミーティング

　中小企業活性化協議会スキーム全体の手続期間という制約からDDフェーズの時間的猶予も定められており、逆算的にポイントとなるイベントの日程もある程度決まっていることが一般的である。【図表2-3】のとおり、「DDの結果報告のバンクミーティング」はあらかじめスケジューリングされているイベントのひとつであり、当該バンクミーティングの開催に際して、中小企業活性化協議会は、少なくとも開催予定日の数週間前にはバンクミーティングの開催通知を関係金融機関に送付する必要があるため、開催通知の送付前段階でドラフト協議が開催され、必要十分なDD報告書が完成していることを関係者で確認することになる。

　つまり、ドラフト協議が開催される目的は、関係者によるDD報告書の品質確認や、課題・問題点等の共有ともいえよう。当該協議への参加者は、対象企業、中小企業活性化協議会、財務DDを担当する公認会計士等、事業DDを担当する中小企業診断士等、債権放棄等の要請を含む再生計画の策定を支援する場合には弁護士、さらにはメイン金融機関が対象となる場合もある。

ドラフト協議を経て、DD フェーズの最後は、DD の結果報告のためのバンクミーティングの開催である。バンクミーティングへの参加者はドラフト協議の参加者に加え、全金融機関となる。

(1)　報告書の事前共有

　ドラフト協議の場で、参加者が初見で DD 報告書の内容を完全に理解し、必要十分な水準な DD が行われているかの評価を行うことは難しい。その場合は、関係者が持ち帰って内容を精査する時間が必要となるし、場合によっては質問対応や追加調査を要することもあるから、スケジュールが後ろ倒しになってしまうおそれがある。したがって、可能な限り、DD 報告書のドラフト版については余裕をもって完成させ、ドラフト協議への参加者（対象企業、中小企業活性化協議会、外部専門家、メイン金融機関）に事前共有することが望ましい。

　5⑤でも触れたとおり、事実誤認を避けるためにも対象企業へ事前に報告書を共有し、内容について了承を得ておく必要がある。ドラフト協議の場で、対象企業から DD 報告書の記載内容について事実誤認に基づく修正要望や、記載内容を覆すような事実の告白等があると、外部専門家としての信用にも関わる。まずは、対象企業にドラフト版の記載内容を説明する場を設け、記載内容について事実誤認や重要事項の記載漏れがないことの確認をしてからドラフト協議に臨む必要があることはいうまでもない。

　また、対象企業以外にも、中小企業活性化協議会や外部専門家、メイン金融機関との間で事前共有することで、同様の事態を回避できるほか、参加者各自のリクエストを満たしているか確認してもらうことで、仮に、不足や追加要請があった場合でも、それに応じる時間を確保しやすくなる。

(2)　バンクミーティングの予行演習

　ドラフト協議の参加者は限られたメンバーであるが、本番のバンクミーティングの予行演習という位置づけで臨むべきである。DD の結果報告をバンクミーティングで行う際に、報告書のすべての記載内容を説明することは時間的制約からも困難であり、要点を端的に説明するための準備が求められる。財務 DD の担当者としては、実施したすべてを説明したくなりがちであるが、持ち時間を確認し、報告する要点を抽出したうえで時間配分すること

も大切なスキルであり、ドラフト協議はバンクミーティングの予行演習の場としてうってつけといえる。

いかに DD 報告書の品質が素晴らしくても、最終的にその内容を報告するバンクミーティングで要点を端的に説明することができず、関係金融機関の納得感を得られなければ台無しである。

(3) 細心の注意を払うべき項目

バンクミーティングにおいて、DD の結果を報告する対象者は基本的に関係金融機関である。各金融機関において、自行の債権残高、保証や担保設定等の保全状況は正確に捕捉できる重要事項であり、これらの事項について財務 DD 報告書で誤って記載していると、確実に指摘を受けることになるであろう。筆者の経験からも、金融機関の担当者は、ほぼ全員が電卓を持参してバンクミーティングに参加しており、報告をしている間も、電卓をたたいている風景をみかけるほどである。バンクミーティングというオープンな場でこれらの指摘を受けると、外部専門家の信用、さらには財務 DD 報告書全体の信頼性にも関わるため、事前に確認しておきたい事項である。中小企業活性化協議会が関係金融機関に対して債権届出の提出を要請し、その情報共有を受けることができれば、正確に把握することは比較的容易であるが、そのような情報共有を受けることができない場合は、事前に関係金融機関に確認しておくことをおすすめする。

また、短いスケジュールのなかで DD を実施しているため、分析・調査に時間を費やし、レポーティングや校正の時間をおろそかにしてしまいがちである。特に、表計算ソフトを使用して作業することが多いため、計算調べを軽視したくなるが、確実に実施しておきたい。

(4) バンクミーティング開催に向けたその他の準備

ア バンクミーティングの議題や開示資料

バンクミーティングの議題や開示資料を事前に確認することができれば、バンクミーティング全体の流れや DD の結果報告以外の議題の有無、他の開示資料との平仄確認等を行うことができるであろう。

イ バンクミーティングにおける想定問答の準備

バンクミーティングにおいて想定される金融機関からの質問と、それに対

する回答の準備も重要であろう。キックオフのバンクミーティングにおける金融機関との質疑応答や、DD の結果報告の内容を踏まえると、金融機関からの質問はある程度想定できるため、想定問答をしておく必要がある。

　その際には中小企業活性化協議会の担当者、外部専門家、対象企業経営者の誰が回答すべきかといった役割分担をおおよそ決めておくこともよいだろう。特に、内容的に経営者自らが口頭で補足説明すべき事項の確認や、経営者自ら事業再生にかける想いを全金融機関向けに伝えることのできる対面の場として非常に意義があることを経営者に認識してもらう必要はあろう。

ウ　バンクミーティング当日の集合時間

　バンクミーティング当日の集合時間も確認しておく。開催時間ギリギリに到着することのないように行動することは当然として、中小企業活性化協議会と対象企業が30分〜1時間前に集合し、バンクミーティング直前の最終ミーティングを行うこともある。外部専門家として当該最終ミーティングに参加した方が望ましいこともあるため、集合時間の確認はしておいた方がよいだろう。

⑸　バンクミーティング開催後のフォロー

　バンクミーティングにおいて説明した財務 DD 報告書の記載内容について、関係金融機関から後日質問等がくることがある。質問等の連絡窓口は、中小企業活性化協議会に担っていただけることが一般的ではあるが、記載内容についての詳細な質問等は、中小企業活性化協議会のみで回答することが困難な場合もあり、中小企業活性化協議会経由で DD 実施者へ質問がくることもある。その際、DD 実施者は誠実に、必要に応じて根拠資料の開示も含め対応することが求められる。

---

column 5　　　経営者に苦言を呈することができるのは……

　多くの経営者は、DD 結果に耳を傾け、襟を正すところは正し、真摯に事業再生に必要なアクションプランに取り組んでくれる。けれども、残念ながら、なかにはどこか他人事であり、経営責任とは無縁の経営者も一定数存在する。バンクミーティングとなると、金融機関の担当者も参加するオープンな場で

あるが、ドラフト会議の参加者は、対象企業、外部専門家、中小企業活性化協議会と限られたメンバーである。そのようなクローズドな場であるからこそ、プライドを傷つけることなくできることがある。その最たるものが、経営者への苦言である。

とはいえ、「たかだか数か月の DD で何が分かる」という経営者の思いは理解できないわけではない。そこで、重要な役割を果たしてくれるのが、中小企業活性化協議会の統括責任者である。その多くは金融機関出身者であるため、金融機関の論理や思考に通じている一方、公正中立な立場として数多くの再生案件、経営者をみてきている。経験豊富な統括責任者から「援護射撃」を受けることで、その苦言の重みは何倍にもなって経営者に伝わるのである。

そして、経営者に自覚をもってもらうことは、次の計画策定というフェーズに進むにあたって、大きな意義がある。

第 **3** 章

DD の実施

1 DDのレベル感と対象企業の管理体制のレベル感

(1) はじめに

事前準備を終えると、いよいよDDの具体的な手続を実施することになるが、ここで改めて中小企業活性化協議会手続における財務DDのレベル感について確認をしておきたい。

財務DDの手続実施者として主に公認会計士・税理士が想定されている。公認会計士は、監査および会計の専門家として、独立した立場において、財務書類の監査を行い意見表明することにより、その情報の信頼性を確保すること、つまり監査業務を行うことが主な職務である。

では、中小企業活性化協議会手続における財務DDは監査業務なのか。当然に異なる。

監査業務には、「法定監査」と「任意監査」があり、法定監査とは、その名のとおり法令等の規制により監査が義務づけられているものを指し、例えば金融商品取引法に基づき上場企業の財務書類等を監査し、会社法に基づき非上場であっても一定規模以上の会社には計算書類等の監査を強制している。そのような一般法人のほかにも、保険相互会社や学校法人、最近では医療法人も法定監査の対象に含まれるようになった（いずれも一定の要件を充たした場合に限られる）。これらの法定監査においては、財務情報の適正性について、公認会計士が保証することになるが、そのためには財務諸表の各科目期末残高のチェックのみならず、期首監査・内部統制の検証・IT統制の検証・期中監査・支店往査・工場往査・注記情報を含む開示チェックなど多数の手続を実施したのちに、意見表明のための合理的な基礎を得ることができて、初めて意見表明できるものである。そして、法定監査ではない任意監査においても、やはり監査基準に従った手続であるため、同様のレベル感となる。確かに、後述する各勘定科目に対する手続には、監査手続と同様のものも多く含まれている。例えば、減価償却費の償却不足額の検討のためのオーバーオールテスト、有価証券の実在性確認のための閲覧、売掛金の回収可能性検討のための年齢調べ・期末日後の回収状況などである。一方で、監査手続では実施するものの、財務DDでは原則実施しないものが多くある。例え

ば、実査・棚卸立会いは、原則財務 DD では実施しない、さらに確認状も送付しないなど、重要な監査手続の多くは省略されている。これは、再生手続における財務 DD の特異性によるものといえる。事前に監査対象企業が決まっていて、監査計画を綿密に立てることができる監査業務と異なり、再生企業が事前に将来経営状態が悪化し、再生企業となり、財務 DD を受けなければならなくなることが分かっていることは基本的にない。悪くなって初めて対象企業となり、その時点からさかのぼって過去実態の調査をするという、再生手続における財務 DD には遡及性という特徴がある。また、再生企業の場合には、資金繰りに窮しているため、多くの時間をかけて財務 DD を実施している余裕はないという緊急性という特徴もある。以上の遡及・緊急という特異性から監査業務レベルの財務 DD を実施することは、事実上不可能である。

　一方で、誤解がないように付け加えると、ここでいう監査業務レベルというのはあくまで保証の程度のことを指しているだけであり、金額の精度レベルを意味するわけではない。むしろ、監査業務においては、重要性の基準値に基づいて、一定金額以上の影響度の高いものについて調査を行うが、財務 DD においては、より細かい金額レベルで精度の高い調査が求められる。例えば、抜本的な金融支援を伴う第二会社方式の再生計画では、新会社に旧会社のバランスシートから切り出す部分（いわゆる good 資産・good 負債）の各科目の適正残高について、重要性が低いから暫定的な金額で計上するということはできず、正確な金額での引き継ぎが、税務上等で求められることになる。このように、財務 DD は再生計画の基礎資料となるため、金額的精度でいえば、むしろ監査業務よりはるかに高いレベルを求められることになる。

(2)　中小企業活性化協議会における財務 DD

　では、監査業務（＝財務情報の適正性の保証）ではなく、中小企業活性化協議会手続における財務 DD はどのようなレベルを期待されているのだろうか。

　まず、財務 DD の目的について若干考察しておくと、少し不思議な言い方になるが財務 DD そのものは目的ではない。あくまで再生計画書（中期経営計画書）を作成することが目的であり、財務 DD はそのための手段・ステッ

プであり、計画書の一部を構成するものであるといえる。再生計画書は、企業が再生を図るうえで、必要なアクションプラン・財務三表（貸借対照表計画、損益計算書計画、キャッシュ・フロー計画）・金融支援依頼等が記載されたものである。再生計画書において、財務 DD の結果である実態純資産額（債務超過額）がスタート地点となり、債務超過が何年で解消されるかが重要な構成要素となる。また、金融支援において、企業が自らの収益力を適切に把握し、適正債務額を検討し、債権放棄要請する額を検討する材料になるとともに、債権放棄額の妥当性を金融機関が検討するための材料にもなる。このように、財務 DD の結果が、再生計画書作成のたたき台・基礎資料となるのである。それが財務 DD の目的である。

　そのように目的が定義されると、財務 DD のレベル感は再生計画書のスタート台として要求される程度ということができる。しかし、ひとくちに再生計画書といっても、中身は多様なものである。リスケジュールを要請する計画書と債権放棄を要請する計画書では、それを承認する金融機関が要請するレベル感は異なり、おのずと財務 DD のレベル感も異なるものとなる。

　中小企業活性化協議会手続における財務 DD の主要なレベル感としては、大別すると 2 段階に分けることができる。抜本的な金融支援を含む再生計画のスタート台にもなり得る、すべての必要な手続を実施する「フルバージョンの DD（フル）」がそのひとつである。一方で、一部ケースにより許容される「フル」で要求される手続の一部の省略したり、簡便化したりした「簡易」というレベル感がある。

　この 2 種類の選択について、中小企業活性化協議会手続においては、あくまで大原則は「フル」で財務 DD を実施することとされており、一部で許容されるものが「簡易」と整理するべきである。では、どのような場合に「簡易」が許容されるのか、【図表3】にチャートで示してみた（ただし、あくまで考え方の例示であり、絶対条件ではないことに注意してほしい）。

　許容されるケースとしては、抜本支援ではないことがあげられる。債権放棄や DDS の場合、その金融支援額の妥当性・合理性が、税務上など様々な理由により金融機関サイドに強く求められるため、「簡易」は認められていない。したがって、リスケジュールのケースに限られてくる。また、そのな

【図表3】 「フル」と「簡易」の考え方（例）

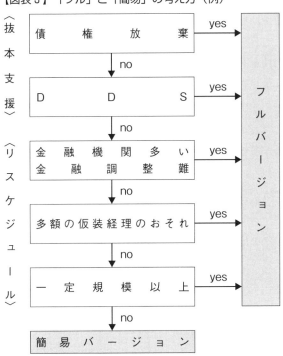

かでも、金融機関の数が多いケース、地元金融機関のみではなくメガバンク
なども入っているなど金融調整に一定の議論が予想されるケースも「簡易」
は困難であると思われる。仮に財務 DD を「簡易」に進めた場合に、計画
（金融支援）案提示時点で、改めて財務 DD 数値の詳細を問われ、やり直し
となるリスクがあるためである。さらに、多額の仮装経理が予想される場合
も「簡易」は避けるべきであろう。多額に仮装経理が行われている場合に
は、仮装経理に使用される勘定科目が、重要な科目のみではなく多岐にわ
たっていることが多いほか、簡易的なヒアリングのみでは各勘定科目の実態
数値を把握することができないことが想定されるためである。ここまでのい
ずれにも該当せず、さらに一定規模に満たない企業については「簡易」が許
容されるものと考える。規模の小さい企業の場合、管理部門が経理・財務・
総務・人事で数名程度の社員数になっており、場合によっては経理の記帳業

務は顧問税理士が代行しているケースもある。そのような場合には、大量の依頼資料の準備、多くの質問への回答など「フル」の財務DDに耐え得る管理体制が整っておらず、マンパワー的にも対応することが困難であることが多い。またDDを「フル」で実施した場合の専門家報酬も、売上規模が小さい場合、相対的に負担が重くなりすぎる可能性があるためである。さらに、議論が前後してしまうが、小規模企業の場合には取引金融機関が少ないことが多く、例えばメイン金融機関と信用保証協会のみで金融支援の議論が済んでしまうことが多いことも、「簡易」が許容される理由である。

　一方で、「フル」か「簡易」かの議論は、財務DDを実施することを前提に展開しているが、そもそも財務DDを実施しないケースが存在する。それは、再生計画においてバランスシートの改善を目的とせず、まずはPLの収益力改善のみを目的とする暫定的な計画の場合である。この場合には、「簡易」が許容されるかどうかではなく、財務DDそのものを実施しないことが許容され、その代わりにメイン金融機関の自己査定数値を活用することになる。具体的には、メイン金融機関が自己査定の際に、債務者企業の貸借対照表の各科目について評価を行っている査定評価額を、財務DDの代わりに活用しようとするものである。もっとも、この場合には財務DDは基本的に実施しないことになるが、自己査定数値の活用であって、転用ではない点に注意が必要である。例えば、棚卸資産・売掛金等の重要な科目について、各年度残高推移、直近期の変動等に異常なものがないかどうかを概観的に確認するなど、専門家としてのチェックは必要となる。仮に異常変動等がある場合には、ヒアリング等によりその内容を確認し、自己査定数値と乖離があれば修正を加えるべきである。

　これらの暫定的な計画は、今後増加していくものと考えられる。2020年春以降のコロナ禍でとりあえず調達した緊急融資を含めて、過剰になっている有利子負債について、どのように処理していくかが、中小企業において大きな問題となる。当面は、平時までの収支の回復を主として行い、その後バランスシート改善を含めた本格的な再生に向かうというケースが多くなるのではないか。したがって、一時的に暫定計画が増えていくことが考えられるので、メイン金融機関の自己査定数値を活用する場合であっても、専門家とし

ての最低限のチェック・判断は必要になると認識されたい。

　以上のように、財務 DD スタート前に、会社の状況（規模、仮装経理可能性も含めたガバナンス体制、取引金融機関、事業内容、財務状況等）を把握し、必要な想定される金融支援を検討したうえで、財務 DD のレベル感について決定するべきである。

2　実態 BS における評価の考え方

　ここからは、実態貸借対照表における評価の考え方について、再生事案において問題となりやすい項目を中心に具体例を交えてみていくことにする。

　大前提として、財務 DD における各資産の評価は原則として「時価」により行う。ただし、非事業用等使用見込みのないものついては「処分価額」により評価する。前述の保全率計算にあたり、事業用不動産を「正常価格」、非事業用不動産を「特定価格（早期処分価格）」で評価したこともこの前提に基づくものである。しかし、ここで大前提としている「時価」とは何かが実務上は問題となる。上場株式のように時価がマーケットにより形成され、容易に把握できるものであれば問題ない。しかし、中小企業の貸借対照表の資産は、時価が形成されていないものが多い。

　そこで、実務上どのような評価方法を採用しているかについて、以下に例示していくこととする。

(1)　保全資産評価

　はじめに、再生事案において重要な保全資産の評価について検討する。不動産についてはすでに取り上げているため割愛し、それ以外の頻出の保全資産についてみていくことにする。

ア　売掛金

　売掛金は、中小企業において以前から担保になることはあったが、近年の ABL（動産・債権担保融資）の利用増加に併せて、保全対象となっていることが増えてきている。

　中小企業の売上債権について実際に売買される市場価格は通常ないため、回収可能見込額をもって時価とするべきであろう。その評価方法については
すでに述べたとおりであるが、担保資産としての評価にあたっては、主要な

得意先のみが保全対象となっているケース、主要な得意先でも担保設定ができない契約になっているため保全対象からは除外されているケースなど、その対象範囲が事案ごとに異なるため、財務DDにあたっては契約書や債権譲渡登記ファイル等を確認する必要がある。

イ 棚卸資産

棚卸資産もアの売掛金と同様に近年保全対象となっているケースが多くみられる。

市場価格が存在しているケースでは当該市場価格を利用することが考えられる。一方で、中小企業の場合には、①最終製品ではなく部品（半製品）のみを製造している、②最終製品ではあるが、時価が把握可能な最終消費者のマーケットに直接アクセスできるケースは少なく、商社等の多くの流通業者が介在するなど、実際には自社製品・商品としての価値を適切に把握することは困難であるケースが多い。したがって、滞留在庫等を加味した適切な原価評価額をもって時価とすることが多いと思われる。なお、担保資産の評価にあたっては、製品のみが対象であるケースや材料や仕掛品まで対象となっているケースなど様々であるため、売掛金同様、契約書および債権譲渡登記ファイル等を確認する必要がある。

ウ 機 械

工場機械は、大型機械の購入資金融資の際に担保設定されているケースがあるほか、工場抵当法に基づき組成された工場財団等の構成資産として担保に供されているケースも散見される。汎用機については時価が把握できるケースもあるが、専用機や小型機、老朽化した機械などは中古取引が少なく、適切な中古相場の把握は困難である。その場合には、減価償却不足額調整後の適正簿価をもって時価としているケースが多いと思われる。

なお、工場財団とは、工場抵当法に基づき、個別に登記することが困難な工場機械等も含めて、工場一式を担保設定するものである（工場抵当法9条）。工場財団には、工場の土地建物、機械・器具その他附属物、地上権、賃借権、工業所有権、ダム使用権で構成される（同法11条）。工場財団は、所有権保存登記後6か月以内に抵当権設定登記がない場合にはその効力を失う（同法9条、10条）とされており、あくまで工場一式を担保設定するためだけ

に、特別に一式まとめて登記できるようにした制度である。

column 1　不動産以外の担保設定の有無の確認方法

　既述の売掛金・棚卸資産・機械等の不動産以外の担保提供状況について、会社の管理部門が正確に把握していないケースも多い。また、財務 DD のヒアリングにおいて、不動産担保については正確に会社から報告があるが、不動産以外の担保については、故意ではなく報告が漏れることがある。そこで、財務 DD 上は網羅性担保のため、まず金融機関に担保設定状況を確認することが重要である。また、それ以外に動産・債権譲渡について、会社の登記や登録を確認しておくことをおすすめする。登記等の情報では、どの売上債権・棚卸資産に担保設定されているのかを詳しく確認することはできないが、動産・債権担保の設定の有無については確認することができる。工場財団の担保設定についても、同様に登記で確認することができる。ただし、担保設定契約は債権者・債務者間で存在するものの、債権譲渡の登記（対抗要件）そのものは、信用不安を回避のために留保されているケースもあり、その場合には登記等では確認できないため、注意が必要である。

エ　保険積立金

　社長の生命保険など保険積立金が担保設定されているケースがある。

　保険積立金の時価は、基準日時点の回収可能額、すなわち解約返戻額とするべきであろう。会計上の簿価は、保険支払額のうち損金にならなかった部分（保険支払額の半分損金が実務上は多い）の累計額となっている。簿価は、解約時の返戻額に近いが一致はしない。したがって、保険会社に、財務 DD の初期段階で、基準日時点の解約返戻額を問い合わせる必要がある。

オ　有価証券

　有価証券も担保設定されていることが多い。特に上場会社株式を保有している場合に保全対象となることが多い。上場株式であれば市場価格があり、かつ金額の把握も容易なため、基準日の終値を時価とすればよいだろう。

　一方で、子会社・関連会社に重要性がある場合など、関係会社株式・出資金が担保設定されているケースもある。その子会社・関連会社が上場企業で

あれば問題ないが、中小企業で子会社・関連会社が上場していることはほぼないといえる。この場合には、金融商品に関する会計基準等でも用いられている「実質価額」を時価とするべきであろう。実質価額とは、「1株あたり実質純資産額×持株数」である。子会社・関連会社の決算書を入手し、ヒアリングにより実質純資産へ修正を行うか、子会社・関連会社の重要性が高い場合には、そもそも財務 DD の対象とするべきかどうかの検討が必要となる。いずれにしても、実態純資産を把握し、持分割合を乗じたものを時価とし、帳簿価額と比較して、いずれか低い方を評価額とする。仮に、子会社が債務超過の場合には、実態純資産がマイナスとなるため、全額減損となる。なお、詳細は引当金のところで述べるが、債務超過子会社等に対して債務保証を行っている場合には、別途債務保証損失引当金の計上の検討が必要となる。

　ここで注意が必要なのは、この作業は市場価格が存在しない子会社・関連会社の減損評価のための手続であり、実質価額が帳簿価額を上回っていた場合であっても、プラス評価することは原則ないという点である。仮にその含み益が大きいと判断され、再生計画策定における債務超過解消期間の検討にあたり重要であると判断した場合には、当該含み益のある子会社・関連会社を連結することにより評価上取り込むべきであると考える。その場合には、当該子会社・関連会社も財務 DD の対象に含めて手続を実施するべきである。

column 2　信用金庫等の出資金は保全扱いか

　信用金庫等に対する出資金について、抜本再生時に保全と考えるべきか議論になることがある。当該出資金は、破産時には法定脱退となり、持分の払戻請求求権が生じる。その請求権と貸付金が相殺できるとの判例があることから「私的再生時にも保全と考えてほしい」との要望が信用金庫等からなされる。実務上は、保全として扱うことが多いと考えられるが、その他の金融機関とも確認のうえ、財務 DD 時の評価も検討したい。

⑵　その他資産・負債の評価

保全資産に続いて、再生事案において注意が必要な資産・負債の評価について述べていくこととする。

ア　関係会社債権

関係会社に対する債権が、貸付金・売掛金・未収入金・仮払金等の勘定科目で資産計上されているケースがある。ここで関係会社とは、債務者企業と直接資本関係のある子会社・関連会社だけではなく、事業関連性の有無は問わず対象企業のオーナーである株主個人が所有する会社も含めたものをいう。というのも、中小企業、特に再生企業においては法人と個人が一体となっていることがよくあるためである。

関係会社債権の評価にあたり、まず関係会社債権債務の全体像を把握する必要がある。ケースによっては、売掛先の関係会社に対して、別途貸付金やそれに伴う未収利息を計上していることや、さらに未払金が計上されている場合などがあるが、このような場合には、いわゆる名寄せをして、NET（純額）で当該関係会社に対していくらの債権額があるかを計算する必要がある。この NET 債権額に対しての回収可能性を検討して評価することになる。なお、この関係会社債権の評価目的以外にも、関係会社との取引関係を正確に把握しておくことは、私的再生手続においては重要となる。BS 面で各関係会社間の債権債務状態、PL 面で売上げや仕入れ、家賃や雑収入等の取引関係を網羅的に把握し、相関図というかたちに整理しておくことをおすすめする。

評価にあたっては、まず対象企業の財務情報を入手する必要がある。特に個人資産管理会社の場合にはその提出を嫌がられるケースがあるが、財務情報を入手できなければ評価が進まないため、説得を試みるべきである。入手後、財務情報を確認し、債務超過であれば当該債務超過分の債権額を減額する。なお、再生事案によっては関係会社に対して非常に多額の債権を計上しているケースがある。その場合には、窮境原因・経営責任の検討においても重要となるため、当該関係会社を財務 DD の対象に含めて、実態純資産額把握の精度を上げるべきと考えられる。また、その財務 DD 時に、対象会社から関連会社への資金流出の経緯・金額およびその回収状況を把握することが

必要となる。

イ　役員貸付金

再生事案においては、企業は資金繰りに窮しているため、金融機関のみではなく、役員からの借入金が計上されていることが多い。しかし、事業承継等で株式の買取りが必要な場合に、その資金を対象会社が代表者に貸し付けていることや、合理的ではない個人的な事情により資金を貸し付けていることがある。この場合の手続についても、関係会社債権と同様に、経営責任等で問題となることがあるため、資金流出の経緯・金額および回収状況について、詳細に把握しておく必要がある。なお、役員貸付金科目以外に、仮払金・関係会社向け債権等別の科目に、実質役員貸付金が含まれていることも多いため、財務DD時には注意が必要である。

評価にあたっては、まず別途役員借入金等の役員向け債務が計上されている場合には、相殺する必要がある。次に、評価を行う役員個人のストック・フロー状況の把握が必要となる。現預金、不動産（担保設定状況を含む）、保険積立金、有価証券、それらに対する借入金等の資産（ストック）の状況、他社も含めた役員報酬、不動産賃貸料等の収入、個人ローンの返済（フロー）の状況を把握し、回収可能性を検討する必要がある。また、対象会社からの役員報酬や受取地代家賃が財務DD時点まで高額で、当該フローによる回収を検討する場合には、今後の再生局面での役員報酬や地代家賃の減額がされることも多いため、その点も考慮に入れる必要がある。このほか、役員退職慰労引当金を計上している場合や財務DD結果として当該引当金を認識する場合には、当該引当部分については回収可能と判断して問題ないであろう。

なお、役員貸付金科目には、使途不明な支出や会計上不明な残高等、実質的には役員貸付金ではない内容が含まれていることがある。その場合には、役員貸付金としての評価ではなく、その内容に即した勘定科目に振替えを行い、当該科目のなかで評価を実施するべきである。

ウ　引　当　金

会計上、①将来の特定の費用または損失、②その発生が当期以前の事象に起因し、③発生の可能性が高く、④金額を合理的に見積もることができるという4要件が充たされた場合には、引当金を計上するべきとされている（企

業会計原則注解18）。一方で、一般に中小企業では法定繰入率までの貸倒引当金が計上されている程度で、他の引当金はあまり計上されていない。これは、中小企業会計では税法会計が強く意識されているためで、税法で認められている引当金は貸倒引当金程度であり、多くの引当金は損金算入することができなくなってきたことによるものと考えられる。

　では、財務DD上はどのように対応するべきか。また4要件を充たすものすべて計上していくべきであろうか。監査業務ではない財務DD実務上は、対象企業の事業内容やビジネスモデルなどにおいて重要性が高い場合にのみ引当計上するべきではないだろうか。例えば、ホテルなど装置産業においては、必要に応じてエンジニアリングレポートを入手するなどして、将来の大規模な修繕に向けて（大規模）修繕引当金を計上するべきであろう。一方で、所有する家屋は事務を行う古い本社だけという場合にまで、そのような引当金を計上する必要はないと思われる。また、出版取次業のように返品そのものがビジネスモデルのひとつである場合には返品調整引当金を計上するべきだが、中小製造業で不良が流出したことによってたまに受けてしまう返品にまで引当金を計上する必要はないであろう。製品保証損失引当金なども同じような考え方でよいと思われる。過去に保証損失が多額または恒常的に発生してきた実績があるのであれば保証損失引当金の計上をすべきであるが、それ以外はあえて計上しなくてもよいと考えられる。ほかにも、ビジネスモデルの主要素として、顧客に会員制（メンバー制）を導入しており、売上げのつど一定割合をポイントで還元していて、そのポイントの利用率が一定割合以上であるケースなどはポイント引当金として計上するべきである。一方で、過去に導入した会員システムがあるものの、入会率も低く、ポイントも利用されずに失効することが多いなど、実質機能していない場合にまで必死に計算して引当計上する必要はないだろう。

　このように監査業務でも、引当金に対する手続には、多くの時間と資源を投入して行われており、緊急性を要する中小企業活性化協議会手続の財務DDにおいて同等レベルを求めることは困難であるため、その計上要否については事案ごとの重要性の判断が許容される。そして、その要否を判断するためにも、事業モデル・事業フローの適切な把握は重要である。事業モデル

に応じて、恒常的に発生していたものか、金額的に重要性が高いか、再生計画策定期間中に顕在化する可能性は高いかなどを総合的に勘案して、専門家としての判断を行うべきである。

　以上を前提に、再生事案において問題となりやすい引当金を検討する。

㈦　退職給付引当金

　退職給付引当金を計上している中小企業は少ないが、財務DD上は計上が必須となる重要な引当金である。将来必ず発生するものであり、金額の見積りも可能であって、業歴の長い企業であれば金額的な重要性も高い。また、再生計画実行時に人員効率化が必要となり、その際に顕在化する可能性が非常に高いものでもある。

　見積りには、簡便的な方法である基準日時点の自己都合要支給額を利用しているケースが多い。清算配当見込率の計算においては会社都合要支給額となる。なお、会社が中小企業退職金共済（中退共）や建設業退職金共済制度（建退共）などの外部に積み立てている退職準備金がある場合には当該金額を控除して引当計上することとなる。退職金規程で詳細を確認する必要がある。

㈧　役員退職慰労引当金

　役員退職金規程があるケースや対象会社慣例上過去退職した役員に支給しているケースなどは、引当金の計上を検討するべきであろう。

　役員退職金規程がある場合には、当該規程に示される算定方法に基づいて計算する。一方、規程はないが過去実績から計上が妥当である場合または役員退職金規程による算定結果がいわゆる不相当に高額であると判断される場合には、一般的に使用されている功績倍率法により計算された結果を引当計上するべきである。ただ不相当に高額な計算をしていない場合であっても、長年にわたり現代表者が継続している場合などは、役員退職慰労金がその親族役員も含めて非常に多額になっているケースもみかける。このような場合に、経営責任も含めて、代表者およびその親族取締役等が退職慰労金返上の意思を示している場合などは、引当金計上を見送ることも否定されない。実態に即して、計上の要否を検討していくこととなる。

(ウ) 事業構造改善引当金

この引当金は、子会社整理や事業整理、人員整理等に伴い発生する費用または損失に対するものである。これは、将来発生する費用であるため再生アクションプランに組み込まれる内容ではあるが、損失の起因となった事業投資の失敗は過去にすでに発生しているものであるため、本来引当計上するべきものであるといえる。しかしながら、アクションプランに組み込まれる内容については、再生計画策定時に検討されるべきものであり、その準備段階である財務DD実施時には確定していない内容が多くある。したがって、網羅的に見積計上することは実務上困難であると考えられるため、財務DDにおいては、重要かつ明らかな部分のみを計上することで足りると思われる。

例えば、工場はすでに閉鎖している、あるいは閉鎖することが決まっておりあとは撤退するだけという場合には、その撤退コストを見積計上するべきであろう。特に海外工場から撤退する場合には諸外国の事情によりその撤退コストが非常に高額になる場合があり、会社が何らかの資金調達を行わなければ撤退することができないこともあるため、状況をしっかりと確認する必要がある。また、すでに閉鎖した店舗や、赤字が恒常的に多額であり早晩撤退することが明らかな場合には、その原状回復コストや途中解約の違約金等の損失も引当計上するべきであろう。

(エ) 債務保証損失引当金

子会社・関連会社の連帯保証をしているケースや代表者の個人借入の連帯保証しているケースなどがある。すでに関連会社等が破綻し、保証履行を求められている場合には、引当金の計上を行う必要がある。

計上金額は、保証債務総額から求償権の回収見込額を控除した金額となる。保全がない場合には求償権の回収見込額は僅少なことから、財務DD上は保証債務全額とする保守的な計上も認められると考える。一方、保証履行は現時点では求められていないものの、関係会社債権および役員貸付金と同様に評価した結果、将来的に保証履行が求められる可能性が高いと判断した場合には、引当金計上の検討をするべきであろう。また、連帯保証ではなく、不動産を担保提供するなど物上保証しているケースもある。この場合も、連帯保証同様の評価を行い、提供不動産の評価に反映させるのではな

く、債務保証損失引当金を計上するべきである。

なお、子会社・関連会社が金融機関から行った借入れの連帯保証をしている場合には、当該引当金の計上の検討のほかに、保全率算定・金融支援依頼検討時にも当該保証債務を考慮に入れる必要がある点にも注意してほしい。

㈠ 訴訟損失引当金

企業が損害賠償請求など何らかの訴訟を受けている場合に、その引当ての検討が必要となる。中小企業では、退職した役員・社員との報酬・残業代・不当解雇等労務面での訴訟が多くみられる。また、納品した製品の不具合に対する補償問題、納期遅れによる損失補塡など、営業面でも訴訟を抱えていることがある。これらについて、訴訟を受けている場合には必ず引当金を計上しなければいけないということではなく、判決や示談により、実際に損害金等を支払う可能性が高い場合に、その見込額を計上するべきであろう。そのためにも、経営者へのヒアリングで訴訟の有無を確認し、書面等でその内容を詳細に把握する必要がある。必要に応じて、弁護士等の見解を求めることも重要である。なお、訴訟中であるケースや、その準備を開始しており弁護士費用等の訴訟に関する費用がすでに発生している場合には、当該訴訟の結果にかかわらず会社が負担する可能性が高いため、訴訟費用部分については未払計上する必要がある。

エ 延滞税・延滞金等

再生事案においては、対象企業が消費税・法人税等の税金を滞納しているケースや厚生年金等の社会保険料が未納であるケースがある。これらの税金・社会保険料の滞納については、10％程度の延滞税・延滞金が課せられることになるため、延滞金額・期間が長い場合には、大きな将来負担となってくる。

財務 DD における手続としては、まずその滞納有無をヒアリングでしっかりと確認する必要がある。積極的に対象企業から報告がない場合もあるため、DD 実施者側からの確認が重要となる。その後、延滞期間・金額の詳細を会社提出資料で確認していくことになるが、税務署・年金事務所等とやり取りがすでにされており、延納部分の支払について調整された書面が残されていることがあるため、外部証憑として、その入手を試みるべきである。一

方、そこで滞納実態を把握することはできるが、延滞税・延滞金が基準日時点でどの程度の金額になっているかを把握できる計算書面があることは少ない。したがって、対象企業より税務署・年金事務所等に問い合わせて、その金額を計算してもらう必要があり、当該金額を財務DD上負債計上することになる。

　なお、支払遅延による延滞金等の問題は、税金・社会保険料に限らないので注意してほしい。借入金について、中小企業活性化協議会手続の場合には、通常キックオフ時に計画策定完了までの元金返済停止の依頼をすることが多いが、それ以前に正式な元金返済停止手続を経ずに（未承認のまま）、返済を遅延しているケースがある。この場合には、税金・社会保険料同様に高利率の遅延損害金が発生することになり、期間が長い場合には高額となるため、取引金融機関に累積金額を確認する必要がある。それ以外にも、リース料・割賦金の支払、仕入先への支払等が遅延している可能性があるため、支払状況は網羅的に確認する必要がある。

---

column 3　　　　　　　　　　税金・社会保険料の滞納

　税金・社会保険料の滞納は、資金繰りに窮した再生企業が、資金繰り策としてよく行っている。中小企業活性化協議会手続においては、金融機関借入れの返済についての調整を行うため、再生計画策定時に、この税金・社会保険料の滞納をどうするのかについてあまり検討されていないケースが散見される。

　この点について、延滞税・延滞金をどうするのかも重要であるが、まず大事なのは、元本部分を計画期間内にどのようなスケジュールで返済していくかである。この点について、しっかり検討し、資金繰り計画のなかに織り込む必要がある。また、税務署・年金事務所等とそのスケジュールについて合意しておくことが重要となる。

　これらの検討が不十分な計画書で進んでしまうと、再生計画が承認されて、実行する段階で、突然差押通知が届いて大騒ぎになってしまうことがある。

第 **4** 章

売掛金、棚卸資産
および簿外債務

1　財務 DD の個別手続に臨む姿勢

この**第4章**では、実態貸借対照表の作成に関する手続のうち、特に十分な調査が求められることが多いと思われる売掛金、棚卸資産および簿外債務について解説する。

中小企業の脆弱な管理体制やガバナンスの実情を鑑みれば、本章で取り上げる売掛金などの固有リスクが高い項目については誤謬や不正の懸念も高いため、金融機関などの関係者が信頼するに足るレベル感の調査を行うという目的意識をもつ必要がある。無論、DD には時間やコストの制約があり、対象会社の管理状況や対応能力などの問題から思うような調査が実施できないなどの限界はあるが、リスクアプローチにより効果的・効率的な調査を行うなどの工夫をすることで、少なくとも重要な懸念が払拭されるように努めるべきである。

なお、財務 DD を実施するうえでの調査ポイントについては、本書巻末の**【資料】財務 DD チェックリスト**（255頁）も併せて参照されたい。

2　売掛金の調査

(1)　実態貸借対照表における売掛金の評定

「中小企業活性化協議会実施基本要領」の別冊 3「中小企業再生支援スキーム」の別紙「実態貸借対照表作成に当たっての評価基準」によれば、売上債権は原則として「各債権金額から貸倒見積額を控除した額」により評定し、貸倒見積額は債権区分に応じた方法で算定する（**【図表4-1】**）。会計基準上もおおむね同じ定めであるため、中小企業再生支援スキームに準拠しない案件でも同様に評定することになると思われる。

(2)　調査要点

上記(1)の実態貸借対照表における評定は、帳簿価額が正しい債権額であることを前提とした評価であり、簿価が誤っている場合には、評定以前の問題として当然ながら DD 上の修正事項となる。

売掛金は誤謬や不正の懸念が高いことから、評価（貸倒見積額の算定）のみならず、実在性および期間配分の適切性についても十分なレベル感での調

【図表４−１】 売上債権の評定（貸倒見積額の算定方法）

債権区分	定義	貸倒見積額の算定方法
一般債権	経営状態に重大な問題が生じていない債務者に対する債権	原則として、過去の貸倒実績率等合理的な基準により貸倒見積額を算定する。ただし、評定基準日以降の回収実績による算定も可能とする。
貸倒懸念債権	経営破綻の状態には至っていないが、債務の弁済に重大な問題が生じているかまたは生じる可能性の高い債務者に対する債権	当該債権額から担保処分見込額および保証による回収見込額を控除し、残額について債務者の財政状態および経営成績を考慮して貸倒見積額を算定する。
破産更生債権等	経営破綻または実質的に経営破綻に陥っている債務者に対する債権	当該債権額から担保処分見込額および保証による回収見込額を減額し、その残額を貸倒見積額とする。また、清算配当等により回収が可能と認められる額は、担保処分見込額および保証による回収見込額と同様に取り扱う。

(注) ①中小企業再生支援スキーム別紙「実態貸借対照表作成に当たっての評価基準」より抜粋。
　　②子会社等の関係会社に対する売上債権に係る貸倒見積額については、親会社等として他の債権者と異なる取扱いを受ける可能性がある場合には、これによる影響額を合理的に見積もることとされている。

査が求められる。

(3) 売掛金の調査アプローチ

　債権区分については、その定義に従って厳密に区分しようとすれば、債務者（得意先）の財政状態および経営成績等を把握する必要がある。しかしながら、実務上はそれらの情報入手が困難であることが多いため、簡便的な方法によって債権の区分を行うことになる。

　具体的には、回収状況に問題がなければ一般債権として取り扱い、回収が滞っている場合には貸倒懸念債権または破産更生債権等として債務者の状況に応じて評定する方法が実務的な調査アプローチとして定着していると思わ

【図表4-2】 売掛金の調査アプローチ（例）

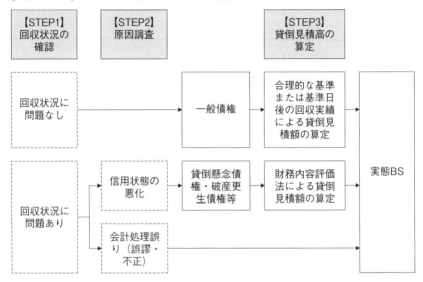

　れる。このアプローチによれば、回収状況に問題がある売掛金について原因調査を行うことで、誤謬や不正による誤りも併せて捕捉することができるため、調査の効率化にもつながる（【図表4-2】）。

　回収状況の確認方法としては、以下の方法が考えられる。

① 「基準日後の回収実績」を確認する方法
② 「基準日までの回収状況」を確認する方法（＝年齢調べなどにより基準日現在の滞留状況を確認する方法）
③ 上記の組み合わせ

　このうち①の方法は次の点でメリットがあるため、基本的にはこの方法によって調査することを推奨する。

ア　証拠力

　財務DDでは残高確認を実施しないことが一般的であるが、基準日後に条件どおり回収されていることを確認すれば、実在性および期間配分の適切性についての強い証拠となる。

年齢調べの方法によった場合、長期化していない売掛金は正常な一般債権として扱うことになるため、例えば決算月など基準日直前に過大計上されているような誤謬や不正を見逃すおそれがある。

イ　効　率　性

　基準日後に回収済みであれば回収可能性の問題には及ばないため、評価（貸倒見積額の算定）については基準日後に回収されていない売掛金に絞ることができる。中小企業再生支援スキームでは、一般債権の貸倒見積額を基準日後の回収実績により算定することも認められている（【図表4－1】参照）。

　「基準日後の回収実績」を確認する方法を採用できるかどうかは、主に調査スケジュールによる。多くの案件では調査基準日を直近決算期末としていると思われるため、通常は「基準日後の回収実績」を確認することが可能である。ただし、回収サイトが長い売掛金やスピードが重視される案件などでは基準日後の回収実績を確認できない場合もあるため、そのようなケースでは基準日現在の年齢調べなどの手法によって債権の区分を行うことになる。もっとも、誤謬や不正を見逃すことのないように重要な売掛金については売上計上根拠の証憑を確認するなどの手続を併せて行っておくべきと考えられる。

　なお、回収状況の確認によって十分な心証を得るためには、基本的な処理が定型化していることが前提となる。入金条件が個別取引ごとに異なるケース、売上計上基準があいまいで首尾一貫していないケースや管理がずさんなケースなどでは、売掛金の発生（売上計上）に焦点を当て、実在性や期間配分の適切性について慎重に調査していくことが必要となる可能性も考えられる（深刻な場合には調査不能ということもあり得る）。調査スケジュールなどに大きく影響するような状況に直面したときには、関係者と早めに協議した方がよいと思われる。

(4)　基準日後の回収実績を確認するうえでの留意点

　ここでは(3)の「①　基準日後の回収実績」を確認する方法に絞り、その留意点を少し具体的に説明する。なお、下記の検証をどこまで実施するかはDD のレベル感の問題である。

ア　留意点１：回収の事実を確かめること

まず留意すべき点は、「売掛金の減少が回収とは限らない」ということである。例えば、不正な過大計上の戻入処理の場合もあれば、売上訂正・返品に伴うマイナス処理の場合もあるため、帳簿上の残高が減少していることをもって回収と断定してしまうと事実を誤認しかねない。

回収の事実を確かめるためには、入金証憑（通帳、領収証控、得意先からの支払通知書など）にあたるか、入金仕訳の相手勘定を確認するなどの手続が考えられる。

イ　留意点２：回収時期が条件どおりであることを確かめること

一般的な掛取引では入金条件が決まっており、入金が遅延している場合には何らかの事情があると考え、注意を払うべきである（下記ウを参照）。したがって、（入金が遅れていても）全額回収されていればよいというものではなく、回収時期が入金条件どおりであることを確かめる必要がある。

そのためには当然ながら得意先別の入金条件を把握することと、回収額と売上計上月の対応関係を確認する必要がある。例えば、入金条件が月末締翌月末の場合に４月の回収金額が３月の売上代金であるとは限らない。３月以前に計上した売上代金の入金が何らかの理由で遅延し、４月の回収金額に含まれている可能性があるためである。

入金条件の把握は、それだけでも作業負担が大きいため、得意先別の請求締日・入金日などの条件を記載した一覧表（販売管理システムの得意先マスターの登録情報など）の提出を求めると効率的である。また、回収額と売上計上月の対応関係を確かめるためには、得意先からの支払通知書や対象会社の売掛金管理データ・資料などを確認する手続が考えられる。それらで不足するような状況であれば、さらに取引基本契約書、個別の販売や役務提供に関する契約書、売上明細データや請求書控などで補完されたい。

---

column 1　　　　　　　　　　　回収状況の確認

「長期滞留売掛金」というような定義で不良資産の洗い出しを行う DD を目にすることがあるが、売上げを１か月前倒計上しても構わないということは

ないので、「長期」でなければよしとすることは危険である。債権の評価だけではなく、実在性と期間配分の適切性についても回収実績によって併せて確認しようとするのであれば、「長期かどうか」ではなく「入金条件どおりかどうか」に着目すべきである。

残高確認を実施しない財務 DD では誤謬と不正の懸念が払拭されていないことを忘れてはならない。なお、実在性と期間配分の適切性については別途検証を行い、回収状況の確認が債権の評価だけを目的とするのであれば滞留期間の長短を評価基準のひとつとして用いても差し支えないと考えられる。

ウ　留意点 3 ：入金遅延の原因を確かめること

条件どおりに回収されていない入金遅延債権については、その原因を確かめる必要がある。ただし、得意先側の遅延原因（例えば、単なる振込処理遅れなのか、資金繰りの悪化なのか）についての事実確認は難しいため、まずは対象会社側における売上計上の妥当性を検証し、売掛金の実在性および期間配分の適切性に問題がないことの心証が得られれば、得意先側に起因する遅延と推定すべきである。得意先の信用力が明らかに高いと認められる場合（例えば、国や地方公共団体、大企業などの場合）には、対象会社側の売上計上に問題がある可能性を疑った方がよい。

得意先側の遅延原因については調査の限界があるため、対象会社に対するヒアリングや最終的な入金タイミングなどの客観的事実に依拠して判断するしかないだろう。

以上の原因確認に基づき、対象会社の売上計上に問題があるのであれば会計処理の誤りとして修正し、得意先側の信用状態の悪化が原因ということであれば、貸倒懸念債権への区分を検討する必要がある。なお、得意先側の信用状態が悪化していても最終的に全額回収されていれば実態貸借対照表における売掛金は簿価評価でよいかもしれないが、そのような得意先との取引継続による将来の貸倒発生や資金繰り悪化のリスク、または取引がなくなることで売上減少につながるリスクなどは、再生計画策定に向けて考慮すべき重要な情報となる場合もある。

【図表４－３】 売掛金の主な違算原因

違算原因	内容	実態ＢＳの扱い（一般論）
検収ズレ	例えば売上計上が出荷基準で得意先側の支払が検収日ベースであれば締日直前の出荷分が締日後の検収となり、入金が翌月にズレ込むことで生じる違算。売上計上が得意先検収基準の場合はこのようなズレは生じない。	通常期間のズレは修正不要。通常期間を超える場合は売上げとして実現していない可能性（例えば、品質トラブルによる未検収など）や不正による売上前倒計上の可能性などがあるため、内容に応じて修正する。
売上処理・検収処理の誤り	数量・単価・日付けの誤り、重複計上、計上漏れなど、対象会社側の売上処理または得意先側の検収処理（双方の返品・値引処理を含む）の誤りによる違算。得意先側の誤りであればその後の支払で訂正される（支払通知書などで訂正内容を確認できる場合もある）。	対象会社側の誤りは修正する。得意先側の誤りでその後の訂正が確認できる場合は修正不要（得意先側の訂正が確認できない場合は状況次第のため注意を要する）。
支払金額の誤り	得意先側の支払時の処理誤り（振込金額誤りなど）による違算。	差額が直ちに精算されていれば修正不要（精算が長期化している場合は状況次第のため注意を要する）。

エ　留意点４：重要な違算は内容を確かめること

　売掛金の請求額に対して入金が少ない（または多い）ときは一般的に「違算」と呼ばれ、その主な原因は【図表４－３】のとおりである。違算のすべてが対象会社側の誤りとは限らないが、対象会社側の売上計上に問題がある可能性を示唆するものであるため、少なくとも重要な違算については原因を確かめ、内容に応じて実態貸借対照表を修正する必要がある。

　対象会社によっては、回収金額の個別消し込み（入金に対応する売上げの紐付け）によって違算を特定し、その原因やいきさつまで記入した明細を作成するなどの管理体制が構築されている場合もある。管理体制が良好な会社のDDでは社内資料が利用可能であり、結果として売掛金の誤りが放置されて

【図表４－４】 設例１：得意先別売掛金集計一覧表における
得意先Ａの売掛金推移

月	前月末売掛金残高	当月売上	当月回収	当月末売掛金残高	
３月	200	100	▲150	150	← DD 基準日の残高
４月	150	110	▲80	180	
５月	180	150	▲110	220	
６月	220	130	▲170	180	

いるおそれも低いため、調査はスムーズに進むと思われる。

　ところが売掛金管理が不十分な会社の場合は、違算の識別と原因の特定に
多大な労力が必要となるうえに、売掛金の誤りが放置されている可能性も高
く、調査が難航する場合もある。

　⑸　**ケーススタディ（回収実績を確認するための具体的手続）**

　基準日後の回収実績を確認する方法を採用する場合、具体的にどのような
手続をとるべきか、次のような設例に基づいて考えてみたい。

　基準日を３月末とし、売掛金の調査開始にあたり得意先別売掛金集計一覧
表のような資料（前月末残高、当月増加、当月減少、当月末残高が得意先別に集
計された資料）を３月度から６月度まで入手しており、そのうち得意先Ａの
売掛金が**【図表４－４】**のとおり推移していると仮定する。また、対象会社
では売掛金の個別消込管理が十分に行われていないとする（**設例１**）。

　この**設例１**のケースで確認すべきは、DD 基準日（３月末）の売掛金残高
150が基準日後（４月以降）に条件どおりに回収されているか否かである。

　まずは、入金条件が分からなければ確認しようがないので、ここでは対象
会社が作成した入金条件一覧表を入手することで得意先Ａの入金条件が「月
末締翌月末入金」であることを知り得たものとする。

　この段階で、３月の売上げが100であるため、３月末残高150のうち50は２
月以前の売上代金であり、条件どおりに入金されていないことが分かる。

　次に、４月の回収80が３月以前の売上代金であることは入金条件に照らし
て察しがつくが、実際の回収であるかどうかは売掛金集計一覧だけでは分か

	ＤＤ基準日 3月末残高	基準日後の回収による減少		その他の減少 （回収事実なし）
		4月回収	5月回収	
2月以前の売上代金	50	30（下記①）	15（下記②）	5（下記③）
3月分の売上代金	100	45（条件どおり）	55（下記④）	―
合計	150	75	70	5

らない。また、80の内訳が分からなければ条件どおりか否かを確認すること
もできない。そこで、ここでは得意先からの支払通知書を入手した結果、実
際の回収は80ではなく75であり、その内訳が２月以前の売上代金30と３月の
売上代金45であることを知り得たものとする。

　同様に、５月の回収110についても得意先からの支払通知書を入手したと
ころ、その内訳が２月以前の売上代金残額15、３月の売上代金残額55および
４月の売上代金40であることを知り得たものとする。

　ここまでの調査手続により確認された基準日後の回収実績を示すと、【図
表４－５】のとおりとなる。

　基準日後の回収状況が上記のとおり整理できたところで、次のステップは
条件どおりに回収されていない下記４点の原因調査である。

　①　２月以前の売上代金のうち４月に回収された30

　②　２月以前の売上代金のうち５月に回収された15

　③　２月以前の売上代金のうち回収事実が確認できない５

　④　３月分の売上代金のうち５月に回収された55

　①については、４月に回収されている（つまり得意先は３月中に検収してい
る）ことが確認できているので、DD基準日である３月末時点では売上げと
して実現していると考えられる。したがって、ここではそれ以上の調査は省
略するとしよう。

　②については、結果的に全額が回収されているため売掛金の実在性に問題
はないと考えられるが、売上計上時期の妥当性（期間配分の適切性）には疑

義がある。そこで対象会社に対するヒアリングにより、2月以前の売上代金15は品質不良があったため手直しを行い、4月になって再納品し、検収されたということを知り得たものとする。

③については、減少処理の内容を会計伝票やヒアリングなどによって確認することが考えられる。ここでは、それらの調査によって長期間残り続けていた内容不明の違算を訂正したものであったことを知り得たものとする。

④については、②と同様に、結果的に全額が回収されているが売上計上時期の妥当性に疑義があるため、対象会社に説明を求めたところ通常の期ズレであるという回答を得たとしよう。それ以上の調査を行うかどうかはケースバイケースであるが、ここでは回答の信憑性を確かめるため、対象会社の売上明細データの売上計上日と得意先の支払通知書における検収日を突き合わせたところ、いずれも売上計上日が3月末で、得意先検収日が4月初めであり、出荷から検収までに通常要する期間であることが確認できたとする。

以上の原因調査により、DD基準日の売掛金を修正する必要があるのは、「②の品質不良により売上げとして実現していないと認められる15」および「③の違算訂正処理5」の合計20となる。なお、売上げとして実現していない場合であれば、厳密には原価ベースで棚卸資産に振り戻すことを検討する必要があるが、ここでは品質不良が原因であるため3月末での棚卸資産としての価値はないものとする。

このように、回収実績を確認するということは単純な作業ではなく、現実はさらに複雑である。また、この**設例1**の入金条件は月末締翌月末払いを前提としているが、請求締日が20日締めなど月末締め以外のケースや入金サイトが2か月以上にわたるケースでは、条件どおりに入金されていたとしても売掛金残高が当月売上げ1か月分よりも多くなる（例えば20日締め翌月末払いであれば「1か月＋10日分」、20日締め翌々月末払いであれば「2か月＋10日分」となる）ため、回収実績を確認する作業量も多くなる。

したがって、十分なレベル感のDDを実施するということはかなりの労力を要することになる（対象会社が売掛金の消し込みを行っていなければ、その作業をまとめて代行することに等しい）。作業が大変であるからといっていたず

らに手を抜いてしまえば実態を把握するという本来の目的は達成できないのである。

余談となるが、この**設例1**のように動きがある（売上計上と回収が継続的に行われている）ことをもって正常な売掛金と判定してしまう方法をとっているDDをみかけることがある。そのような手法は、継続取引先の売掛金に誤謬や不正による誤りが底だまりしていても検出されないこととなるため、安易に用いるべきではない。

(6) 原因不明の滞留残高への対応

回収状況を確認していく過程で、入金遅延や違算などについてすべての原因を特定できるわけではない。時間とコストが許せば解明できるかもしれない原因であっても、一定の制約のなかでは難しい場合がある。

しかしながら、売掛金が回収されていない原因を特定することができなければ、過年度の収益力を見誤るおそれがあるとともに、会計的な不正や資金流用などの疑義も残ることとなる。

したがって、回収されていない売掛金（滞留売掛金）の重要性が高い場合には、むやみに「内容不明」として原因調査を断念せず、少なくとも滞留している期間を確かめる、あるいは「あたりをつける」ようにしたい。基本的には過年度の帳簿類をさかのぼっていくことで、いつの時点から滞留しているか確認することができると考えられる。

かなりさかのぼっても動きがないのであれば帳票類や担当者の記憶が十分に残っていない可能性が高く、原因調査を断念したとしても理解は得られよう。一方で、近年の動きがあるような場合には、原因を特定するための情報が残っている可能性がある。

このようにしても原因を特定するに至らなかった滞留売掛金については、DDレポートにおいて注意喚起をしておくとともに、再発防止に向けた改善策を検討することが望ましい。

(7) 売掛金の評価（貸倒見積額の算定）

貸倒見積額の算定は**【図表4-1】**のとおり債権区分に応じて算定する。ただし、基準日後の回収実績を確認している場合には、未回収の売掛金だけをその算定対象とすることになるであろう。

【図表４－６】 売掛金の調査と他の勘定科目の関連

区分	勘定科目	関連性
ＢＳ	貸倒引当金	引当対象債権について評定が行われているときは、当該債権についての貸倒引当額を取り崩す必要がある。
	棚卸資産	売掛金の調査過程で売上げの先行計上の疑いが認められたときは、対応する棚卸資産が資産計上されているか否かを確認するべきである。 棚卸資産が資産計上されていない場合には、先行計上した売掛金を原価ベースで棚卸資産に振り戻すことを検討する必要がある（ただし、棚卸資産としての資産性に問題がないことが前提）。棚卸資産が計上されたままの場合には、売上げの先行計上ではなく、単なる売上過大計上であり棚卸資産を修正してはならない。 逆に、売上げの計上漏れが認められたときは、対応する棚卸資産を減額修正する必要がある。 なお、棚卸資産の継続記録（受払の記録）が整備されていない会社では売上げと棚卸資産の対応関係を追えないこともある。
	負債科目	売掛金の評価（貸倒見積高の算定）にあたり、同一先に対する負債がある場合には相殺による回収見込みを考慮する必要がある。
	未払金	得意先に対する手数料などの費用が売掛金入金時に相殺されている場合は、それらの費用が未払計上されていることを確認する必要がある。
ＰＬ	売上高	売掛金の修正は基本的に売上高の修正（つまり正常収益力、実態収益力の算定）に直結することとなり、売上高の修正対象年度も特定する必要がある。このため、実態ＢＳの基準日だけではなく、過年度にさかのぼった調査が必要となる場合もある。 なお、売掛金には消費税が含まれているため、売上高の修正を行う場合には留意する必要がある。
	売上原価	売上計上時期の問題で棚卸資産の修正が必要な場合には、売上原価にも影響することとなる。

⑻　他の勘定科目との関連

売掛金の調査においては、例えば【図表4－6】のような他の勘定科目との関連性にも留意が必要となる。

⑼　**調査手続を立案するための概要把握**

ここまで解説してきたとおり売掛金の調査手続は煩雑であるが、回収実績を個別に確認することが調査手続のすべてではなく、他の調査手続も組み合わせながら調査要点を潰していくことが実務的である。

したがって、十分なレベル感のDDを効率的に実施するためには、案件に応じた的確な調査手続を立案しなければならない。案件ごとの個別事情も踏まえないまま、やみくもに調査にとりかかると収拾がつかなくなり、調査の効率性を損なうばかりか、調査内容や調査結果があいまいなものになりかねない。

調査手続を立案するためには、まずは調査の初期段階で対象会社の事業内容、会計方針、業務処理プロセスなどのバックグラウンドや、売掛金や売上高の計上内容をある程度把握しておく必要がある。この概要把握は手続を立案するために行うのであって、ある程度の見当をつけることができれば十分である（実務的には手続を進めつつ軌道修正していくこととなろう）。

⑽　**調査手続とスコープ**

調査手続の立案にあたっては、それぞれのスコープ（範囲）も決めていく必要がある。

スコープはDDのレベル感を決定づける重要な要素であり、証拠力の高い詳細な調査手続を全面的に実施するに越したことはないが、時間・コストの制約との兼ね合いもあるため、実務上悩ましいところである。しかしながら、証拠力の低い簡便的な調査手続であればスコープを広げることが可能であるため、実務的には複数の手続をうまく組み合わせることで全面的な調査を行い、DDのレベル感と効率性のバランスをとる必要がある。

調査手続とスコープを決定するうえでは、下記3点を考慮しておきたい。

①　対象案件で予定されている再生スキーム
②　対象会社における売掛金の管理状況
③　対象残高の特質に応じたグルーピング

ア　予定されている再生スキームに応じた調査手続・スコープ

1点目は、予定されている再生スキームによって求められる DD のレベル感が大きく変わるということである。

企業再生税制を活用した債権の直接放棄が予定されている場合には、税務上の処理が実態貸借対照表に基づいて行われるため、たとえ件数が膨大な数であろうとも全面的かつ高い精度の調査が必要となる（したがって、件数が多い場合には効率化したとしてもそれなりのコストと時間がかかると考えられる）。

また、第二会社方式が予定されている場合には、承継財産と非承継財産の切り分けや承継価額の決定に DD 結果が利用されることもあるため、調査手続やスコープを決める際に配慮する必要がある。

一方、リスケジュールや DDS が予定されている案件では、DD 結果が実際の会計処理・税務処理に直結することは基本的にないため、調査手続やスコープを立案するうえでの重要性やリスクなどに応じた裁量の余地が大きくなる。したがって、件数が多い場合にはサンプリング調査とすることも考えられる。

イ　売掛金の管理状況に応じた調査手続・スコープ

2点目は、対象会社の管理状況によって現実的に実施可能な手続やスコープが変わるということである。

管理状況が良好な会社においては効率的に調査を進めることができるため、スコープを広げやすい。【図表4－7】のように売掛金が明細レベルで入金消込までデータ管理されている会社であれば、データを入手することで条件どおりに回収されていない売掛金を一網打尽で抽出できてしまう。

一方、消込管理が行われていない会社の調査では、先ほどの**設例1**のように回収実績を得意先ごとに確認しながら条件どおりに回収されていない売掛金を洗い出していくこととなり、件数が多ければすべてを確認することは難しくなる。しかしながら、消込管理が行われていない会社であっても、会計システムや販売管理システムが導入されていれば、それらのデータを入手・活用することで個別に確認が必要な得意先を絞ることができる。

例えば、先ほどの**設例1**と同じ状況で、得意先 B（月末締め翌月末払い）

【図表4－7】 売掛金の消し込みまで明細レベルでデータ管理されている例

得意先	売上日	商品	数量	単価	売上金額	税込代金	請求締日	入金日 予定	入金日 実際	担当者コメント欄
A	2月27日	○○○	10	100	1,000	1,100	2月末	3月末	4月30日	検収ズレのため翌月入金
A	3月12日	×××	12	500	6,000	6,600	3月末	4月末	4月30日	
A	3月26日	△△△	20	30	600	660	3月末	4月末		4/30入金550円（違算原因確認中）
A	3月24日	□□□	15	80	1,200	1,320	3月末	4月末	4月30日	
A	3月31日	◎◎◎	30	150	4,500	4,950	3月末	4月末	5月31日	検収ズレのため翌月入金
B	……	……	……	……	……	……	……	……	……	
B	……	……	……	……	……	……	……	……	……	
C	……	……	……	……	……	……	……	……	……	

【図表4－8】 設例2：得意先別売掛金集計一覧表における
得意先Bの売掛金推移

月	前月末売掛金残高	当月売上	当月回収	当月末売掛金残高	
3月	150	100	▲150	100	←ＤＤ基準日の残高
4月	100	110	▲100	110	
5月	110	150	▲110	150	
6月	150	130	▲150	130	

に対する売掛金が【図表4－8】のとおり推移していたとしよう（設例2）。

　この設例2では、「3月末売掛金100＝3月売上げ100＝4月回収100」であることから、条件どおりに回収されていることがデータによって判定できる。さらに入金サイト2か月（月末締め翌々月末）の得意先があるとすれば、2月度のデータも入手したうえで「3月末売掛金＝2月・3月の売上合計」「2月売上げ＝4月回収」かつ「3月売上げ＝5月回収」が成り立っていることが確認できれば、条件どおりの回収と判定できる。ただし、データ上の

回収が事実か否かについては別途確認が必要である。

このように、消込管理が行われていない会社であってもデータを活用することができれば、上記のような判定を全面的に行うことで回収状況に問題がある可能性の高い得意先を絞り込むことが可能となり、調査を効果的・効率的に進めることができる。

帳簿類がシステム化されていない会社では汗をかくしかないが、システムを導入せずとも業務がまわる規模の会社であれば売掛金の件数が比較的少ないと思われるので、スコープを絞るまでもなく全面的な調査が可能かもしれない。

ウ　個別残高の特質に応じたグルーピングと調査手続・スコープ

３点目は、少々難解な表現であるが、調査対象である売掛金残高はすべて同質ということはないので、例えば次のような特質に着目して得意先や売掛金残高を切り分け、それぞれの特質に応じた手続やスコープを決めた方が効果的・効率的な調査につながるという趣旨である。

㈠　回収可能性による切り分け

得意先の資金繰り悪化に伴う入金遅延であり回収が危ぶまれていることを対象会社が認識している売掛金と、それ以外の売掛金は異質であり、調査要点も異なる。よって、それらが混在したまま調査を進めるよりも、まずはヒアリングや売掛金管理資料の閲覧などの手続によって既知の貸倒懸念債権等を切り分けたうえで、それぞれの調査を進めた方が効果的・効率的である。

誤謬や不正によって過大計上されていることを対象会社が認識している売掛金も同様である。

㈡　金額的重要性の有無による切り分け

金額的重要性による裁量の余地が許容される場合には、重要性に応じて深度の異なる調査手続を適用することが考えられる。例えば、証拠力の高い証憑を個別確認するような手続のスコープは重要性の高い売掛金に絞り、重要性の低い売掛金については簡便的な手法で調査することが考えられる。

㈢　誤謬・不正などのリスクに応じた切り分け

例えば、定型的な売上計上取引と非定型的な売上計上取引では、リスクが異なる。対象会社が複数の事業を営んでいるならば、事業ごとに売上計上基

区分	評定方法
商品・製品	正味実現可能価額から販売努力に対する合理的見積利益を控除した価額により評定する
半製品・仕掛品	製品販売価額から完成までに要する費用、販売費用および完成販売努力に対する合理的見積利益を控除した価額により評定する
原材料	販売目的の財貨または用役を生産するために短期間に消費されるべき原材料については、再調達原価により評定する
収益性の低下している資産	品質低下、陳腐化等により収益性の低下している棚卸資産については、正味売却価額、処分価額または一定の回転期間を超える場合には規則的に帳簿価額を切り下げる方法による価額により評定する

準、業務プロセス、業界慣行などの違いからリスクが異なる可能性がある。

　リスクが高い領域については、より強い証拠力・より広いスコープで調査するよう心がけるべきである。

3　棚卸資産の調査

　棚卸資産は、営業循環過程において売掛金の前段階にあり、最終的に販売に至る可能性、進捗度、評価方法などが様々であるため、実態貸借対照表の評定は売掛金よりもはるかに複雑で難易度が高いものとなる。さらに、品目点数が多数に上ることが多いため、効率的に調査を進める必要もある。

⑴　実態貸借対照表における棚卸資産の評定

　中小企業再生支援スキームの別紙「実態貸借対照表作成に当たっての評価基準」によれば、棚卸資産は【図表４－９】のとおり評定することとされており、その他の準則型私的整理における実態貸借対照表の作成基準も同様である。

　これは時価による評定を求めるものであり、評価損だけでなく評価益も取り込むことになるため、取得原価を基礎とする会計上の扱いとは根本的に異なる。また、用語の定義も現行の会計基準とは相違がある。

　これに対して、中小企業再生支援スキームに準拠しない一般の中小企業活

性化協議会案件では準拠すべき実態貸借対照表の作成基準が存在しないため、必ずしも時価評価ではなく、会計上の適正簿価で評価すれば実務的には差し支えないと考えられる。つまり、正しい取得原価を基礎として、収益性が低下している棚卸資産は簿価を切り下げて評価するということである。

以下、大多数を占める一般の中小企業活性化協議会案件を前提として解説し、中小企業再生支援スキームに準拠する場合については解説を省略する。

(2) 調査要点

一般の中小企業活性化協議会案件で実態貸借対照表において棚卸資産を会計上の適正簿価で評価するのであれば、その適正性を確かめることが調査要点となる。

物品である棚卸資産は数量に単価を乗じて測定されるので、数量については当然にして実際の数量であることを確かめ、単価については正しい取得原価であることと、収益性が低下していれば十分に切り下げられていることを確かめる必要がある。つまり、調査要点は下記の3点に分解される。

① 数量が実際の数量であること
② 簿価単価が正しい取得原価であること
③ 収益性が低下している資産は簿価が切り下げられていること

(3) 棚卸資産の調査アプローチ

結論からいえば、棚卸資産の調査に関しては売掛金のように推奨できるアプローチはなく、個別案件ごとに考えるしかない。

売掛金の場合は、ほとんどの案件において基準日後の回収実績を確認することで調査要点をまとめてカバーできると考えられるが、それは一定額の金銭の支払が条件に従って履行される金銭債権のため、その履行結果をもって債権額としての正しさや資産性を判定できるからである。

棚卸資産は性質がまったく異なるため、例えば基準日後の販売実績を確認したとしても調査要点のすべてを確認することは基本的に難しい。

例えば、製品AのDD基準日における簿価が100万円（＝10個×簿価単価10万円）であり、このうち基準日後に7個が77万円（販売単価11万円）で販売されていることが確認できたとしても、単品管理されていなければ販売された7個が基準日時点の在庫であったとは限らないし、販売後に返品されてい

るかもしれない。また、販売実績を確認しても簿価単価10万円が取得原価として正しいかどうかは分からない。さらに、販売単価11万円であれば収益性が低下していないといえるのかどうかも分からない。基準日後に販売されていない残り３個については実在性が確認できず、収益性が低下しているかどうかも分からない。このように、基準日後の販売実績を確認するだけでは、調査要点のほとんどが確かめられないのである。

　したがって、調査要点ごとに調査アプローチを考えていく必要があるが、対象会社の管理状況（特に、受払記録の有無や原価計算の整備状況）や生産形態（受注生産・見込生産）などによってアプローチの仕方は大きく変わってくるため、冒頭に記載したとおり、棚卸資産の調査アプローチとして案件を問わず推奨できる方法はなく、ケースバイケースで個別に考えるしかないのである。

　以下、調査アプローチを考えるうえでのヒントや留意点等を、調査要点ごとに説明する。

ア　調査要点１：数量が実際の数量であることを確かめる

　DD は事後的に実施するものであるため、DD 基準日において実地棚卸が行われているか否かと在庫の受払記録が整備されているか否かにより、調査可能な程度が【図表４−10】のとおり変わる。

　【図表４−10】のケース１やケース２のように実地棚卸を基礎として棚卸資産の集計が行われていなければ DD による調査には限界がある。また、ケース３やケース４のように利用可能な資料・データが入手できたとしても、全数チェックが現実的に困難でサンプルベースでのチェックにとどめざるを得ない場合も多いので、やはり DD による調査には限界がある。

　したがって、数量の確からしさに関しては DD の限界があるため、会社の管理体制、棚卸実施状況、サンプルチェックの結果などから総合的に判断して、どこまで心証（DD 実施者だけでなく金融機関などの DD 利用者の心証を含む）が得られるかということになる。ただし、DD に限界があるからといって数量の正しさを確かめなくともよいということにはならない。

イ　調査要点２：簿価単価が正しい取得原価であることを確かめる

　棚卸資産の評価（簿価単価）に関する調査要点は、製造主体と会計方針に

【図表 4 −10】 実地棚卸・受払記録の有無とＤＤによる数量調査の可能性

ケース	ＤＤ基準日の実地棚卸	在庫の受払記録	ＤＤによる数量調査の可能性
ケース1	×なし	×なし	このケースでは確認しようがない。そもそも基準日現在の棚卸資産を反映したＢＳが作成されていないはずなので、ＤＤ基準日を再考する必要がある。例えば実地棚卸を決算期末のみ実施している会社のＤＤで（月次決算の状況を把握しないままに）期中を基準日とするように求められるケースが考えられるが、そのような場合は直近決算期末に基準日を変更するか、調査に入る前に対象会社に実地棚卸を行ってもらうというような段取りが必要である。
ケース2	×なし	○あり	受払記録に基づいて基準日現在の棚卸資産は計算できるが、その数量の正しさをＤＤで実証することは限界がある。 受払記録の精度が高いと認められる状況（例えば、実地棚卸時の棚卸差異が小さくつど修正されている、または、日常の受発注や生産管理などの業務が受払記録の数量に依拠して行われているなど）であれば、重要な誤りはないと推定することはできると考えられるが、そのような推定が許容されるか否かは案件のおかれている状況による。
ケース3	○あり	×なし	実地棚卸で使用した実数カウントの記録（タグ、リストなど）が残されていれば照合することができる。ただし、通常のＤＤでは棚卸立会いまでは行わないため、その場合は実地棚卸の精度まで担保することはできない。 記録が残されていない場合には確かめようがなく、実地棚卸に基づいて棚卸資産が集計されているという確証も得られない。
ケース4	○あり	○あり	このケースでは対象会社が実地棚卸記録と受払記録との照合によって棚卸差異を把握し、棚卸差異については実数の再カウントにより誤りがないことを確認したうえで受払記録の在庫数を訂正するなど適切な対応がとられている（すなわち管理状況が良好で棚卸数量の精度は高い）と思われる。 ＤＤにおいて数量を確かめるために利用できる資料・データも他のケースに比べて多い。

【図表4－11】 簿価単価の調査要点

| | | 棚卸資産の評価方法（会計方針） | |
		個別原価法・最終仕入原価法	売価還元法
棚卸資産の製造主体	自社	適切な原価計算に基づいていること	正しい売価と適切な原価率に基づいていること
	外部	正しい仕入単価に基づいていること	

よって【図表4－11】のとおり変わる。

　製品・仕掛品のように製造主体が自社の棚卸資産について個別原価法または最終仕入原価法が採用されている場合には、原価計算が適切であることと、その計算結果が適用されていることを確かめる必要があるため、難易度が高い。

　一方、商品・原材料のように外部から購入している棚卸資産について個別原価法または最終仕入原価法が採用されている場合には、請求書や仕入データとの照合など単純な調査手続によって正しい仕入単価に基づいていることを確かめれば済む。

　売価還元法が採用されている場合には、計算基礎である個々の売価の正確性については単純な照合作業で確かめることができるが、原価率についてはその適用区分（利益率等が類似するグルーピング）とそれぞれの計算結果が適切であることを確かめる必要があるため、製商品別の採算管理体制が十分に構築されていない場合には難易度が高くなる可能性がある。

　このほか、半製品・仕掛品についてはその進捗度を確かめる必要があり、評価方法として先入先出法、移動平均法または総平均法を採用している場合には、それらの計算が適切に行われていることを確認する必要がある。

　なお、消費税の会計処理が税込方式によっている場合には、会計上の原則的取扱いに従い、実態貸借対照表上は税抜方式に修正すべきである（無論、実際の決算も税抜方式に変更していくことが望ましい）。

ところで、アやイの調査を実施した段階で、十分な証拠が入手できなかったり、数量および簿価単価の精度が低かったりして個別に修正しきれず、全体として大きな懸念がある場合には、どのように対応すればよいであろうか。

まずは、何らかの代替的な方法で懸念を抑えることができないかを検討することが考えられる。

例えば、実地棚卸の記録が残されていないため数量の確認ができないケースでは、購買・生産・販売の取引履歴を追っていくことで基準日時点の数量を推計し、心証を高めることができるかもしれない。

また、簿価単価に関して長期にわたって見直しが行われていないケース、原価計算の根拠が乏しいケース、原価ではなく売価で評価されているケースなど、全面的な修正が必要となる場面では、簡便的な売価還元法などで実態貸借対照表上の評価を引き直してしまうことが近道となるかもしれない。

ただし、リスケジュール案件ではこのような対応で済ませることができたとしても、企業再生税制の適用や第二会社方式が予定されている案件の場合には、棚卸集計方法の重要な問題点を改善したうえでやり直し（基準日を修正）とするなど、慎重な対応が必要になる可能性も考えられる。

なお、棚卸資産の精度に重大な懸念がある場合には、収益力の実態把握に及ぼす影響にも留意が必要である。数量に関して重大な懸念がある場合、一般的な DD において過年度まで実態把握を行うことは限界があるため、実態損益計算書による収益性評価はできないと結論づけることになろう。一方、簿価単価に関する重大な懸念に関しては、簡便的な方法で複数年度の評価を引き直すことが可能かもしれないし、その簿価単価が継続適用されていれば期間損益に重要な影響を与えていない可能性もある（あくまで可能性であるが）。

ウ　調査要点3：収益性が低下している資産は簿価が切り下げられていることを確かめる

多くの中小企業では、収益性の低下に基づく簿価の切下げが必要な資産を識別するプロセスを有していないのが実情であり、実務的には DD において確かめるというよりも、収益性が低下した資産を洗い出して実態貸借対照表において切り下げるという作業そのものになることが多いと思われる。

したがって、DD においては、対象会社の管理状況のもとで利用可能な資

【図表 4 −12】　収益性の低下した資産の評価パターン

		販売に至る可能性（正常営業循環過程か否か）	
		問題なし	問題あり
正味売却価額 との比較	黒字	取得原価による評価	処分見込価額等による評価
	赤字	正味売却価額による評価	

(注)　会計基準上の正味売却価額とは正味実現可能価額であり、売価からアフターコスト（見積追加製造原価および見積販売直接経費）を控除したものである。一方、中小企業再生支援スキームに準拠する場合の評定方法（【図表 4 − 9 】）における正味売却価額は売却価額から処分費用見込額を控除したものであり、正味時実現可能価額とは異なるものである。

料・データに基づいて、対象となる棚卸資産の種類や性質などを踏まえた適切な評価モデルを組み立てて実態貸借対照表の評定を行うこととなる。

　実務上の評価モデルは千差万別であるが、基本的な評価パターンは【図表 4 −12】のとおりとなる。取得原価で評価するためには正常営業循環過程にあって販売に至る可能性に問題がなく、正味売却価額が取得原価を上回っている（つまりアフターコスト考慮後で黒字である）ことが要件であるため、どのような評価モデルであれ、この要件を充たさない棚卸資産を適切に洗い出すものでなければならない。例えば、いわゆる滞留在庫のみを洗い出すだけの DD では、赤字で販売されている在庫の評価が適切に切り下げられないこととなる。

　収益性の低下した資産を洗い出すための評価モデルを立案するにあたり、考慮したい事項は下記のとおりである。

　　㋐　入手可能な情報

　対象会社の管理体制によって入手可能な情報が変わるため、実施可能な調査手続や評価モデルも変わってくる。

　在庫の受払記録が整備されていてデータで入手できる場合、または実地棚卸データと売上げ・仕入れのデータを商品コード等により個別品目レベルで紐付けることができる場合には、在庫の受払いを全面的に把握できるため、例えば一定の条件を満たす滞留在庫を抽出するようなモデルが可能となる。後者の場合には、数量の動きだけでなく販売価格の情報も全面的に確認でき

るため、正味売却価額が低下している資産の洗い出しも効率的に行うことが可能となる。個別品目レベルの在庫管理が行われていない場合（例えばシステム化が遅れている小売業で売場などのカテゴリー単位で在庫計算をしている会社など）は、個別に収益性の低下を識別することは困難である。

　また、実地棚卸時に品質不良品やデッドストックを識別している場合は、その結果が参考となる。

　なお、データ等が十分に入手できない場合には質問による確認が重要となる。その場合、オープンクエスチョンとクローズドクエスチョンによって得られる情報が変わってくるため、質問内容を工夫すべきである。

　　(イ)　**事業のバックグラウンド**

　製商品のライフサイクル、季節性、市況、汎用性、販売先、販売形態や販売契約、生産形態、リードタイム、サプライチェーンなど対象会社の事業に関する特徴や環境によって、棚卸資産の収益性の低下を認識すべき範囲、タイミングおよび程度が変わる。

　また、同種の事業・製商品であっても、会社によって在庫保有方針の違い（例えば、「納期優先のため在庫増大を許容する方針」vs「納期よりも在庫削減を優先する方針」）や在庫コントロール能力の違い（例えば、受注予測や販売予測の見通しが甘い会社か、それらの狂いが少ない会社か）によっても、在庫リスクは変わってくる。

　さらに、事業再生目的のDDであるのだから、廃止が予定されている（または再生計画立案にあたって廃止を検討すべき）不採算事業などがあれば、それらの棚卸資産の評価切下げは事業単位で検討する必要がある。

　したがって、調査の初期段階における概要把握や調査過程において把握された情報に基づいて、評価モデルを立案・修正していく必要がある。

　　(ウ)　**個別アイテムの理解**

　棚卸資産のすべてのアイテムを理解することは実務的に限界があるかもしれないが、理解を深めれば深めるほど収益性の低下した資産を適切に洗い出すことが可能となる。例えば、製品と原材料の関係を理解していれば、原材料の棚卸明細をレビューするだけで生産終了製品や販売不振製品の使用原材料を識別することが可能となる。

なお、個別アイテムの理解に努めることは実態貸借対照表上の評価のみならず、事業内容のより深い理解や適正在庫・在庫削減余地の理解にもつながるはずである。

4　簿外債務の調査

簿外債務は確実に検知できるものではないが、それを検知するための調査をどこまで実施したかによって、財務DDを利用する側の心証（安心感）が変わってくるものである。

簿外債務の可能性を考え出せばキリがないが、大きくは4パターンに分けることができると考えられる。

⑴　偶発債務・オフバランス取引

係争事件等による損害賠償の可能性、債務保証の差入れ、手形の割引・裏書、商品等の引取義務、解約不能な契約、デリバティブ損失などは典型的な偶発債務・オフバランス取引であり、DDの実務上は質問等によって確認することが多い。なお、会計基準上は引当計上やオンバランス処理が必要なものであっても中小企業では簿外となっていることが多い。

⑵　支払債務の過少計上・計上漏れ

買掛金、未払金等の過少計上または計上漏れである。これは請求書のレビューや、基準日後の支払取引のレビュー、債務または費用の増減分析、費用の月次推移分析などによっておおむね検出可能と考えられる。ただし、支払を繰り延べ続けている場合は検知が難しいと考えられる。

⑶　他の勘定科目への振替えによる簿外化

完全な簿外ではなく、借入金を収益に計上したり、資産（含む架空計上資産）や費用と相殺したりする会計操作によって、債務を簿外化するパターンである。これは会計帳簿のレビューや、他の勘定科目の調査との関係で検知することが可能と考えられる。

⑷　他者と結託した簿外化

関係会社や第三者の協力者と結託した反対売買・循環取引などによって、債務や損失を顕在化させない手法である。これは同一先との反対取引、相手先の実態や必要性が不明瞭な取引、時価と乖離した価格での取引、その他通

常では考えにくい条件での取引について留意することで検知できる可能性が高まる。

　なお、関係会社や関連当事者との取引内容や取引条件には特に留意が必要であり、関係会社を対象とする財務 DD の範囲や手続に不足がないように調査を進めることが望ましい。

　いずれにしても、理解が不足している取引が少なければ少ないほどこのパターンによる簿外債務を見逃すおそれを抑制することができると考えられる。

第5章

借入金明細表・
保全表の作り方

1 借入金明細表に必要な情報

【図表5-1】は『実践的中小企業再生論［第3版］』第5部・参考資料1
（322頁）に掲載されている（財務）調査報告書ひな型記載の「主な金融機関
との取引関係と金融支援の状況」（借入金明細表）である。

　この借入金明細表に記載されている事項以外で、記載があった方が望まし
いと考えられる点は、おおむね以下のとおりである。

　①　借入口別金融支援基準日残高（中小企業活性化協議会が関与して、会社

【図表5-1】　借入金明細表（例）

〈主な金融機関との取引関係と金融支援の状況〉

借入先 （敬称略）	借入日 （注1）	返済完了 予定日（注1）	借入元金 （注1）	借入金利	基準日 簿価	返済状況（注2）
A行			***,***	*.**%	***,***	H31年〇月までは毎月***千円ずつ返済していたが、条件変更を行い、H31年〇月より金利の支払のみを行っている。
			,*	*.**%	**,***	毎月***千円ずつ返済、金利も契約条件どおりに支払中。保証協会の保証付き。
計			***,***	*.**%	***,***	
B行			*,***	*.**%	*,***	毎月**千円ずつ返済、金利も契約条件どおりに支払中。
C行			*,***	*.**%	*,***	いつでも全額または一部を返済することができる契約。金利は契約条件どおりに支払中。
金融機関合計			***,***	*.**%	***,***	
〇〇				－	**,***	契約は未締結、金利は支払っていない。
役員等個人合計				－	**,***	
借入金合計			***,***	*.**%	***,***	

（注1）　役員等個人の借入金については、借入日、返済完了予定日、借入元金は不明である。

（注2）　A行の一部借入元金の返済ストップ前、ストップ後の元金の月額返済額は、それぞれ*,***千円、*,***千円である。

（出所）　藤原敬三『実践的中小企業再生論［第3版］』第5部・参考資料1

とともに元金返済猶予の依頼を行った結果、元金返済が止まった時点の残高）

② 信用保証協会付きの有無および種類、その他保証の有無および内容。信用保証協会付保証の「種類」とは、100％保証、責任共有（部分保証方式・負担金（プール）方式）などの種別を指す。この違いで扱いが異なるためである（具体的には部分保証方式は80％保証扱い、負担金（プール）方式は100％保証扱いとなる）。

③ 借入口別連帯保証人の状況

④ 金融機関と信用保証協会の間で条件担保の設定が行われている場合には、当該条件担保設定内容および対象となる被担保債権残高口について、明細の欄外に注書きで情報開示

2 保全表に必要な情報

【図表5－2】は同じく『実践的中小企業再生論［第3版］』第5部・参考資料1（324頁）に掲載されている（財務）調査報告書ひな型記載の「非保全残高の仮試算額」（保全表）である。

保全表の作成にあたっては、特に担保提供不動産評価額の各金融機関への割付作業が重要になる。そこで、そのプロセスを明らかにするために、不動産担保割付表を作成のうえ、財務DD内で開示するのが一般的である。【図表5－3】は不動産担保割付表の記載例であるが、ポイントはおおむね次のとおりである。

① 会社所有不動産、連帯保証人所有不動産、他物上保証人所有不動産について、不動産の筆ごとに根抵当権等の付着状況、付着順位、根抵当権等に対する割付金額、割付計算が複雑な場合には割付根拠の明示

② 信用保証協会と金融機関との間で条件担保設定があるか否か、ある場合には内容（対象不動産、対象根抵当権等、対象被担保債権残高口、優先充当・劣後充当等の内容等）の明示

③ その他（不動産評価額の担保の割り付けにあたり、議論になる主要な論点）

いくつか補足しておこう。

【図表5－2】 保全表（例）

〈非保全残高の仮試算額〉

物件名等	評価額	調査基準日現在の保全の状況				
		A行	B行	C行	保証協会	合計
a．借入金残高		290,000	7,000	3,000	－	300,000
b．貴社所有資産の担保資産合計額	68,000	65,000	－	3,000	－	68,000
土地	55,000	55,000	－	－	－	55,000
建物	10,000	10,000	－	－	－	10,000
投資有価証券	3,000	－	－	3,000	－	3,000
c．個人所有資産の担保資産合計額	10,000	10,000	－	－	－	10,000
d．担保資産合計（b＋c）		75,000	－	3,000	－	78,000
e．非保全残高1（a－d）		215,000	7,000	－	－	222,000
（担保による保全率）（d÷a×100）		25.8%	－	100.0%	－	26.0%
f．保証協会の保証		22,000	－	－	▲22,000	－
g．非保全残高2（e－f）		193,000	7,000	－	22,000	222,000
（担保＋保証協会の保証による保全率）（(d＋f)÷a×100）		33.4%	－	100.0%	－	26.0%

（出所）　藤原敬三『実践的中小企業再生論［第3版］』第5部・参考資料1

(1)　不動産担保割付

まず、不動産担保割付にあたっては、次の点に留意されたい。

ア　同順位根抵当権等割付の配分方法

例えば第1順位で同順位のA銀行とB銀行の根抵当権が付着している場合、不動産担保評価額の按分基準が問題となるが、極度額按分ではなく、債権額総額と極度額を比較して、前者の方が大きければ極度額を採用し、後者の方が大きければ債権額総額を採用したうえで按分割付するのが一般的な方法であると考えられる。筆者の経験上も複数の案件で、上記の按分方法を採用して金融機関のコンセンサスを得ている。

なお、信用保証協会付きの借入れを債権額総額に含めるべきか否か議論となった経験があるが、金融機関は信用保証協会に対して善管注意義務（プロパー貸付けと保証協会付貸付けを同じように管理をする義務）を負っていること

を踏まえれば、信用保証協会付きの借入れも債権額総額に含めたうえで按分すべきものと考えられる。按分した結果の割付額は、結果としてプロパー借入れに優先的に割り当てられることになるが、仮にプロパー借入れに対する割り付けに余剰が生じた場合には、信用保証協会付きの借入れに充当され、信用保証協会付きの借入れへの割付可能性が相対的に高まることから、その意味において善管注意義務を踏まえた按分方法であるものと考えられる。

イ　土地・建物で所有者が異なる場合の取扱い

土地およびその土地上に存在する建物で、それぞれ所有者が異なり、かつそれぞれに付着している根抵当権等が異なるケースにおいて、土地および建物に対する不動産評価額の割り付けが問題となる。

この場合には建物の評価額に借地権相当額を加算したうえで、建物の担保権者に割り付けを行うのが一般的であると考えられる。また不動産鑑定評価書に、建物評価にあたって借地権部分の評価額を含めたうえで建物評価額としている旨明示されているケースもあることから、評価書のなかで土地・建物をどのような考え方に基づき評価しているのか留意する必要がある。

ウ　不動産鑑定評価額を筆ごとに按分する場合の拠り所

不動産鑑定評価額（土地・建物別に総額表記）を筆ごとに按分割付するケース（特に筆ごとに根抵当権等の付着状況が異なるケース）について、拠り所となる按分基準には地積、床面積、固定資産税評価額、積算価格等が存在するが、どの基準を採用するのが妥当かどうかを、事前に不動産鑑定士に照会したうえで決定するのが望ましい。

また案件によっては、公認会計士から不動産鑑定士に対し、根抵当権等の付着状況に鑑みると、対象不動産に対する筆ごとの割付方針が、金融機関の利害に関わることを事前に情報提供することで、根抵当権等の付着状況を考慮したうえで不動産鑑定評価内訳の開示対応が可能なケースもある。このため不動産鑑定士との情報共有を欠かすことのないように留意されたい。

エ　採用価格を正常価格とするか、早期処分価格とするか

事業供用不動産は正常価格を採用価格として、売却対象不動産や遊休不動産については、早期処分価格を採用するのが一般的であると考えられる。

また、スポンサーへの事業譲渡ないし会社分割が想定される事業供用不動

【図表５－３】 不動産担保割付表（例）

符号	所在地（登記表示）	家屋番号	取得原因	地目・種類	面積（㎡）	所有者
符号１	○○市○○○丁目○番○		平成16年1月8日売買	宅地	614.87	X社
符号２	○○市○○○丁目○番○		平成16年1月8日売買	宅地	122.97	Y氏（社長）
符号３	○○市○○○丁目○番○		平成16年1月8日売買	本社事務所	2,446.82	X社
		○番○	（昭和59.8.1新築）	鉄筋コンクリート・鉄骨造陸屋根２階建て		
本社　合計						
符号４						
符号５						
符号６						
○○　計						
総合計						
うち会社所有不動産合計						うち土地
						うち建物
うち個人所有不動産合計						

正常価格	特定価格	採用価格		A銀行	B銀行	合計	担保余力額
			抵当権設定者	A銀行	B銀行		
			債務者	X社	X社	合計	担保余力額
			極度額	根100,000	抵30,000		
			債務額				
			設定日	H16.1.8	H23.6.17		
			共担番号	（か）2596	（き）4998		
			協会優先充当等	無	無		
55,000	38,500	55,000		55,000		55,000	－
				1	2		
10,000	7,000	10,000		10,000		10,000	－
				1	2		
10,000	7,000	10,000		10,000		10,000	－
				1	2		
75,000	52,500	75,000		75,000	－	75,000	－
	－	－			－	－	－
	－	－			－	－	－
	－	－			－	－	－
－	－	－		－	－	－	－
75,000	52,500	75,000	合計	75,000	－	75,000	－
55,000	38,500	55,000	うち会社	65,000	－	65,000	－
10,000	7,000	10,000					
10,000	7,000	10,000	うち個人	10,000	－	10,000	－

産については正常価格を採用するのが原則的な取扱いであるものと考えられる。一方、実質破綻状況にある場合には、それらの状況を踏まえて早期処分価格を採用する案件も見受けられる。

オ　早期処分価格ベースでの不動産担保割付表の必要性

根抵当権等の付着状況が相対的にシンプルな案件であれば、必要性は高くないが、根抵当権等に対する担保割付にあたり、余剰額が後順位の根抵当権等に割り付けられるような案件（早期処分価格ベースで担保割付を行った場合には後順位に付着している根抵当権等に余剰額の割り付けが発生しない）においては、清算貸借対照表作成および再生計画内で計画上の配当額と清算時の配当額の経済合理性比較を行うにあたり、早期処分価格ベースでの不動産担保割付表を作成しておかなければ、割付計算に齟齬が生じる可能性が高くなる。このため、必要に応じて作成することが望ましい。

カ　金融支援基準日時点における不動産担保割付表の必要性

DD基準日と金融支援基準日で金融機関借入金残高が異なるのが通常であるが、例えば、ある不動産に付着している抵当権に係る被担保債権残高の変動が担保割付額に影響を及ぼすようなケース（「不動産担保評価額＞被担保債権残高」の関係にあることから、後順位の根抵当権等に担保割付余剰額が割り付けられるケースなど）においては、担保割付額に変動が生じることから、必要に応じて作成することが望ましい。

⑵　不動産担保割付以外

次に、不動産担保割付以外の担保割付における主要な論点は、おおむね次のとおりである。

ア　保全として取り扱うべきか否か判断を要する項目

担保外固定性預金および信用金庫・信用組合等の金融機関に対する出資金を、実質保全として取り扱うべきか否かが議論になることは少なくない。

前者については過去の残高推移や金融機関の回収期待等を総合的に勘案し、金融機関のコンセンサスを得たうえで実質保全として取り扱うべきか否か最終判断すべきものと考えられる。また後者については、各地域の金融機関および中小企業活性化協議会ごとにローカルルールが醸成されていることもあるので、事前に各協議会に確認することが望ましい。

148

イ　集合債権譲渡担保・集合動産譲渡担保

私的整理手続においては、対抗要件が具備されていなかったとしても、金融機関の間で同担保権の存在が周知されていることから、保全として取り扱うのが基本であると考えられる。

一方、保全評価額について、DD基準日・金融支援基準日・スポンサーへの譲渡時点等、各時点の変動にどう対処すべきかが議論になるが、筆者が実際に担当した複数の案件を振り返ると、ケースバイケースである。

一例をあげると、棚卸資産等については鑑定評価を取得するケースが多いが、その評価は任意の時点における数量をベースに行われていることから、時点（数量）の変動に応じていかなる評価額を付すべきかが問題となる。このような場合には、例えばDD基準日の保全評価額をもって金融支援基準日の保全評価額とみなすなど、案件ごとに金融機関のコンセンサスを得たうえで各時点の評価額が決定されていると思われる。

ウ　工場財団等

不動産以外の固定資産は、償却不足調整後簿価を採用するケースが多いと思われる。

第 **6** 章

窮境原因と除去可能性

1 記載する理由

(1) 窮境原因

ア はじめに

初めて中小企業活性化協議会の財務 DD を担当する者（特に、監査を経験してきた公認会計士）にとって、窮境原因とその除去可能性についての言及を求められることに戸惑いを感じるかもしれない。数字や理屈で説明を求められることが必須とされる監査業務を経験した者にとっては、責任が生じる報告書のなかで定性的な情報に言及しなければならないことに、非常に大きな不安を覚えると想像できる。

再生の業務に携わる段階で、「企業が窮境の状況に陥り、金融支援を必要としている」ということは漠然と理解できる。そして、その窮境の状況になるまでの過程には複合的な理由が存在していることも当然のこととして理解できる。それは財務的な問題のみならず、「時代の趨勢、本業の市場や競合者の状況」といった外部環境に加え、「営業力の問題、管理理念の問題」といった内部的な要因、「次世代の兄弟間や過去に経営に関わった親戚との軋轢といった家族間の問題」や「地元の名士であるがゆえに割かねばならない時間やコストの制約」など、窮境原因と考えられる定量的に測定不可能な事象が数多く存在する。これらを調査のなかでどのように整理して、どのように関係者に伝えていくべきなのか、すなわち、どんな内容を調査報告書に記載すべきなのかという点は、ある程度の場数を踏まないと要領がつかめないかもしれない。

こうした「まとめ方」を考えるため、何のためにこれらの記載が必要とされているのかを考察していきたい。

イ 窮境原因分析の目的と姿勢・着眼点

調査対象企業の窮境の状況については「7つの指標」として数値化され、再生計画の数値要件のベースになることは本書第1章に述べたとおりである。これらの指標は、あくまでも過去の企業活動の結果を数値化したものである。そして、こうした結果に至るには、必ずその原因があるはずである。

単純な考え方であるが、こうした窮境の元凶となった原因がそのまま放置

されてしまっていると、いつまでたっても窮境の状況からまったく脱却できないし、たとえ金融支援等を受けて正常な財務状態になったとしても将来的に再び窮境に陥る可能性を抱えながら企業活動を続けることになってしまう。そこで、窮境に至ったそもそもの原因が何であり、それによりなぜ窮境の状況に陥ってしまったのかを解明してその原因を除去しておくことは、将来的に再び窮境の状況に陥ってしまうことを回避するために必要なプロセスであるという考えに至ることになる。

これを、事業再生を見守る金融機関の立場から言い直せば、「せっかく支援した企業が再び支援が必要な状況に陥ってしまうこと（二次ロスの発生）は絶対に避けなければならない。そのためには、窮境原因を除去しておかなければならない」ということになる。

すなわち、財務DDにおいて窮境原因の記載が求められるのは、「いわゆる『二次ロス』を回避し金融支援の妥当性を確保して、将来の再生可能性を確実なものにするため」と理解することができる。

財務DD担当者の立場にしてみれば、「長年企業とつきあいのあったメイン金融機関であれば、窮境原因は熟知しているはず」と考えると思われる。しかし、取引の長い金融機関でも認知していなかった、あるいは担当者の交代により正しい情報が引き継がれていなかった、ということもかなりの確率で起こり得る。一般的に金融機関の担当者は、担当する企業の財務数値について直近数年分を把握することにとどまることが多いと考えられるうえ、数年で異動となることが通例である。そのため、調査対象企業の長期的な財務数値の動きについて十分に把握しているとは限らない。

また、経営者も日々の仕事に追われがちであり、得てして長期的な観点からの分析はできていないことが多い。毎年の決算数値の説明や前年度との比較分析を行う顧問税理士でも、10年単位の顧問先の歴史を数字で語れる方は意外と少ない。

そのような背景がある一方で、財務DD担当者は調査対象企業の過去の財務数値の分析や当時の会計処理の詳細、代表者としての意思決定過程といった事項を詳細に知る立場にある。そもそも財務DDには「いままでの状況をまったく知らない第三者の新鮮な目で企業の問題点を洗い出してほしい」と

いうニーズもあるため、財務 DD 担当者に窮境原因の説明を求めるという流れ（あるいは期待）が湧き起こったことは、財務 DD の結果を利用する立場の方々からすると、ごく自然な成り行きであったと想像できる。

　具体的な窮境原因の分析方法については後述するが、「財務 DD においては財務諸表の長期的な分析を行い、当該分析結果を示しながら経営者と対話をするという手続は必ず実施する」という前提がある。こうした会社の歴史を紐解くような手続が経営者の当時の記憶をたどる手助けになり、過去を振り返ることで当時に関する認識を整理することにもなる。このような数値分析とヒアリングを中心とした手続を経て、窮境原因の特定にたどり着くことができるのである。

　なお、窮境原因分析の本来の目的である「二次ロスの回避」とは異なり、「再生計画策定のために、会社そのものを深く理解する」ということも副次的（財務 DD そのものとしては主たるものではないが、計画策定に関わるすべてのメンバーにとっては極めて重要）な目的としてあげられる。すなわち、経営者が自社を理解する、ないし、経営への深い関与を求められる専門家自身が会社を理解するための方法として、窮境原因の分析が有効に機能する場合がある。

　その会社の歴史を知り、経営者（場合によっては先代経営者）の思い描く理念を理解することは、当該企業の将来計画を検討する際に必須の調査事項であり、関与する専門家や金融機関担当者と経営者との信頼関係は、こうした経営理念を深く理解することから始まる。

　とはいえ、一般的に中小企業活性化協議会事業における財務 DD 担当者の案件への関わりは財務や税務に関する分野に限定されることが多い。経営方針そのものから議論に加わりモニタリング期間中も経営者と時間をともにする中小企業診断士や、抜本案件に関与し会社の清算までつきあう弁護士とは異なり、財務 DD 担当者が経営そのものに全面的に関与するケースは限定的であることが多いようである。

ウ　求められる分析の程度

　窮境原因の分析が求められる理由は以上のとおりに考えられるが、ここで、その目的を果たすためにどの程度の手続が求められるかについて触れて

おきたい。

　「二次ロス回避のため」「会社そのものの理解を深めるため」という目的がある一方、財務・税務に限定される関わりしかもたない財務 DD 担当者は「経営の根幹に近づく窮境原因を特定する手続をどこまで深く実施すればよいのか」という問題に突き当たることになる。最終的なスキームによって財務 DD の手続の深度を調整することは、表立って推奨できることではないものの、実務における「窮境原因の分析をどこまで深く検討するか」の判断は、前述の財務 DD 担当者の関わり方や想定される支援スキームによってなされているようである。

　すなわち、プレ再生計画（従来の「暫定リスケ計画」）が想定される場合は数値分析を省略したヒアリングのみで手続を完結させる、実質的な債権放棄が想定される場合は多額の融資を受けた前年（一般的に昭和や平成一ケタ年代）までさかのぼった数十年分の CF 分析を行う、財務・税務の関与のみにとどまる場合は財務管理上の指摘に限定する、財務 DD と事業 DD を同一のファームで受注した場合は定性的な情報も含めて深く分析するなど、手続の深度にはかなりの裁量の余地があると考えられる。

(2)　除去可能性

　窮境原因を考察すれば、当然に窮境原因の除去可能性についての記載も求められることになる。二次ロスを回避するためにその原因を除去することが可能かどうかについて、公平中立な外部専門家に意見を求めたいというニーズは当然に発生するであろう。

　しかし、除去可能性は窮境原因の記載からさらに踏み込んだ定量的な分析・表現ができるものではない。また、そもそも財務 DD は過去の事象を調査して報告することが求められているはずであるが、窮境原因の除去可能性は将来の未確定事象に言及するものである。「可能性」であることから、できるかどうか分かりもしないこと（再生計画策定時に検討すべきことや実現可能性がまったく分からない施策など）を記載することに抵抗を感じるかもしれない。しかし、窮境の原因が除去できないのであれば、当該企業が窮境の状況を脱することはほぼ不可能であることは自明のことである。すなわち、窮境原因の除去が不可能であると結論づけられた事業には「再生の可能性がな

い」と判断されても仕方がないという結論になってしまう。

　ここで良識ある財務DD担当者は、「自分が、事業（企業）が再生できるか否かの判断をする立場にある。とてもそのような責任は負えない」と自問自答に陥ってしまうことになるのではないだろうか。これは財務専門家として至極当然の発想であり、窮境原因の除去可能性が財務DDの記載のなかで最も「自信をもって記載できない難しい項目」になっていることは否めない。しかし、財務DD担当者は当該事業（企業）の生殺与奪の権が与えられているわけでもなく、金融機関の与信判断の結論を求められているわけでもない。すなわち、窮境原因の除去可能性の記載は、「こうだから再生は可能（もしくは不可能）」という結論を求められているのではなく「こういうことを計画策定時に検討すれば、窮境原因はなくなり（除去され）、事業の再生可能性が出てくる」という「（あくまで）可能性に触れること」を期待されていると解釈すればよい。

　再生の対象になる企業は、調査時点で窮境の状況に陥っているとしても、他社にはない何らかの強みや良さがあるはずである。だからこそ、ここまで事業継続してきた実績があると考えられる。したがって、再生企業はすべてが悪い・廃業するしかないということではなく、「再生を成し遂げる（＝金融取引を正常化させる）」という目標に向けて、企業が従前よりもっている「強み」を生かして伸ばしていく一方、改善すべき「弱み」については軌道修正を行うことで、全体として底上げを図り再生に向かっていくことができるはずである。

　繰り返しになるが、窮境原因の除去可能性の記載は、「金融取引の正常化というゴールに向けて進むにあたり、企業の現状を踏まえて考えられる軌道修正の方向性やその可能性を指摘する」ことで財務DD担当者としての職責は果たせるものと考えられる。

　具体的な記載例は後述するが、記載すべき内容は「企業のもっている強みを明確化し、これを生かす方向性に触れる」ということになる。あくまで「再生を果たす」のはその企業自身であり、財務DD担当者ではない。したがって、責任をもって記載できるのは可能性や方向性に触れる程度が限界であり、「社長交代」「スポンサー関与必須」といったその企業の将来の経営の

根幹に関して決定的な内容に言及することは財務 DD 担当者としての立場を大幅に逸脱していると考えざるを得ない。また、中小企業活性化協議会案件の場合は財務専門家が中立な立場であることを前提としている以上、そもそもそのような偏った内容での言及は期待されてもいない。

なお、窮境要因の除去可能性を記載するにあたっては財務的な観点のみならず、事業面の観点が織り込まれるとより具体的で分かりやすい記載につなげることができる。そのため、事業面の観点をもつことや事業 DD 担当者とのコミュニケーションを密にすることも当該企業にとってより具体的な記載をするための一助になると考えられる。

財務 DD の現場では、窮境原因および窮境原因の除去可能性について記載を求められている理由を念頭において検討をしてほしい。そうすることで手続が過剰になったり逆に不足したり、また目的から大きく外れた「的外れな記載」を行うリスクを避けることが可能となる。

2 実施要領との関連

中小企業活性化協議会事業の場合、「中小企業活性化協議会実施基本要領」別冊 2・2 ⑸ ①において、再生計画案には「相談企業の自助努力が十分に反映されたものであるとともに、以下の内容を含むものとする」として、再生計画書に記載すべき事項が定められている。そのなかに「経営が困難になった原因」があげられている。

また、同じく「中小企業活性化協議会実施基本要領」別冊 2・2 ⑹ ②では、再生計画案に金融支援を含む場合、統括責任者は再生計画案の内容の相当性および実行可能性を調査し、調査報告書を作成のうえ対象債権者に提出することとなっており、その調査報告書の記載事項には「再生計画案の内容」という項目が盛り込まれている。

再生計画案に対する調査報告書を作成するのは中小企業活性化協議会ないし個別支援チームの弁護士であり、記載事項としての「再生計画案の内容」には当然「経営が困難になった原因」である「窮境原因」が含まれる。再生計画案は作成に際して対象企業について主に事業面および財務面（必要に応じて設備面も）の調査を行い、現状把握と計画策定に必要な基礎情報の収集

を行った結果を踏まえて作成されるものである。したがって、再生計画策定の前段階として実施される財務 DD および事業 DD においても、「中小企業活性化協議会実施基本要領」別冊 2 が再生計画案に記載すべき事項としてあげている「経営が困難になった要因」である「窮境原因」について記載する必要がある。

こうして考えると、実務上は財務 DD における「窮境原因」についての記載が再生計画案および再生計画案の調査報告書に転載されることを想定しておくべきである。財務 DD における「窮境原因」の記載が不十分なことで、調査報告書のドラフト作成の担当者である統括責任者補佐に手間をかけさせることがないようにしたい。したがって、財務 DD の事前進捗報告の機会を設けて統括責任者補佐と窮境原因として考えられる事項を共有し、十分なすり合わせをしておくことが重要である。

しかし、たとえ「中小企業活性化協議会実施基本要領」別冊 2 に再生計画案の記載事項として窮境原因が求められていなかったとしても、再生企業の再生計画案においてはその記載がなされるべきであろう。窮境の状況に至ったからこそ再生が必要なのであり、二度と同じ轍を踏まないために財務 DD において窮境の状況となった原因の解明と対応策（窮境原因と除去可能性）の検討を行うことが再生のスタートとなるのである。

財務 DD の結果を踏まえた検討結果、すなわち再生の方向性、営業面のみならず経営陣・組織の改革および人材育成等を含むアクションプラン、アクションプラン実行の結果としての数値計画（金融支援を含む）、モニタリング等を反映させた再生計画案を作成し、金融債権者の合意を得て、当該再生計画を実行していくことで結果的に真の再生を果たす、という流れが私的再生における再生の道筋としてのあるべき姿と考えられる。

3　窮境原因および除去可能性として記載すべき事項（事業計画立案上の課題を含む）

(1)　窮境原因の性質：外部要因

窮境原因は、前述のとおり「外部要因」と「内部要因」に区分される。

外部要因は、時代の趨勢、本業における市場動向（消費者ニーズの変化に

よる市場そのものの縮小、品質や価格帯の変化など）や競合他社の状況など、企業が単独では影響を排除ないしコントロールできない事象である。したがって、外部要因はその企業が独自の努力で除去できるものではなく、その影響下でどのように事業の継続を図っていくか、生き残っていくためにどうするかという方向性で検討することになろう。

(2) 窮境原因の性質：内部要因

一方、内部要因はその再生企業に固有の要因であり、その内容は複雑多岐にわたる。例えば以下のような内容が想定される。

① 経営上の問題…取締役会やそれに準ずる経営会議を実施していない、議事録がない

② 営業上の問題…長期にわたる低収益体質の継続（いわゆる「ジリ貧」）、価格戦略の誤り

③ 管理上の問題…年次予算がない、資金繰りを把握していない、月次決算の遅延

④ 過大投資…事業用資産への投資、事業外投資の運用失敗も含む

⑤ 組織の問題…特定の人物の専横による意思決定

⑥ 第三者による金銭や重要な事業用資産の盗難

⑦ 従業員による不正や横領

⑧ 経営者による個人資産と会社資産の混同…会社財産の私的な流用

⑨ 親族間の争い…親子間で事業承継が遅れる、次世代の兄弟間や過去に経営に関わった親戚との軋轢

⑩ 社内的地位に起因する問題…社長が地元の有力者であるがゆえに対外活動に忙しく本業をおろそかにした、第三者の連帯保証債務が顕在化し履行した

⑪ グループ企業への支援による資金流出…直接的な資金貸付や回収猶予のみならず、取引上の優遇（いわゆる赤字取引の継続）やグループ企業のコスト負担を廉価に抑える、資金調達に際して連帯保証や担保物件の提供等

これらはあくまで一般的なものであり、企業ごとに固有の事情や背景が異

なるため、窮境の原因の内部要因を網羅的に例示することは困難である。これらをどこまで掘り下げて分析・検討するかは当該案件固有の事情と想定される再生スキームによって異なることもある。

例えば「本業外事業への進出投資による損失」が窮境原因として認識されたとしても、本業の市場が消費動向の変化により縮小してきている外部環境下においては本業外事業への進出という判断は企業の存続をかけた意思決定であって、資金流出は結果論でしかない。それを窮境の原因として責めるのはお門違いである。

別の例として、企業は本業外投資に十分な知識がなく慎重な姿勢であったものの、金融機関の積極的な紹介・営業活動を受け、当該金融機関との良好な取引関係を維持する目的で証券やデリバティブ取引に投資した結果、多額の運用損失を計上し窮境原因となったケースもある。意思決定は会社が行い、契約書に押印したのは経営者であるのは事実であるが、実質的には貸し手責任を問われる事案になる場合もある。

また、窮境原因となる意思決定をしたのが現経営者ではない場合や、明らかに本人の責任であっても将来構想のなかでは当面現経営者が経営者として継続せざるを得ない場合もある。こうした場合、財務 DD の窮境の原因の記載をもとに「(経営責任の検討結果として)現経営者に責任あり」と結論づけることは実態と乖離していたり、再生計画案の基本構想が作れなくなったりする可能性もある。

窮境原因の内部要因の記載は、これを除去し、再生の方向性につなげることが目的である。少なくとも「経営者である社長がすべての経営責任を負うべき」との誤った正義感(義憤)に駆られて個人攻撃を行ったり社長退任を声高にうたったりすることは避けるべきである。金融機関側は債権者として再生企業に対して「だまされた」という憤りを感じていることが往々にしてあり、その場合に「社長の経営責任をつまびらかにせよ」という要望があることも理解できる。しかし、中小企業活性化協議会事業における財務専門家としては、あくまで中立の立場で、数値に基づく検討を行うことで窮境の原因の特定の手続に取り組む必要がある。憶測や印象で抽象的な表現で窮境原因を説明することは避けたい。

ところで、内部要因は調査実施時点において窮境の状況として顕在化している場合と顕在化していない場合があり、顕在化している場合であっても定量的に金額等で測定可能なものと定性的な事象として測定困難なものとに分かれる。財務専門家としては定量的に測定可能な結果となって顕在化しているところから窮境原因を分析することが求められる。

　一方で、内部要因のうち、顕在化しているものの測定困難なものや、顕在化していないものについては、財務DDにおいて窮境原因としては指摘しにくい。なぜならば、数値の根拠を伴わないがゆえにDD担当者の主観によるところが大きすぎ、恣意的な記載により調査報告書の利用者をミスリードしてしまう危険性を否定できないからである。

---

column 1　　　職業的専門家の正当な注意と窮境原因の記載

　窮境原因、特に数値の根拠を伴わない事象を記載することを「危険だ」と認識するのは、財務専門家あるいは監査人の本能によることかもしれない。

　財務専門家である税理士や公認会計士は、会計基準や税法等の規定を一般に公正妥当と認められる基準に則って日常業務を行っているであろう。財務専門家には一定の共通ルールに基づく結果としての成果物は当該ルールに基づいて第三者が行う再現や検証が可能である（誰がやってもおおむね同じ結果に落ち着く）という暗黙の了解がある。主観に基づく記載は「無責任」であり危険と感じること、職業的専門家としての正当な注意に欠ける所業と感じることは、至極真っ当な感覚である。

　とはいえ、こうした「定量的に測定困難であるため財務DDにおける窮境原因としては報告しにくいが窮境原因に結びつく定性的な事象」である場合や、「将来的に問題となる可能性のある事象」については、再生計画に影響を及ぼす可能性があるため、これを備忘的に指摘しておく必要があると思われる。

　実務上はこれが「事業計画立案上の課題」に相当するものであり、『実践的中小企業再生論［第3版］』第5部・参考資料Ⅰ（302頁）の「財務調査報告書」に示されている。これは「中小企業活性化協議会実施基本要領」において求められているものではないため、財務DD実施者が任意に記載するものであるものの、再生計画策定に際し考慮すべき事項であり、丁寧に記載されていると再生計画策定の段階でチェックリスト的に利用することができる。検証者にとっても有用な情報となる。

こうした窮境原因と事業計画立案上の課題については、【図表6－1】のように整理できよう。

【図表6－1】窮境原因と課題の関係

窮境要因（内部）			顕在化しているかどうか	
			顕在化	潜在的
測定可能かどうか	可能	定量的	窮境原因	
	不能	定性的	事業計画立案上の課題	

4 財務DDにおける窮境原因（内部要因）の把握手法

さて、財務DDにおける窮境原因（内部要因）の把握手法について、筆者の経験をもとに示したい。

なお、外部要因については、一般的には事業DDの外部環境分析に委ねられる場合が多い。財務DDでは対象企業の本業の市場動向や国内の一般的なマクロ的な指標をもとにした考察をすることや、リーマンショック、東日本大震災、新型コロナウイルス感染症といった、どの企業も直面した問題をあげることにとどめることが多い。

(1) 過年度分析

基本的な手法としては、過年度の財務諸表を基礎に財務分析を行い、数値自体および各種財務分析指標の推移やトレンドから特徴的な動きのある箇所に着目し、企業の沿革や歴史と合わせて窮境原因の「あたり」をつけていくというものである。まず下記の項目について10年分（必要に応じて20年、30年分）の財務諸表を用いて分析・グラフの作成等を行う。

・売上高
・EBITDA（もしくは償却前営業利益）
・借入金
・有形固定資産
・現金預金

これらの分析結果に基づき財務 DD 担当者なりのストーリーや仮説を作成したうえで、経営者への質問や詳細な数値分析を行う。

　『実践的中小企業再生論［第 3 版］』第 5 部・参考資料 1 「財務調査報告書」（307、312頁）においても、過年度の損益および貸借の推移として過去10期分の記載が求められているように、過年度の損益および貸借の推移の分析のために過去10期分の決算書の入力を行う必要があるので、窮境原因の把握のための下準備のためだけに必要なわけではない。なお、分析の過程で過年度10年間より以前にさかのぼって分析した方がよい場合（直近10年の間に顕著な動きがない場合など）には分析対象年度を追加していく必要がある。非常に地道な作業である。

　加えて、粉飾等により過年度の財務諸表数値自体が信憑性を欠く場合も往々にしてあるが、その場合はキャッシュ・フローや財務分析指標において推移が不自然であったり同業他社平均から大きく乖離したりという「エラー」が発現することがある。そうした傾向を見逃さないことも財務専門家として必要なことである。

　具体的なイメージは、【図表 6 － 2】をみていただきたい。これは、架空の製造業者を例に作成したものである。

　分析にあたって留意すべきことは、読み手がその推移を直感的に理解できるように可視化することである。例えば【図表 6 － 2】は表にすると【図表 6 － 3】であるが、これでは読み手に何を伝えたいのか分からない。

　なお、長期にわたる過年度推移の分析を行う場合には、対象企業のステージや特徴的な事柄が起きた時期等により適宜時期を区切って説明すると財務 DD の利用者のみならず対象企業の経営者にとっても理解が深まるものと思われる。例えば【図表 6 － 2】のグラフにおいては、大規模増築工事の実施時期により①～④の時期に区分している。

①　大規模工事実施前

②　第 1 期大規模工事：順調に EBITDA が増加

③　第 2 期大規模工事：EBITDA 急増も、後半に収益力の低下がみられる

④　第 3 期大規模工事：起死回生の増築工事が窮境の直接原因

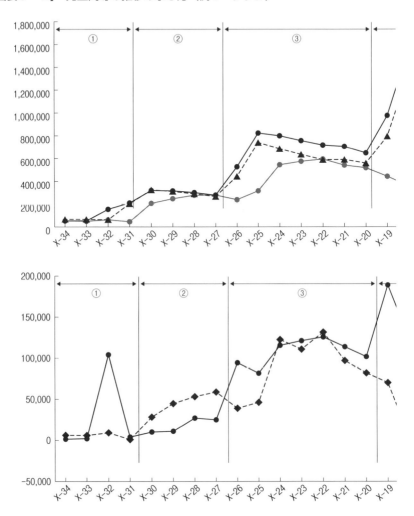

【図表6-2】 売上高等の推移の示し方（例1：グラフ）

　さらに、グラフで推移を示すだけでなく、特徴的な事象や説明を加えた方がよい事項についてはグラフのなかでコメントを追加するなど伝え方の工夫も求められる。これは、財務DD担当者による指摘を適切かつ確実に伝えるために必要な対応と考える。「グラフから自分で考えて読み取れ」というのではレポートとして不十分である。

164

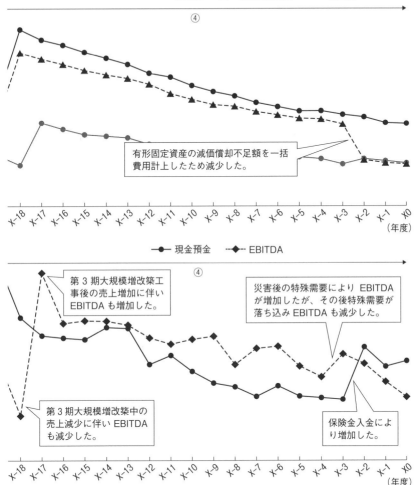

借入金 ━●━　有形固定資産 ┅▲┅　売上高 ━●━

④

有形固定資産の減価償却不足額を一括
費用計上したため減少した。

X-18 X-17 X-16 X-15 X-14 X-13 X-12 X-11 X-10 X-9 X-8 X-7 X-6 X-5 X-4 X-3 X-2 X-1 X0
(年度)

現金預金 ━●━　EBITDA ┅◆┅

④

第3期大規模増改築工
事後の売上増に伴い
EBITDA も増加した。

災害後の特殊需要により EBITDA
が増加したが、その後特殊需要が
落ち込み EBITDA も減少した。

第3期大規模増改築中の
売上減少に伴い EBITDA
も減少した。

保険金入金によ
り増加した。

X-18 X-17 X-16 X-15 X-14 X-13 X-12 X-11 X-10 X-9 X-8 X-7 X-6 X-5 X-4 X-3 X-2 X-1 X0
(年度)

　窮境の状況は、財務分析上は過大債務および債務超過（純資産の毀損）や、キャッシュ・フローの悪化、本業の収益力を示す EBITDA の悪化などに現れる。したがって、財務分析としてはまずこれらが悪化した時点を把握し、その原因となった特徴的な事象を探っていく。グラフで示した例では、長期にわたり複数の大規模増改築工事を行っており、当該工事に係る資金を金融

【図表6-3】 売上高等の推移の示し方（例2：一覧表）

勘定科目	X-34年度	X-33年度	X-32年度	X-31年度	X-30年度	X-29年度	X-28年度
現金預金	1,300	1,900	104,200	3,800	10,000	10,900	27,100
有形固定資産	67,700	67,400	63,600	203,700	324,800	312,200	289,900
借入金	52,700	53,500	155,100	210,700	320,100	316,300	301,600
売上高	53,900	49,900	62,500	45,600	207,600	247,800	278,500
EBITDA	6,000	5,800	9,000	−800	28,300	44,700	53,100

勘定科目	X-27年度	X-26年度	X-25年度	X-24年度	X-23年度	X-22年度	X-21年度
現金預金	25,000	94,300	81,500	115,600	121,200	125,800	113,900
有形固定資産	267,300	443,400	740,100	685,700	635,600	588,900	590,700
借入金	278,600	526,800	823,400	799,100	756,300	717,100	705,200
売上高	280,000	239,200	316,700	544,600	574,600	594,100	540,900
EBITDA	58,700	39,000	46,200	122,600	110,900	131,600	96,900

勘定科目	X-20年度	X-19年度	X-18年度	X-17年度	X-16年度	X-15年度	X-14年度
現金預金	101,800	188,900	124,000	101,900	99,100	97,200	112,100
有形固定資産	558,900	795,300	1,346,400	1,291,700	1,244,600	1,191,500	1,152,200
借入金	648,600	976,300	1,550,200	1,459,400	1,413,400	1,350,800	1,298,700
売上高	518,000	442,400	359,500	731,100	675,600	627,700	614,500
EBITDA	81,800	70,000	4,300	178,300	117,000	120,200	119,700

勘定科目	X-13年度	X-12年度	X-11年度	X-10年度	X-9年度	X-8年度	X-7年度
現金預金	110,900	66,900	77,800	58,400	44,200	39,600	27,900
有形固定資産	1,121,000	1,069,700	987,700	937,300	890,900	876,600	830,000
借入金	1,243,900	1,166,300	1,132,200	1,058,300	1,005,300	966,800	909,400
売上高	600,100	543,400	509,600	508,800	501,900	445,500	491,600
EBITDA	115,000	99,100	91,500	97,400	101,100	66,700	86,300

勘定科目	X-6年度	X-5年度	X-4年度	X-3年度	X-2年度	X-1年度	X0年度
現金預金	40,800	28,300	26,300	24,200	87,900	64,300	71,000
有形固定資産	800,900	771,000	763,700	719,000	404,600	377,400	368,100
借入金	872,600	834,600	835,700	803,100	781,200	729,700	722,600
売上高	495,000	430,400	414,500	368,200	414,100	395,600	376,500
EBITDA	88,800	64,700	51,600	79,400	67,800	45,800	27,200

機関借入れにより調達してきたために借入金が多額になった一方で、EBITDA はさほど増加せず、むしろ逓減傾向のなかで現預金が減少していくという推移をたどっている。これより、財務 DD における窮境原因の指摘としては「大規模投資に見合うだけの収益性の確保ができなかった」ということになろう。この指摘を行うためには直近10年間を対象にした財務分析では足りず、大規模投資の実施時点のみならず、実施前からの推移を把握する必要がある。結果としてこの例では、過去35年分の決算書を対象にした財務分析を行っている。

(2) BS分析

対象企業の貸借対照表が債務超過に転落した前後一定期間を対象に、その原因を財務諸表から分析することで窮境原因を探っていく手法も有効である。

この手法が優れているのは、窮境原因を端的に数値で示すことができる点にあり、読み手にとって窮境原因とその影響額が理解しやすい。すでに顕在化しており、かつ定量的に測定可能であるため財務 DD 担当者としても取り組みやすい分析手法といえるだろう。

【図表6-4】 純資産の毀損要因（一覧表）

項目		金額	備考
X0年度表面純資産		350,000	
過去10年間	営業利益増減	▲205,000	○○部門赤字、賃貸物件の賃料減
	支払利息負担	▲170,000	借入過多による金利負担大
	不動産投資損失	▲245,000	××事業所売却損失
	その他営業外・特別損益	▲150,000	
X-10年度表面純資産		▲420,000	
実態修正	不動産含み益	150,000	◆◆物件不動産の含み益
	未収入金評価損	▲185,000	事業停止先に対する回収不能債権
	その他	▲200,000	減価償却不足、退職給付引当金追加計上　など
X-10年度実質純資産		▲655,000	
中小企業特性	経営者等の個人財産	150,000	社長保有不動産の含み益
中小企業特性反映後実質純資産		▲505,000	

[図表 6 - 5] 純資産の毀損要因（グラフ）

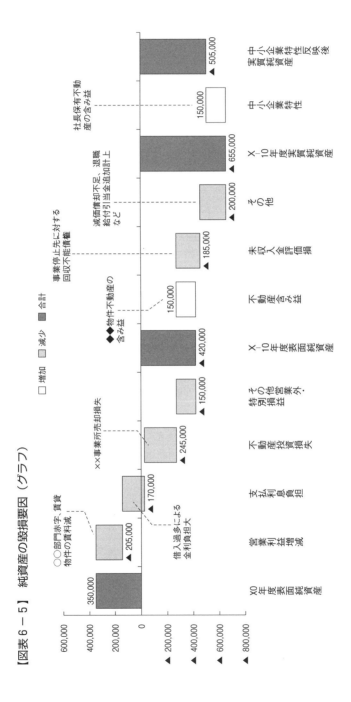

具体的なイメージは、【図表6－4】と【図表6－5】をみていただきたい。

数表形式とグラフ形式は表現方法の違いであってどちらでもよく、担当案件の特性と財務DD担当者の好みで決めればよい。なお、グラフはMS-Excelの「ウォーターフォールグラフ」で作成しているので参考にされたい。

いずれの表現方法にせよ、重要なのは分かりやすいように簡潔な説明を行うことである。数表形式では備考欄に、グラフ形式ではグラフ内の吹き出しコメントにそれぞれ記載されている。いかに数表やグラフを美しく作成したとしても、その説明が延々と記載されている本文のなかに埋もれてしまっているようでは、読み手に真意が伝わらない。

⑶　キャッシュ・フロー分析

さらに、キャッシュ・フローの悪化という窮境の状況から窮境原因を探っていくこともある。

企業経営は経済活動であり、経済活動の結果は究極的にはキャッシュ（現預金）の動きに反映される。したがって、キャッシュ・フローの推移および増減を分析することにより、対象企業がどのような原因によりCFが悪化したのかを理解することができる。

具体的なイメージは、【図表6－6】をみていただきたい。

ポイントは、対象期間のキャッシュ・フローの累計値を捉えることである。この例の場合、①本業によるCF増加額（80.6百万円）は、過大債務による②利息負担（73.8百万円）と③借入返済（10.6百万円）に全額が使われたため、設備投資資金が確保できなかった。この返済等の不足分と、④設備投資資金（40.3百万円）の一部について、⑤役員借入金（4.8百万円）とリース（3.4百万円）で補ったものの、9年間の累計で36.0百万円が資金流出したということが分かる。

5　窮境原因および除去可能性の具体的記載例

⑴　窮境原因の記載例

窮境原因の把握手法は4で述べたとおりであるが、調査報告書には、こうした分析を経た結論を、図表や数字を交えながら記載していくことになる。

【図表6-6】 キャッシュ・フローの推移

項目	X-9年度	X-8年度	X-7年度	X-6年度
営業CF	10,073	15,343	△19,232	△5,725
（営業CF_小計）	21,691	22,811	△11,341	2,669
（営業CF_利息等）	△11,618	△7,467	△7,891	△8,394
投資CF	△11,919	△3,761	△18,897	△5,557
営業CF＋投資CF	△1,846	11,583	△38,129	△11,282
財務CF	97	△5,521	22,451	△1,298
（金融機関借入金）	△1,268	△2,748	18,083	39
（役員等借入金）	△2,543	800	△800	−
（リース債務）	3,908	△3,573	5,168	△1,337
キャッシュ・フロー増減	△1,749	6,062	△15,677	△12,580
現預金残高	43,858	49,920	34,242	21,663

　以下では、【図表6-7】、【図表6-8】の事案で、筆者が財務調査報告書に記載した事例を紹介したい。

　① 過剰投資・過剰債務
　会社には、基準日現在金融機関からの借入金が2,027千円存在する。Ｘ0期までの直近2期間キャッシュ・フローを用いて試算した債務償還年数（設備投資考慮前）は68.0年、設備投資考慮後は算定不能であり、過大な借入金により窮境の状況に陥っている。
　【図表6-7】のとおり、X-23年度の全館リニューアルオープン後（投資額：約350百万円）、X-21年度までは売上げが増加したものの、その後減少を続けている。リニューアル投資直前からの決算書の主要な項目の推移は、【図表6-7】のとおりである。
　② 設備投資の遅れ
　会社は、EBITDA のほとんどを金融機関への返済と利息の支払に費やしていることから、十分な設備投資が行えていない。

X−5年度	X−4年度	X−3年度	X−2年度	X−1年度	9か年累計	
△14,571	△10,018	14,326	14,960	1,614	6,771	
△6,562	△2,033	22,534	22,023	8,812	80,604	①
△8,009	△7,985	△8,208	△7,063	△7,198	△73,833	②
△5,103	△2,484	△3,533	21,478	△10,605	△40,380	④
△19,674	△12,502	10,793	36,438	△8,991	△33,609	
3,307	8,655	△6,192	△25,762	1,892	△2,370	
5,676	1,394	641	△31,168	△1,320	△10,671	③
201	5,582	△4,270	−	5,867	4,837	⑤
△2,570	1,679	△2,562	5,406	△2,655	3,465	
△16,366	△3,847	4,602	10,676	△7,098	△35,978	
5,296	1,450	6,051	16,727	9,629		

　X−9年度以降の10年間での設備投資額合計は15,520千円（平均1,552千円／年）である。そのため、施設の老朽化への対応や新たな魅力の創出が十分に行えていない状況であり、こうした事項が窮境の一因になったと考えられる。なお、X−9年度からX0年度までの資金収支の状況は【図表6−8】のとおりである。

　このように、過去の数値分析を軸とした図表と数字を交えた説明をすることで対象会社がたどってきた歴史や経営上の問題点が整理でき、文書化しやすくなる。なお、【図表6−9】に内部要因としてあげられる典型的な項目を紹介するので、実務上の参考にしていただきたい。

(2)　窮境原因除去可能性の記載例

　窮境原因除去可能性は、窮境原因として記載した順番に一対一で関連づけて記載すると対応する除去可能性の考察が分かりやすく伝えられる。また、「○か×か」の断定的な判断ではなく、「こういうことを計画策定時に検討すれば窮境原因はなくなり（除去され）、再生可能性が出てくる」という、可

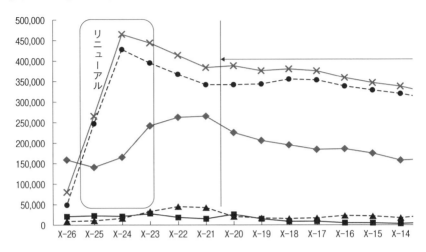

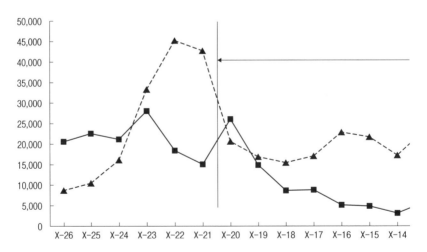

能性についての記載が求められる旨は前述のとおりである。すでに実施・解決されている施策や、計画策定時に解決すべく認識されている事象についても記載することで、再生計画の進捗状況が理解できる。財務 DD 担当者は中立な立場であり、責任をもって記載できるのはこうした可能性や方向性に触れる程度が限界であることには、重ねて留意いただきたい。

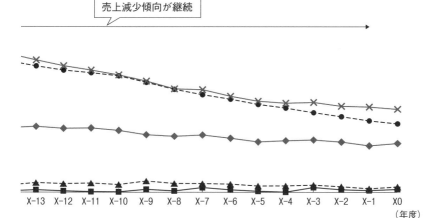

売上減少傾向が継続

売上減少に伴い、EBITDA・現金預金残高も減少

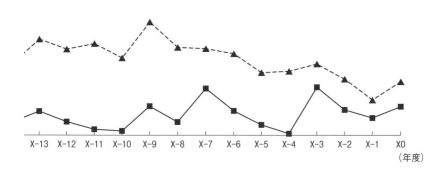

　なお、例外的に、経営陣の退陣の必要性についての記載を、検証報告書を作成する弁護士等から依頼されることがある。こうしたケースに財務DD担当者がどのように応じるかは、案件の着地を見据えての判断になると思われる。経営者自身が十分に納得している場合や、再生計画の方向性が決まってから「あえて記載いただきたい」という依頼を受けた場合など、財務DD担

【図表6－8】 窮境原因の具体例（CF累計）

項目	X－9年度	X－8年度	X－7年度	X－6年度	X－5年度
EBITDA	27,560	21,390	21,080	19,860	15,270
設備投資	△1,680	－	△2,280	△3,660	△550
金融機関借入金返済	△14,840	△18,910	△2,000	△16,030	△12,010
支払利息	△10,290	△8,960	△8,240	△7,870	△7,310
合計	750	△6,480	8,560	△7,700	△4,600

【図表6－9】 主な窮境原因（内部要因）

窮境原因（内部）		
区分	項目	内容
経営上の問題	グループ会社からの安易な支援	低収益体質が継続しているなかで、事業からの資金流出や金融機関への借入金の返済資金について容易にグループ会社から資金支援を受けてきたことが自助努力による収益性向上を妨げる原因となった。
営業上の問題	人材の低い定着率および高い人件費比率	前役職者によるパワハラやノルマ制度が実施されたことによる人間関係の悪化が人材流出を招き、採用教育コストの増加やノウハウの不足を賄うための従業員増加による人件費の上昇を招いた。
営業上の問題	採算管理	雇用維持のために採算が悪い案件についても受注を獲得してきた結果利益率が悪化。
営業上の問題	営業体制の不備	既存得意先からの受注を待つ受け身の営業体制であり、新規得意先開拓のための営業活動や既存得意先に対する積極的な営業を行っていない。
管理上の問題（不適切な会計処理を含む）	不明朗なグループ内資金管理（財務責任者の不在）	運転資金不足が生じた場合にはグループ内間で資金融通を行っているが融通の指示は場当たり的であり融通後の精算がなされていない。グループ全体としての資金繰りを把握している財務責任者がいない。
管理上の問題（不適切な会計処理を含む）	損益調整	業績が低迷している状況を利害関係者へ把握させないために、棚卸資産や売上高の過大計上を長期間継続。会計事務所任せで決算調整の内容を把握していなかった。
管理上の問題（不適切な会計処理を含む）	損益管理・資金管理の軽視	事業ごとの部門別損益の把握が十分でない。業績判断において売上高のみを重視し、コスト意識に欠ける。

174

X-4年度	X-3年度	X-2年度	X-1年度	X0年度	合計
15,600	17,380	13,650	8,580	13,010	173,380
△3,770	△130	△1,010	–	△2,440	△15,520
△4,790	1,860	△9,340	△1,810	△5,670	△83,540
△7,960	△8,180	△6,980	△6,860	△8,800	△81,450
△920	10,930	△3,680	△90	△3,900	△7,130

管理上の問題（不適切な会計処理を含む）	与信管理、大口取引先の倒産	従来与信管理について明確な方針がなく、与信管理を適切に行っていないなかで大口取引先の倒産が重なり資金回収不能となる。
過大投資	過剰投資	長年にわたって複数回の大規模投資を行い借入金が増大したものの、その返済に十分なだけのキャッシュ・フローを生むことができなかった。なお、大規模投資は過去の経営者の専決で実施していた。
過大投資	デリバティブ契約に伴う損失	デリバティブのリスクを十分に認識していない状況で金融機関と契約締結。解約に伴う損失を金融機関からの借入金により補填。
過大投資	設備投資の遅れ	資金繰りが厳しく長年にわたり設備更新を行っていないことで失注による機会損失や納期遅れによる追加受注の制限等が発生。
経営者による個人資産と会社資産の混同	先代社長等に対する支出	先代社長に対する内容不明の金・長期貸付金が発生しているだけでなく、先代社長をはじめ先代社長の兄弟に多額の退職金が支給された。
経営者による個人資産と会社資産の混同	会社資産の個人利用および私費と会社経費の混合	事業用資産を経営者が私的に使用しており、負担している使用料も安価で機会損失が生じている。
親族間の争い	同族会社間の組織再編による過大な承継債務	過去に実施した組織再編で○○社の本業に関連する資産負債（実質的に債務超過）を単純に切り離した結果、切り離し前の同族会社の財政状態は改善した（いわゆる「Bad出し」）が、○○社は債務超過に陥った。

| 社内的地位に起因する問題 | 過剰な対外活動によるコスト増 | 社長が地元の名士で各種団体の諸活動に関する時間、労力、資金の負担が大きい。諸会費および接待交際費の支出増が売上高増加につながっていない。 |
| グループ企業への支援による資金流出 | グループ会社からの入金遅延およびグループ会社買収後の混乱 | グループ内の販社からの債権回収が遅延した。さらに、販売会社を買収するに際して株主との訴訟による和解金負担や社内の混乱を招き、結果としてさらに資金繰りが悪化した。 |

【図表 6 −10】窮境原因の除去可能性

想定される再生スキーム	窮境原因（内部要因）の除去可能性
現在の経営者にによる自主再建 （想定される金融支援：リスケ）	混乱を招いた旧経営陣はすでに退任済みであり、従業員の退職も落ち着きをみせている。したがって、窮境要因はおおむね除去されているものと考えられる。
	調査日現在、赤字商品についてはすべて販売完了しているため、当該窮境要因についてはおおむね除去されているものと考えられる。
	重要な意思決定に際しては経営陣による協議を十分に行うこと、および、第三者によるモニタリングを義務づけるなど適切なガバナンスを期待できる組織を構築することで、窮境原因を除去できる可能性がある。
経営者交代のうえで自主再建 （想定される金融支援：リスケ）	管理不十分の状態が長期間継続している背景に加え、社長の年齢を考慮すると、現代表者を中心とした長期的な計画を立案することは現実的ではなく、後継者の教育を徹底することが必要である。
経営者交代のうえで自主再建 （想定される金融支援：抜本策）	不適切な会計処理を行わないよう顧問会計事務所から適切な指導を受けるとともに月次モニタリング等の第三者によるモニタリング体制を構築し、経営陣の姿勢を改めることが第一である。一方で、会社の自助努力による改善に要する期間を支える資金繰りが維持できない可能性が高い。○○社は一時的な返済条件の緩和で財務内容を改善できる状況ではなく、債務免除・DES・DDS等による実質的な債務圧縮がない限り、短期的な過剰債務の削減は難しい。
スポンサー関与による再生 （想定される金融支援：抜本策）	○○社は、一時的な返済条件の緩和で財務内容を改善できる状況ではなく、債務免除・DES・DDS等による実質的な債務圧縮がない限り、短期的な過剰債務の削減は難しい。また、すでに資金繰りが破綻しており、月中において金融機関から短期的な融資を繰り返し受けること

	で仕入先への支払遅延や給与の遅配を回避している状況である。 このような状況にあるため、スポンサー等の外部の力を活用しなければ窮境原因の除去が困難である可能性が高い。

　当者の役割を大きく逸脱する可能性がない場合には柔軟に対応することでよいと思われる。

　こうした事例も交えた記載例は、【図表6－10】のとおりである。

6　事業計画立案上の課題の具体的記載例

　事業計画立案上の課題は、「中小企業活性化協議会実施基本要領」において直接的に記載を求められているものではない。また、定量的に測定困難であることが多く、将来の事象であることから、具体的な記載をどの程度の表現にとどめるかは判断が難しい。

　【図表6－11】はその具体例であるが、1行程度で簡単に概要を示すケースから、数ページにわたり詳細に検討事項を解説したケースまで幅広く示した。これらは当該案件で求められる役割を鑑みたり、検証者とのコミュニケーションを通じて詳細な記載を求められたりと、それぞれの事案の状況に応じて対応した結果である。

　あくまでも任意に記載する事項であることを念頭におき、プロジェクトに関与するメンバーの検討の一助になるような情報が記載できていれば、財務DD担当者としての役割は果たせているものと考えられる。

【図表6－11】　課題の具体例

事業計画立案上の課題		
分野		具体例
事業継続上のリスク	経営資源確保	○○ホテルの内湯については隣接する△△旅館から無償で源泉の提供を受けている。○○社の先代社長と△△旅館の先代社長は実の兄弟であり、兄弟間の口約束によって源泉の半分の権利を○○社が所有していることになっている。しかし、両者はすでに亡くなっており、当該事項を記載し

		た書面は残っていない。また、○○社側が△△旅館に源泉の権利や湯の供給を記載した書面を交わすことを要請するも、△△旅館側は応じていない。 温泉旅館にとって最も重要な経営資源のひとつである源泉を契約未締結のまま他者から無償提供を受けているため、源泉所有者の方針転換によっては突然の湯の有償化や供給停止等のリスクがある。
	耐震工事	昭和56年5月31日以前に新規工事に着手し、階数3以上かつ床面積5,000平方メートル以上のホテル・旅館については「建築物の耐震改修の促進に関する法律」により耐震診断の実施と結果の報告が義務づけられている。この「耐震判定評価報告書」によれば、建物の耐震性能が基準に満たないことが指摘されている。耐震改修工事については、努力義務とされているため、今後耐震改修工事を行うか否か検討することが必要となる。
	自治体による文化的資産の整備計画	○○社保有の土地に史跡が存在する。今後、△△市が当該史跡について文化資源として公開する整備計画が存在する。整備に伴う○○社の資金負担は発生しないとのことであるが、当該史跡は工場の間近であるため、工場の操業および業務の運営に支障を来すことがないか検討する必要がある。
株式・株主との関係	株式の集約	親族の多くが株主となっておりその一部は故人である。また、定款上株券を発行することとなっているが、株券が発行されているか否か不明である。株式の譲渡制限が付されていないことから、株券が発行されていた場合に会社の意図しない者が株主となっている可能性がある。
	株券	会社は株券を発行しているため、当該株券の所在について確認する必要がある。株券が発見できない場合には将来的に株式を後継者に承継するにあたり、その手法について別途検討する必要がある。
事業承継	後継者候補	後継者候補である長男が損益管理や資金管理・重要書類管理等の知見を深め、事業承継に向けた準備を進める必要がある。計画策定は長男を中心に実施する予定である。
定款記載事項	公告方法	組織再編を含む事業計画の立案に際しては公告方法の変更の要否について検討。
経営者	役員報酬	進行期における役員報酬の減額改定を計画策定上考慮。

178

	対外活動	各種団体で就任している名誉職を整理するとともに、削減されるコストを計画策定上考慮。
契約・許認可	源泉の分湯使用権	権利者が社長個人となっている温泉の分湯使用権について、事業計画が組織再編を含む（特に第三者への譲渡を含む）場合の分湯使用権の譲渡の可否について十分検討する。
	公道の使用占有許可	工場から延びる排水管が公道の上を通っているため、所在地の市町村より毎年道路占有許可を受けている。会社が事業譲渡や会社分割を検討する場合で今後も現在の本社工場の使用を継続する場合には当該道路占有許可の名義変更等について検討する必要がある。
	特定建設業許可	○○社は特定建設業許可を有している。当該許可については組織再編時に包括承継されないため、組織再編を行う場合は建設業許可の再取得が必要となる。 しかし、公共事業受注を重要な事業とする○○社が一時でも建設業許可の免許を保持していない状況は想定し難く、また経営事項審査には一定の期間が必要等の諸条件がある。したがって、○○社の組織再編を含む事業計画を立案する場合には経営事項審査に対する対策を十分に考慮する必要がある。
賃貸借契約	賃貸借契約	賃貸物件からの退去に際し解約時違約金や原状回復費用の負担が生じる可能性を検討。
	賃貸借契約	本社の賃貸借契約は借地借家法に基づく定期借家契約であるため現行条件での条件変更ができない。また同物件について新たな賃貸借契約を締結する場合は、賃料が現在の約2倍に設定（基準日時点の賃料月額：○○千円）されることを予告されており、○○社は本社の移転を検討している。したがって、本社の移転費用および原状回復費用の発生を見込む必要がある。
資金繰り・支払遅延	越冬資金	○○社の売上げは山道が開通している4月から11月まで多くなる一方、道が閉鎖される12月から3月は大きく落ち込む傾向があるため、冬期に資金不足が発生する。したがって、計画策定の際には当該越冬資金を考慮のうえで資金計画を検討する必要がある。
	支払遅延・滞納	買掛金および未払金（税金、社会保険料含む）の支払遅延の解消、および支払遅延に伴い差押えを受けている事業用

		不動産について差押解消のための支払を考慮。
不採算事業からの撤退	不採算事業からの撤退（補助金の返還の要否）	グループ会社の○○社は、事業の売却を検討しているが売却先決定までの期間が長期になることも見据えて収益力改善のための施策を織り込んだ計画を立案する必要がある。なお、○○社は過去に自治体の補助金を受領しているため、経営主体が変更となることによる当該補助金の返還義務発生の有無に留意する必要がある。
受領済みの補助金等の返還義務	助成金	○○社が過去に受領した事業用設備取得に関する自治体等からの助成金について、助成金を受領後の処分制限期間中に対象資産を処分した場合、原則として助成金相当額を返還しなければならない制度となっているため、事業計画が組織再編を含む内容のものである場合には留意する必要がある。 なお○○社によれば、組織再編（第二会社方式）による旨については、すでに会社から窓口となる○○市と相談済みであり、口頭では助成金の返還は不要との回答を得ているとの説明を受けている。
事業用不動産	役員保有不動産の契約見直し	役員が保有する事業用不動産の使用実態に応じた契約見直し（利用実態のない不動産の賃貸料を削減する）が必要である。
	差押え	支払遅延に伴い差押えを受けている事業用不動産について差押解消のための支払を検討する必要がある。
	本社工場兼役員自宅	○○社の事業用不動産のうち本社および第1工場は自宅と一体化している特殊物件であり、事業用部分のみを第三者に売却するためには役員の住居を別途手当する必要があるため、事業譲渡や会社分割等を検討する場合には留意が必要である。また、事業用不動産（本社・第1工場・第2工場）のうち建物部分は○○社所有であるが、底地部分は役員の所有物件である。
	地目変更の可否	地目が農地(田)となっている土地には○○社が倉庫として利用している建物が存在するため、組織再編を含む事業計画の立案に際して当該農地の移転可能性について検討する。
設備投資	設備投資	短期的に必要な設備投資は不要だが中長期的には1台あた

	リース	○○社が事業譲渡や会社分割を検討する場合、当該リース物件および対応するリース債務の承継の可否について留意する必要がある。
金融調整	元金返済停止時期相違	金融機関への元金返済停止時期にズレが生じていることから、計画策定上は当該影響を加味する必要がある。
	DDS	金融機関借入金のうち一部についてDDSの金融支援を受けている。当該借入金の計画上の取扱いに留意が必要である。
	連帯保証債務	金融機関借入金の連帯保証人が故人となっており、当該連帯保証人の財産は同氏の夫人（事業と無関係）が相続しているため、連帯保証人地位の取扱いを検討する。
	シンジケートローン	○○社は、メインバンクを含む4金融機関とシンジケートローン契約を締結している。当該債務について、他の債務と異なる手続が必要となる可能性について留意する必要がある。
	連帯債務と根抵当権	工場敷地については○○社とB社が持ち合っており、また根抵当権設定についても債務者が○○社とB社の連名（連帯債務）となっているものがある。したがって、2社の金融債務に関する不動産の保全については2社を実質的に一体として考える必要があることに留意する必要がある。
金融機関以外からの資金調達および資金運用	役員個人による事業用資金の調達	役員が個人的に外部借入れを行い○○社へ運転資金として貸付けを行っているため、○○社が事業譲渡や会社分割を検討する場合には個人債務について弁済ないし債務免除等の対応策を講じておく必要がある。役員個人の債務について自己破産による債務整理を行うことも検討の余地がある。
	資金運用	加入している無尽講との取引を継続するか否かについて検討。
会計処理・損益管理	実地棚卸と原価計算（顧問税理士と相談のうえ、債権	○○社は実地棚卸を行っておらず、原価計算制度もない。決算上の棚卸資産の金額は任意の数字で計上している。このように、会社が基準日現在の棚卸資産について、数量・単価が判明または再計算するための情報をもっていない。そのため、棚卸資産の計上額について税務当局から指摘を受ける可能性がある。

者に説明する必要性から税法について詳細に触れた例)	この点、法人税法の規定によれば、資産の評価損は災害による著しい損傷により当該資産の価額がその帳簿価額を下回ることとなったこと、その他政令で定める事実が生じた場合において、その内国法人が当該資産の評価替えをして損金経理によりその帳簿価額を減額したときは（中略）損金の額に算入するとされている（法人税法33条2項、法人税法施行令68条1項1号、法人税法基本通達9−1−5）。会社の保有する在庫は、評価損を計上することができる要件を充たさないのみならず、損金経理を行っていないため、棚卸資産を過少計上することにより課税所得を過少計上したとして指摘される可能性がある。 さらに、棚卸資産として保有している製品の品番の一覧表が存在しないため、すでに製品として存在するにもかかわらず、当該製品を出荷せず新たに同じ製品を製造することで無駄なコストが発生する可能性がある。 したがって、計画策定にあたっては、実地棚卸・原価計算を行うこと、過剰な在庫についての処分の方針を検討する必要がある。	
土地の簿価	○○社保有の土地の簿価は、筆ごとの正確な管理が行われていない。したがって、土地の一部のみの売却を検討する場合には、当該土地の原価が算定できない可能性がある。	
消費税の会計処理	○○社は消費税について、○年○月期以降、簡易課税制度を選択している。また、消費税の会計処理が○年○月期までは税抜処理、○年○月期以降は税込処理となっている。したがって、計画数値の策定および過年度数値の分析を行う際には留意する必要がある。	
退職金	基準日現在、会社の就業規則における退職金規程と実際の運用（中退共からの支給額を退職金とする）が異なっており、従業員が退職した場合に退職金規程に基づく支給を求められた場合には一定額以上の資金流出が発生することに留意する必要がある。	
優待券	金融機関以外からの資金調達先に対して毎年10%相当の利用券を配布しているが簿外債務となっている。	
リベートの処理	現状の損益計算書ではリベート控除後の金額を売上計上しているためにリベートの金額を把握・管理できていない。計画策定上は売上げとリベート（支払手数料）を両建てで	

		計上すべきである。
グループ運営	グループの財務管理	○○社グループには、グループ全体の財務管理を行う部署や人が存在せず、場当たり的なグループ内の資金融通を行ってきたことが窮境の原因となっている。計画策定にあたっては、グループ全体の財務管理を行うCFOの登用、財務管理を行う部署の設置および重要な決定については第三者による検証を経る仕組みの構築等を検討する必要がある。
税務	事業所の届出なし	事業所の届出漏れ（税務署および管轄自治体）。
	過去の組織再編	会社分割時の土地評価増分に関する利益積立金記載の修正を検討。
係争案件・連帯保証	別会社の保証	○○社はグループ会社である××社の借入金の一部について連帯保証人となっているため、その取扱いに留意する必要がある。
	労災案件に係る債務	○年○月に労災事故（死亡事件）が発生し、○○社は当該従業員の遺族と○○年○○月まで保証金を支払う内容で和解している。したがって、事業計画立案上は、当該保証金の支払を見込む必要がある。

第 **7** 章

清算 BS の必要性と留意点

1　清算 BS 作成の必要性

中小企業活性化協議会の手続を規定する「中小企業活性化協議会実施基本要領」別冊 2・2(5)⑧に「債権放棄等を要請する内容を含む再生計画案である場合にあっては、破産手続で保障されるべき清算価値よりも多くの回収を得られる見込みがあるなど、対象債権者にとって経済的な合理性があることとする」旨の定めがある。このため、中小企業活性化協議会の再生計画で債権放棄等を要請する内容を含む場合には、清算貸借対照表の試算結果に基づく、破産手続による債権額の回収の見込額に関する試算結果を盛り込んだうえで、計画上の債権額の回収見込額との比較可能性を確保する必要がある。

また、「中小企業活性化協議会実施基本要領」別冊 2・2(6)②ハには、「調査報告書には、次に掲げる事項を含めることとする。ただし、ハについては、債権放棄等を要請する内容を含む再生計画案である場合…に限る」「ハ　破産手続きで保障されるべき清算価値と比較した場合の経済合理性（私的整理を行うことの経済合理性）」という定めがある。このため、中小企業活性化協議会の調査報告書上で、清算貸借対照表の試算結果に基づく破産手続による債権額の回収の見込額に関する試算結果と、計画上の債権額の回収見込額の比較結果および経済合理性（清算価値保障を満たしているか否か）について言及する必要がある。

以上のような定めが存在することから、債権放棄等を要請する内容を含む再生計画案の提示が見込まれる案件については、財務 DD のなかで清算貸借対照表の作成および試算結果に基づく清算配当見込率の試算が必須となり、当該試算結果が再生計画案および調査報告書で引用されることになる。

2　清算 BS の基準日

財務 DD 内で作成する清算貸借対照表の基準日は、基本的に財務 DD の基準日と同一である。一方、計画上の金融支援案のなかで金融機関に対する弁済額や承継借入額を示す起算日（スポンサー型再生案件および自主再建型の第二会社方式であれば、事業譲渡・会社分割時点になることが多いが、後述の金融支援基準日残高（原則として元金返済猶予依頼時点の残高）と事業譲渡・会社

分割時点における借入金残高に変動は生じないのが通常である）と、前述のDD基準日は異なることから、原則的には計画のなかで清算貸借対照表の時点修正を行うことが望ましいと考えられる。

しかし、実務上は、相殺対象となる勘定残高内訳の見積りが煩雑になる点や、時点修正に伴う時間的制約等を考慮して、例えば、DD基準日から事業譲渡・会社分割の実行時点までの間に損益等が悪化していることが明確であり、仮に清算貸借対照表を、事業譲渡・会社分割の実行時点に時点修正したところで結論に大きな変動が生じないと見込まれる場合（DD基準日において試算された清算配当率は数パーセント～ゼロパーセントで、時点修正を行ったとしても当該状況に大きな変化がないことが濃厚であるケースなど）には、計画案の配当率と比較する清算配当率はDD基準日の試算値を引用したうえで、「○○等の理由により、仮に金融支援案提案の起算日において清算貸借対照表を時点修正したとしても、清算配当率の試算結果に大きな変動は見込まれない」趣旨の注書きを付すことによって計画内で清算貸借対照表の時点修正を省略することも認められると考えられる。

その反面、相応の変動が見込まれるケースにおいては、原則に立ち返って計画のなかで清算貸借対照表の時点修正を行うことが望ましい。

なお、DD基準日後に追加借入れが実行されているケースや、昨今のコロナ禍のもとでコロナ関連借入れが実行されているケースにおいて、進行期における期間損益悪化に伴う資金流出のインパクトよりも、当該追加借入れによる資金流入のインパクトが上回っている状態のもとで金融支援案が提示されるケースがある。このようなケースにおいては、資金流入のインパクトが清算配当率の上昇要因として作用することから、計画のなかで清算貸借対照表を時点修正のうえ、同時点における清算配当率を改めて試算すべきか否かを検討するにあたり、留意する必要がある。

以上が、これまでの案件の検証等を通じた筆者の私見であるが、本書の執筆段階では、私的整理における計画上の弁済額および弁済率の比較対象とすべき清算貸借対照表の基準日（DD基準日時点、計画上のスポンサーに対する譲渡時点等）について、どの時点を採用するのが妥当なのか、協議会案件の経験が豊富な弁護士の間で議論が行われている。

【図表7－1】 法的整理手続に即した金融支援案と私的整理手続に即した金融支援案比較

〈法的整理手続に即した金融支援案〉

	① 借入残	② 法人所有担保資産	③（①－②）差引非保全残高	④（各③／③合計）非保全シェア
A銀行	1,000	0	1,000	50％
B銀行	1,000	0	1,000	50％
合計	2,000	0	2,000	100％

非保全シェアを算出する目的で前にもってきている

〈私的整理手続に即した金融支援案〉

	① 借入残	② 法人所有担保資産	③ 個人所有担保資産	④（①－②－③）差引非保全残高
A銀行	1,000	0	500	500
B銀行	1,000	0	0	1,000
合計	2,000	0	500	1,500

3　法的整理と私的整理における「非保全」概念の差異とその背景

　『実践的中小企業再生論［第3版］』第5章第3節1「プロラタ方式とメインバンクの責任」（142頁）で触れられているとおり、法的整理手続の場合、債権放棄の金額（割合）の基準となる債権額を算定するにあたって物上保証や第三者保証によって担保された債権額は控除されないが、私的整理手続の場合には、物上保証や第三者保証によって担保された債権額をも控除した金額（いわゆる信用部分）を基準として、債権放棄の金額（割合）を定めるのが一般的である。

　私的整理手続において、物上保証や第三者保証によって担保された債権額を控除する理由は、おおむね以下のとおりであると考えられる。

⑤（⑤合計×各④）　⑥（③－⑤）　　　⑦　　　　⑧（⑥－⑦）

非保全配当原資	放棄要請額	個人担保資産回収額	最終放棄要請額
50	950	500	450
50	950	0	950
100	1,900	500	1,400

計画上回収するのは保証履行の段階（＝法的整理と同様）

⑤（各④／④合計）　⑥（⑥合計×各⑤）　⑦（①－②－⑥）　⑧（＝③）　⑨（⑦－⑧）

非保全シェア	非保全配当原資	放棄要請額	個人担保資産回収額	最終放棄要請額
33%	33.33	966.67	500	466.67
67%	66.67	933.33	0	933.33
100%	100	1,900	500	1,400

① 中小企業に対する金融機関の与信判断は、法人所有担保提供資産のみならず、代表者の個人所有資産や物上保証、第三者保証等も勘案のうえで行われており、またかつての『金融検査マニュアル別冊［中小企業融資編］』においても中小企業特性（＝みなし資本）として加味することが許容されていたことから、金融機関の与信判断に適合しているため。

② 一般的に、代表者の個人所有資産等の担保を有しているのは上位取引金融機関であることが多く、下位取引金融機関からすれば、非保全残高の試算にあたり、金融機関の考え方に合わせて代表者の個人所有資産等の担保も控除することで、相対的に非保全シェアが高まる（＝相対的に多くの非保全配当が配分される）ことから、下位取引金融機関にとって納得感があり、金融支援の衡平性確保に資するため。

上記②について、【図表７－１】の具体的な数値例をもとに考察する。

【図表７－１】のうち、上段は物上保証や第三者保証を考慮しない、すなわち法的整理手続に即した金融支援案の例であり、下段は物上保証や第三者保証を考慮した、すなわち私的整理手続に即した金融支援案の例である。

上段で採用される非保全シェアを用いると、非保全配当原資100の各金融機関への配分は「Ａ銀行50：Ｂ銀行50」となるが、下段で採用される非保全シェアを用いると、その配分は「Ａ銀行33：Ｂ銀行67」となり、法的整理手続に基づく配分額に比べてＡ銀行は不利、Ｂ銀行は有利な結果がもたらされることになる。

そのため、この設例の数値だけをもって物事を捉えてしまうと、メイン（本件であればＡ銀行）寄せになってしまっているようにも映るが、中小企業との間での金融取引実態を踏まえれば、とりわけ中小企業の私的整理手続においては後者の方が金融支援の衡平性確保に資すると考えられ、非メイン金融機関（Ｂ銀行）にとっても納得感のある金融支援案となる。

４　経済合理性比較における物差し（配当率）調整の必要性

３のとおり、法的整理手続に基づく非保全配当率と私的整理手続に基づく非保全配当率は分母となる「非保全額」のベースが異なることから、清算価値保障を満たしているか否かを検討するにあたり、厳密には両者の率の大小関係をもって判断するのは適切ではない。

上記について、【図表７－２】の具体的な数値例をもとに考察する。

【図表７－２】のうち、上段は私的整理手続内での金融支援案を示したものであり、下段は清算価値保障が満たされているか否かを検討するための、法的整理手続に即した、すなわち清算貸借対照表に基づき試算された非保全配当率（0.4％）をもとにＡ銀行とＢ銀行に非保全配当額を配分した試算結果である。

この数値（個人所有担保資産も控除したうえで非保全残高を定義）をもとに非保全配当（総額100）率を試算すると非保全配当率は6.67％となるが、前述のとおり、上段と下段で非保全額のベースが異なることから、厳密に両者の配当率を比較する場合には「物差し」を合わせるための調整が必要になる。

調整の方法はほかにもあるものと考えられるが、例えば、上段の数値から

法人所有担保資産控除後の非保全残高を試算（2,000）することは容易であり、当該非保全額と私的整理手続に基づき試算された非保全配当額（100）をもとに法的整理手続と物差しを合わせるかたちで非保全配当率を試算すると5％（100÷2,000）になる。当該試算値をもとに法的整理に基づく非保全配当率0.4％との大小関係を比較することで、清算価値保障を満たしているか否かを検討するにあたり、同一の物差しに基づき試算された配当率の比較が可能になる。

　ただし、実務上、私的整理手続に基づく計画上の非保全配当率と、清算貸借対照表の試算値に基づく清算配当率の間に相応の差があるケースにおいては、あえて上記補正を行って同じ物差しでの配当率の比較を行うことはせずに、単純に表面上の両者の配当率を比較したうえで、清算価値保障を満たしているか否かについて言及するケース（厳密に補正したうえで比較しても結論は変わらないケース）が多いように思われる。

　一方、両者の配当率が拮抗している場合には、私的整理手続に基づく計画上の非保全配当率の明示とは別に、参考情報として法人所有担保資産のみ控除した後の非保全残高をベースとした非保全配当率の試算結果を別途参考情報として明示したうえで比較可能性を確保するのが望ましい対応であろう。

5　法人所有担保資産（別除権）および個人所有・第三者所有担保資産の取扱い

　『実践的中小企業再生論［第3版］』第4章第2節4(2)ウ「担保・保証の取扱い」（93頁）では、清算価値の算定にあたっての担保・保証の取扱いに関しての間違いが多いので注意を要する旨、さらに債務者所有不動産など債務者本人が提供している担保については、担保評価額が別除権として債権から控除されるものの、債務者本人以外の第三者が提供している担保については、別除権として債権から控除せず清算配当率を算定することになる旨についての注意喚起がなされている。

　このような間違いが多いのは、前述のとおり、法的整理手続に基づく非保全の概念と私的整理に基づく非保全の概念が異なることに起因して、清算価値の算定にあたり、私的整理手続に基づく計画上の金融支援案（債務者本人

【図表７−２】 私的整理手続に基づく非保全配当率の補正

〈私的整理手続に即した金融支援案〉

	① 借入残	② 法人所有 担保資産	③ 個人所有 担保資産	④（①−②−③） 差引非保全 残高	⑤（各④ / ④合計） 非保全シェア
A 銀行	1,000	0	500	500	33%
B 銀行	1,000	0	0	1,000	67%
合計	2,000	0	500	1,500	100%

〈清算配当率との比較可能性を確保するため上記金融支援案に基づく非保全配当率
を補正〉

	⑪（＝①） 借入残	⑫（＝②） 法人所有 担保資産	⑬（⑪−⑫） 差引非保全 残高	⑭（＝⑥） 非保全配当原資	⑮（各⑭ / 各⑬） 非保全 配当率
A 銀行	1,000	0	1,000	33.33	3.33%
B 銀行	1,000	0	1,000	66.67	6.67%
合計	2,000	0	2,000	100	5.00%

「非保全」概念を合わせた
うえで比較可能性を確保

〈清算 BS に基づく清算配当率試算〉

	① 借入残	② 法人所有 担保資産	③（①−②） 差引非保全 残高	④（各③ / ③合計） 非保全シェア	⑤（⑤合計×各④） 非保全配当原資
A 銀行	1,000	0	1,000	50%	4
B 銀行	1,000	0	1,000	50%	4
合計	2,000	0	2,000	100%	8

以外の第三者が提供している担保も保全として取り扱うこと）と平仄を合わせる
ことを企図して、担保提供資産を清算貸借対照表上でオンバランス処理（作
成者によって、相手勘定を求償債務とするか、純資産のプラス（求償債務免除益）
とするか取扱いが異なる）し、担保資産を別除権として取り扱ったうえで債

⑥（⑥合計×各⑤）　⑦（各⑥／各④）　⑧（①－②－⑥）　⑨（＝③）　⑩（⑧－⑨）

非保全配当 原資	非保全 配当率	放棄要請額	個人担保 資産回収額	最終放棄 要請額
33.33	6.67%	966.67	500	466.67
66.67	6.67%	933.33	0	933.33
100	6.67%	1,900	500	1,400

「非保全」概念が異なることから
厳密には直接の比較対象にならない

⑯（⑪－⑫－⑭）

放棄要請額
966.67
933.33
1,900

⑥（各⑤／各③）　⑧（①－②－⑤）

非保全 配当率	放棄要請額
0.40%	996
0.40%	996
0.40%	1,992

権から控除することが合理的であるという考え方が背景にあるためではないかと推察される。

　しかし、ほかの条件を一定と仮定して、オンバランス処理し（相手勘定を純資産のプラスとして受け入れ）、担保資産を別除権として取り扱ったうえで

【図表7－3】 清算貸借対照表および清算配当率

〈ケース1〉個人所有担保提供資産をオンバランス調整計上しないケース（＝本来あるべきかたち）

勘定科目	基準日実態BS	調整事項	調整後実態BS
流動資産	29,000	—	29,000
うち個人財産	—	—	—
固定資産	98,000	—	98,000
資産合計	127,000	—	127,000
流動負債	35,000	3,000	38,000
うち短期借入金	10,000	—	10,000
うち役員等借入金	2,000	—	2,000
固定負債	294,500	—	294,500
うち長期借入金	290,000	—	290,000
負債合計	329,500	3,000	332,500

	項目	脚注参照	金額	
①	配当原資		71,400	◀—
②	担保		▲47,000	
③	相殺		▲7,000	
④	小計（①－（②＋③））		17,400	◀—
⑤	租税債権		▲2,000	
⑥	労働債権		▲4,000	
⑦	清算費用		▲10,000	
⑧	差引（④－（⑤＋⑥＋⑦））		1,400	
⑨	一般債権		272,500	◀—
⑩	配当率（⑧÷⑨）		0.51％	

〈ケース2〉個人所有担保提供資産をオンバランス調整計上（相手勘定役員等借入金）するケース

勘定科目	基準日実態BS	調整事項	調整後実態BS
流動資産	29,000	5,200	34,200
うち個人財産	—	5,200	5,200
固定資産	98,000	—	98,000
資産合計	127,000	5,200	132,200
流動負債	35,000	8,200	43,200
うち短期借入金	10,000	—	10,000
うち役員等借入金	2,000	5,200	7,200
固定負債	294,500	—	294,500
うち長期借入金	290,000	—	290,000
負債合計	329,500	8,200	337,700

	項目	脚注参照	金額	
①	配当原資		76,600	◀—
②	担保		▲52,200	
③	相殺		▲7,000	
④	小計（①－（②＋③））		17,400	◀—
⑤	租税債権		▲2,000	
⑥	労働債権		▲4,000	
⑦	清算費用		▲10,000	
⑧	差引（④－（⑤＋⑥＋⑦））		1,400	
⑨	一般債権		272,500	◀—
⑩	配当率（⑧÷⑨）		0.51％	……〈ケース1〉と

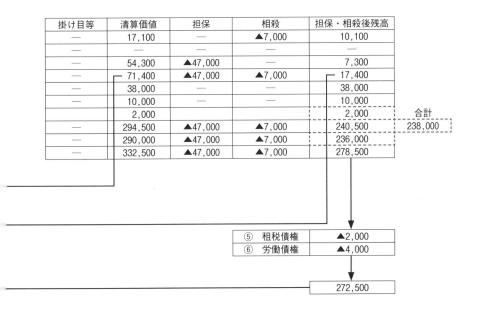

掛け目等	清算価値	担保	相殺	担保・相殺後残高
—	17,100	—	▲7,000	10,100
—	—	—		—
—	54,300	▲47,000	—	7,300
—	71,400	▲47,000	▲7,000	17,400
—	38,000	—	—	38,000
—	10,000	—	—	10,000
	2,000			2,000
—	294,500	▲47,000	▲7,000	240,500
—	290,000	▲47,000	▲7,000	236,000
—	332,500	▲47,000	▲7,000	278,500

合計 238,000

⑤	租税債権	▲2,000
⑥	労働債権	▲4,000

272,500

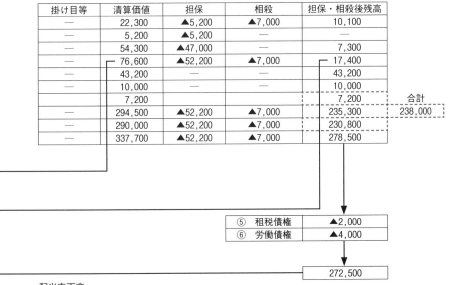

掛け目等	清算価値	担保	相殺	担保・相殺後残高
—	22,300	▲5,200	▲7,000	10,100
—	5,200	▲5,200	—	—
—	54,300	▲47,000	—	7,300
—	76,600	▲52,200	▲7,000	17,400
—	43,200	—	—	43,200
—	10,000	—	—	10,000
	7,200			7,200
—	294,500	▲52,200	▲7,000	235,300
—	290,000	▲52,200	▲7,000	230,800
—	337,700	▲52,200	▲7,000	278,500

合計 238,000

⑤	租税債権	▲2,000
⑥	労働債権	▲4,000

272,500

配当率不変

〈ケース3〉個人所有担保提供資産をオンバランス調整計上（相手勘定純資産のプラス）するケース

勘定科目	基準日実態BS	調整事項	調整後実態BS
流動資産	29,000	5,200	34,200
うち個人財産	—	5,200	5,200
固定資産	98,000	—	98,000
資産合計	127,000	5,200	132,200
流動負債	35,000	3,000	38,000
うち短期借入金	10,000		10,000
うち役員等借入金	2,000		2,000
固定負債	294,500	—	294,500
うち長期借入金	290,000		290,000
負債合計	329,500	3,000	332,500

	項目	脚注参照	金額	
①	配当原資		76,600	←
②	担保		▲52,200	
③	相殺		▲7,000	
④	小計（①−（②+③））		17,400	←
⑤	租税債権		▲2,000	
⑥	労働債権		▲4,000	
⑦	清算費用		▲10,000	
⑧	差引（④−（⑤+⑥+⑦））		1,400	
⑨	一般債権		267,300	←
⑩	配当率（⑧÷⑨）		0.52%	……〈ケース1〉と

債権から控除した場合、別除権として取り扱わない場合と比較すると、前者の方がその分一般債権残高が減少することになり、非保全配当原資を当該一般債権残高で除すことにより試算される非保全配当率が大きくなってしまうことから、法的整理手続において想定されている非保全配当率の試算体系から逸脱してしまうことになる。一方、オンバランス処理の相手勘定を求償債務として受け入れ、求償債務を一般債権として取り扱う（一般債権に加える）とともに、受け入れた債務者本人以外の第三者が提供している担保資産を別除権として債権から控除（一般債権から差し引く）する場合には、結果として差引一般債権に変動は生じないことから、差引一般債権残高をベースに試算される非保全配当率に影響を及ぼさない。

　上記処理の違いが、非保全配当率の試算結果にどのような影響を及ぼしているかについて具体的に示したのが【図表7－3】である。

掛け目等	清算価値	担保	相殺	担保・相殺後残高	
―	22,300	▲5,200	▲7,000	10,100	
―	5,200	▲5,200		―	
―	54,300	▲47,000	―	7,300	
―	76,600	▲52,200	▲7,000	17,400	
―	38,000	―	―	38,000	
―	10,000	―	―	10,000	
	2,000			2,000	合計
―	294,500	▲52,200	▲7,000	235,300	232,800
―	290,000	▲52,200	▲7,000	230,800	
―	332,500	▲52,200	▲7,000	273,300	

⑤	租税債権	▲2,000
⑥	労働債権	▲4,000

267,300

配当率の試算結果が異なる

6 その他

　最後に、これまで述べてきた以外に清算貸借対照表の試算にあたって議論になる主要な論点を紹介する。

　清算貸借対照表は私的整理手続に基づく計画案と比較するための試算値にすぎないことから、実務上、様々な仮定のもとで試算されている。そのため、担当弁護士から助言を受けるなど、事前にコンセンサスを得たうえで仮定をおくことが望ましい。

① 流動性預金、担保外固定性預金の取扱い（相殺適状として認識するべきか否か）

　　清算貸借対照表の試算にあたり、流動性預金については、相殺するケースと、実務上は破産の前段階で相殺回避のために資金移動がなされる前提に立ったうえで相殺しないケースがあるが、前者を採用する場合には、表面上、計画上の非保全配当率が破産時における配当率（例えば

ゼロ）を上回ったとしても、金融機関ごとに回収額を比較した場合に、相応の預金相殺が発生する金融機関における破産時の回収額が、計画上の回収額を上回るケースも存在する。したがって、回収率の比較のみならず、金融機関それぞれに回収額ベースで清算価値保障が満たされているかどうか確認する必要がある。

② 出資金の取扱い（相殺対象）

③ 清算費用の見積り

積上見積方式か、一定率を乗じる見積方式かを検討する。

④ 優先債権の範囲

⑤ 2社一体再生の場合の経済合理性比較

この場合、法的には連結概念が存在しないため、個社別の清算配当を試算する必要がある。

⑥ 各勘定における清算修正掛け目の入れ方

スポンサー案件における
計画立案上の留意点

1 はじめに

第1章から第7章にかけて、事業再生の場面における財務DDの基礎知識、スケジュール管理、財務DD実施上の留意点、各種論点等について解説してきた。この**第8章**では、財務DD実施後の再生計画策定フェーズ、とりわけ近年増加傾向にあるスポンサー型再生案件（スポンサー案件）の再生計画策定フェーズにおける留意点を取り上げる。

最初に、スポンサー型再生案件が増加している背景について述べたうえで、**2**と**3**でスポンサー型再生案件の類型およびスポンサーに移管された事業に係る事業計画等の位置づけ、**4**と**5**で金融支援の相当性・経済合理性を検討するうえでの物差しおよび協議会数値基準との関係、**6**でスポンサーからの譲渡対価のイメージ推計、**7**でスポンサー型再生案件の計画フロー概要および各計画段階における留意点、**8**で数値計画と金融支援案（数値部分）の整合性について説明したい。

2003年（平成15年）に中小企業再生支援協議会（現・中小企業活性化協議会）が設置されてからすでに20年近い年月が経過しているが、近年債権放棄を含む再生案件のうち88.5%（令和2年度公表数値）がスポンサー型再生案件として分類されている。背景には、外部環境等の変化の影響（とりわけ近年においてはコロナ禍の影響が生じている）により自主再建の困難性が高まっている業種および業態が増加している点や、後継者難等の事情が存在しているものと考えられる。

2 スポンサー型再生案件の類型

スポンサー型再生案件は、スポンサーの属性に着目した場合、おおむね以下のように分類される。

① 事業者（第三者の同業者および隣接事業者ならびに異業種事業者）スポンサー型
② ファイナンシャルスポンサー型 I
   ファンドなど。基本的に資金拠出の役割が中心で、スポンサーへの譲渡後においても旧経営者の経営への関与・影響度合いが大きいケース。

③　ファイナンシャルスポンサー型Ⅱ

　　ファンドなど。資金拠出のみならず、譲渡後の事業に対してハンズオンで経営に関与・経営への影響度合いが大きいケース。

④　親族および親族企業スポンサー型

⑤　メイン金融機関同一スポンサー型

　　対象会社のメイン金融機関とスポンサーのメイン金融機関が同一であるケース、メイン金融機関の紹介でスポンサー企業が名乗りをあげるケースなど。

⑥　その他

　上記のほか、一括弁済型か分割弁済型か、第二会社方式活用型か既存会社活用型（不等価譲渡を通じて既存金融機関の債権を買い取る）かといった切り口で、スポンサー型を分類することも可能である。

　なお、スポンサーの選定プロセス——入札型のケース、事前に幅広くスポンサーを募ったものの結果的に候補者が1社のみであるケース、特定のスポンサー候補事業者ないしファイナンシャルスポンサーが中小企業活性化協議会に持ち込んでくるケースなど——という切り口でスポンサー型を分類した場合、後述の「スポンサー選定手続の公正性」が問題となり得るケースにおいては、経済合理性を判断するにあたり、譲渡対象事業に係る事業価値算定結果など、譲渡対価の妥当性検討に必要となる資料提示の可否が議論となることがある。

3　スポンサーに移管されたあとの事業に係る事業計画等の徴求の可否

　2では先ほどスポンサーの属性に着目したスポンサー型の分類を行ったが、対象となる再生案件がどの分類に属するかによって、スポンサーに移管されたあとの事業に係る事業計画等の徴求の可否に大きな影響を及ぼす。

　例えば、自主再建ベースの第二会社方式の場合には、再生計画のなかで新会社の事業計画等が提示されるとともに、その事業計画等に対する検証が行われ、それに基づく事業価値算定結果等を物差しにして、既存金融機関の新会社承継借入金（言い換えれば、旧会社に残置される実質債権放棄要請対象借入

金）の相当性や経済合理性が判断されるのが一般的である。

　しかし、スポンサー型再生案件のなかでも現在主流のタイプであると考えられる前述の①事業者スポンサー型や、③ファイナンシャルスポンサー型Ⅱなどの場合には、次の理由により、スポンサーに移管された事業に係る事業計画等の提示は必須とされないものと考えられる（なお、これ以外の分類に属するスポンサー型再生案件についても、次の各点を踏まえるとともに、金融機関の納得感も考慮したうえで個別に判断すべきであると考えられる）。

①　そもそもスポンサーには、提示した譲渡対価の根拠となる事業計画および事業価値算定関連基礎資料（損益計画・投資計画等）を売り手に開示して、自身の「腹の内」を明かす筋合いはないことから、スポンサーサイドで同基礎資料の開示は強要されないとの基本認識が存在していること。

②　仮にスポンサーサイドから、移管されたあとの事業に関する事業計画および事業価値算定関連基礎資料が得られたとしても、その事業で生じるシナジー効果に基づく増分事業価値等を、売り手寄与分・買い手寄与分に厳密に切り分けることは困難であること。

③　仮に上記②で得られた基礎資料をもとに、事業計画および事業価値算定等に関する検証手続を実施する場合には、その基礎資料に関して、スポンサーサイドに細かい質疑や追加要請を行うことが想定されるが、「せっかく手を差し伸べているのに、根堀り葉堀り質疑や要請が生じるのは面倒だ」と、その負担を嫌ってスポンサーが支援を取り下げるという事態を引き起こすおそれがないとはいえない。そのような事態が生じたとしても、中小企業活性化協議会および検証担当アドバイザーの立場では金融機関に対して（結果としてスポンサーを逃してしまったことに対する）責任を負うことはできないこと。

④　以上のように、スポンサーに移管されたあとの事業に関する事業計画等の入手が困難なタイプに分類されるスポンサー型再生案件において、仮に提示価格の根拠が不透明であることに起因して、経済合理性に関する十分な判断が下せないとしても、スポンサーからの提示資料の精査を通じた提示価格の妥当性検討に代えて、他のスポンサーが提示する価格

と比較検討を行う場が用意されている場合には、スポンサー選定手続上、別の選択肢（他スポンサーの提示価格）を採用することが排除されていないこと。

4　スポンサー型再生案件における金融支援の合理性（相当性）を検討するにあたっての物差し

これらを踏まえて改めて整理すると、「第二会社方式だから事業価値の算定は必須」であるとか、「スポンサー型だから事業価値の算定は必須とされない」と判断するのは、必ずしも適切ではないことが分かる。すなわち、第二会社方式であるか否か、あるいはスポンサー型再生案件であるか否かが事業価値算定の要否を決定するわけではなく、案件の事情に応じて個別に判断するというのがあるべき姿だと考えられる。

以上のような整理のもとで、スポンサーに移管されたあとの事業に係る事業計画等の入手が困難なタイプに分類されるスポンサー型再生案件において、経済合理性を検討するにあたって比較すべき物差しは、

①　スポンサー選定手続の公正性（債権者にとって最も経済合理性を満たすスポンサーが比較検討のうえ選定されているかどうか、ないし金融機関が他スポンサー候補を探索する意思の有無について諮る場が設けられているかどうか）

②　清算価値保障を満たしているかどうか

という2点が中心になるものと考えられる。加えて、

③　後述のスポンサーに対する譲渡対象資産・負債と譲渡対価の大小関係の比較（スポンサーが超過収益力を考慮したうえで譲渡対価の提示がなされているか否か）

④　計画上、提示されている金融機関に対する弁済額および実質債権放棄要請額が、金融機関にとって過剰支援ないし過少支援の状況にないかどうか

といった点も、経済合理性を判断するうえでの物差しとなるものと考えられる。

さらには、そもそも論として、対象案件が自主再建可能な案件であり、か

つ自主再建に基づく事業価値算定値が一番経済合理性を満たすのであれば、自主再建に基づく事業再生がスポンサーに対する譲渡を通じた事業再生に優先されるべきであることから、上記①～④に加えて――

⑤　譲渡対価が自主再建に基づく成り行き事業価値算定値（ただし、多くの案件において、スポンサー支援を前提としない場合には、早晩資金繰り破綻が想定され、事業価値算定の前提となる継続企業前提が成り立たない結果、事業価値は算定不能（＝ゼロ）となるケースが多いと思われる）を上回っているかどうか

といった点についても、検討することが必要であると考えられる。

その際に自主再建可能な案件であるか否かを判断するための材料として、『実践的中小企業再生論［第3版］』第4章第2節3（81頁）の「財務DDのエッセンス（7つの指標）」のところで解説されている収益力・FCF（必要設備投資）のほか、財務DDで記載が想定されている、当面の資金繰り・基準日後の状況、窮境原因と除去可能性等があげられる。

加えてスポンサー型再生案件における事業DDの結果（自主再建が困難であることを事業面から疎明）に依拠することも有用であると考えられる。

ただし、スポンサー型再生案件によっては（担当する中小企業活性化協議会によっては）事業DDを必須とするケースとそうでないケース（財務DDで明らかにつき、あえて時間とコストをかけて事業DDを実施するには及ばないと判断されるケース）が見受けられる。

再生計画の作成者サイドおよび金融機関サイドの双方においては、スポンサー型再生案件について、スポンサーに移管されたあとの事業に係る事業計画等の徴求は基本的に困難であるとの前提に立ったうえで、再生計画の立案、および金融支援の合理性（相当性）についての検討を行うべきであるものと考えられる。

余談になるが、ある金融機関から「地域経済活性化支援機構（REVIC）の案件では買取後の新会社の事業計画や事業価値試算値が提示されたことがあるが、中小企業活性化協議会の案件ではなぜ提示されないのか」という質問を受けたことがある。筆者の私見ではREVICは買取機能を有しており金融機関と直接的に利害が相反するために買取価格の根拠に対して説明責任を有

している。これに対して、中小企業活性化協議会は買取機能を有さず、対象会社・金融機関・スポンサーとの関係において完全に中立の立場にある。この立ち位置の違いに起因して、中小企業活性化協議会案件においては、このようなスポンサー型再生案件において、スポンサーに移管されたあとの事業に係る事業計画や事業価値算定値の提示は必須とされないものと整理している。

　また『実践的中小企業再生論［第3版］』第7章第3節3（196頁）の「事業価値算定」に記載されている、「第二会社方式は、債務者企業のGood事業を切り離して、会社分割または事業譲渡によって別会社に承継するスキームであるため、その承継にあたって、別会社への承継対象となる事業の事業価値の算定は必須である」という文言を拠り所に、前述のようなスポンサー型の第二会社方式の案件においても、「新会社の事業価値の算定は必須である」と誤認されている関係者が相応に存在しているのではないかとの印象を受けている。これは、この記述のすぐあとに「スポンサー型の第二会社方式の場合には、清算価値保障は当然として、スポンサー選定手続の公平性等のなかで、譲渡価格すなわち事業価値の妥当性を担保することが多いと思われる［引用者注：よって事業価値の算定は必須とされない］が、自主再建型の第二会社方式の場合には、…事業価値の算定が必要となる」旨の記載があることを十分に吟味せず、「部分読み」して解釈してしまっているものと考えられる。

　とはいえ、この前提に関して十分な共通理解が得られたとしても、一部の金融機関から「稟議にあたってどうしてもスポンサーに移管されたあとの事業に係る事業計画が必要」と懇願されるケースも存在する。その場合には（スポンサーの最終意思にもよるものの）、スポンサーより提示を受けた事業計画は、再生計画本体を構成しない「参考資料」としての位置づけであること、つまり金融機関にとって稟議にあたって当該資料を金融支援の相当性・経済合理性の判断の物差しとして使用するのではなく、あくまでスポンサーに移管されたあとの事業がほどなく切り売りされないかどうか、雇用の維持が継続されるのか、広義の経済合理性が確保されるのかなど、移管後の状況を確認して金融支援に応じることに対して「意義がある」か否かを確認する

ための資料であることを明確にするとともに、当該計画は中小企業活性化協議会サイドの検証対象にはなり得ない（検証対象としようとした場合には、前述の弊害が生じる）ことに対する共通理解を図ったうえで、金融機関に提示すべきであると考えられる。

5　スポンサー型再生案件と数値基準との関係

「中小企業活性化協議会実施基本要領」別冊2・2⑸②～④には、
- ・実質債務超過解消5年以内
- ・経常利益黒字化おおむね3年以内
- ・計画終了年度（実質債務超過解消年度）における有利子負債の対キャッシュ・フロー比率がおおむね10倍以内

という数値基準適合性に関する定めがある。

　一方、前述のとおり、債権放棄を伴う再生案件において主流となってきているスポンサー型の第二会社方式の案件においては、多くの場合、スポンサーに移管されたあとの事業についての事業計画の提示は必須とされないことから、「中小企業活性化協議会実施基本要領」に定められている数値基準適合性の判定が問題になり得る。

　そのため、この数値基準の存在を拠り所に、一部の金融機関から、「中小企業活性化協議会としてもスポンサー型の第二会社方式の案件において、計画内でスポンサーに移管されたあとの事業に係る事業計画の提示および事業価値の算定ならびに両者の検証が必要なのではないか」という疑問を呈されるケースも存在する。

　もっとも、この点については、中小企業活性化協議会案件が完了すると中小企業庁への報告がなされ、対象会社名を伏せたうえで数値基準適合性を含む案件概要が公表されるものの、ここではすべてのスポンサー型再生案件において、数値基準適合性に関する確認が行われていない（スポンサー型再生案件によっては数値基準欄に斜線が付されている）。このことを踏まえると、スポンサー型再生案件では、必ずしもすべてのケースで数値基準適合性が要求されているわけではない（スポンサーに移管されたあとの事業に係る事業計画等の提示が必須とされていない）という共通認識が存在しているものと考えら

れる。

6　対象案件に係る譲渡対価レンジおよび保全・非保全弁済可能額の推計

『実践的中小企業再生論［第3版］』第3章第2節（52頁）には「再生イメージの策定」に関する記載があり、案件の初期段階において、再生の絵姿をイメージするための手順が記されている。この部分はスポンサー型再生案件を念頭においたものではないが、スポンサー型再生案件においても「再生イメージ」の策定は重要であるものと考えられる。

具体的には、財務DD終了後のスポンサー選定手続開始前の段階で、どの程度の譲渡対価が想定されるか、どの程度の譲渡対価が付されなければ経済合理性が確保できないか、といった点についての目安を検討することが、このフェーズにおける「再生イメージの策定」に相当するものと考えられる。

【図表8－1】は財務DD実施後の実態貸借対照表（実態BS）であるが、話を単純化するために、当該実態貸借対照表に計上されているすべての資産および負債（金融機関借入金および役員等借入金を除く）がスポンサーに対する譲渡対象になるものと仮定した場合、譲渡対価のイメージは、当該実態純資産額▲202,500から、金融機関借入金（短期借入金10,000および長期借入金290,000）および役員等借入金2,000を取り除いた99,500となり、当該数値が譲渡対価を検討するうえでの出発点となる。

また、ここから導かれる譲渡対価想定額から、非保全残高の仮試算より導かれる保全額を差し引いた金額が非保全借入金に対する弁済原資想定額となり、この金額を非保全借入金残高で除すことによって、非保全配当率が試算できる。以上の情報をもとに譲渡対価想定額で清算価値保障が満たされているか否か検討することが可能になる。

もちろん、実際にはスポンサーの意向（拠出可能な金額の制約等）により譲渡対象資産・負債の範囲はこれらの想定とは異なるのが通常であり、また租税債務等、物理的にスポンサーに承継できない項目があることや、手元現預金は承継対象外とされるケースが多いことなどを考えると、この譲渡対価想定額はあくまで「目安」ないし「たたき台」にすぎない。とはいえ、これら

【図表8-1】 修正後貸借対照表

科目	基準日簿価（修正前）	参照箇所	修正事項1	参照箇所	修正事項2	修正合計	基準日実態BS
流動資産	34,000		▲5,000		—	▲5,000	29,000
現金預金	8,000					—	8,000
受取手形	1,000					—	1,000
売掛金	11,000	3.(2)②	▲1,000			▲1,000	10,000
棚卸資産	13,000	3.(3)	▲4,000			▲4,000	9,000
その他流動資産	1,000					—	1,000
固定資産	191,000		▲75,500		▲17,500	▲93,000	98,000
有形固定資産	161,200		▲49,500		▲17,000	▲66,500	94,700
建物	26,900	3.(5)	▲9,900	3.(5)	▲7,000	▲16,900	10,000
機械装置	69,000	3.(5)	▲40,000			▲40,000	29,000
土地	65,000			3.(5)	▲10,000	▲10,000	55,000
リース資産	—	3.(7)	500			500	500
その他	300	3.(5)	▲100			▲100	200
無形固定資産	600			3.(6)	▲500	▲500	100
投資その他の資産	29,200		▲26,000			▲26,000	3,200
会員権	20,100	3.(8)	▲20,000			▲20,000	100
投資有価証券	7,000	3.(9)	▲4,000			▲4,000	3,000
その他投資資産	2,100	3.(10)	▲2,000			▲2,000	100
資産合計	225,000		▲80,500		▲17,500	▲98,000	127,000
流動負債	31,000		4,000		—	4,000	35,000
支払手形	11,000					—	11,000
買掛金	7,000					—	7,000
短期借入金	10,000					—	10,000
役員等借入金	2,000					—	2,000
賞与引当金	—	3.(15)②	1,000			1,000	1,000
その他流動負債	1,000	3.(12)	3,000			3,000	4,000
固定負債	294,000		500		—	500	294,500
長期借入金	290,000					—	290,000
リース債務	—	3.(7)	500			500	500
その他固定負債	4,000					—	4,000
負債合計	325,000		4,500		—	4,500	329,500
純資産合計	▲100,000		▲85,000		▲17,500	▲102,500	▲202,500
負債・純資産合計	225,000		▲80,500		▲17,500	▲98,000	127,000

（注1） 修正事項1は財務会計上の修正事項、修正事項2は含み損益の性格をもつ修正事項である。

（注2） 修正事項は、過去の期にさかのぼることはせず、いずれも調査基準日の純資産を直接修正している。

（注3） 純資産額の修正は、今後の事業計画策定に資する基礎情報を得るために現状の貴社の財務状況を報告することを前提としたものであり、合意した手続を実施した結果判明した事項を反映したものである。したがって、必ずしも一般に公正妥当と認められた監査基準に基づく監査を行った場合の修正金額ではなく、すべての修正事項を網羅したものではないことに留意する必要がある。

を踏まえたうえで、当該「再生イメージ」を早期の段階において関係者間で情報共有することは有用であろう。

7　スポンサー型再生案件の数値計画フローと計画段階における留意点

　ここからは、スポンサー型再生案件における数値計画フローと、それぞれの計画段階における留意点を述べていきたい。

　数値計画フローは、財務DDで明らかになった基準日時点の実態貸借対照表から出発して、スポンサーに対する事業譲渡（会社分割）を経て、実質的な債権放棄要請を行う直前段階までの実態貸借対照表の変遷を明らかにするものである。

　【図表8-2】を素材として順にみていこう。

(1)　基準日時点の実態BS

　スポンサー型再生案件における数値計画上の出発点は、【図表8-1】で触れている基準日時点における実態貸借対照表になる。スポンサー型再生案件以外の案件であっても同様であるが、基準日時点の実態貸借対照表は計画上の出発点の役割を担うことから、再生計画における大変重要な要素として位置づけられる。

　【図表8-2】のとおり、これをa列「修正前基準日BS」、b列「実態修正額」、c列「修正後基準日実態BS」といった流れで示せば、のちに時点修正後実態BSを試算する段階で、b列「実態修正額」の引用状況が可視化され、またe列「実態修正額（時点修正）」のどの項目が基準日時点におけるb列「実態修正額」に比して変動しているのか明らかになる。このため、c列「修正後基準日実態BS」からスタートするよりも、このような表記の方が望ましいといえよう。

(2)　クロージング時点までのPL予測

　DD基準日（3月末）からスポンサーとの間でのクロージング予定日（9月末）までの期間損益がクロージング予定日時点における想定実態貸借対照表に影響を及ぼすことから、期間中における損益予測が重要となる。もし、修正後基準日実態貸借対照表だけをベースに後述のスポンサーに対する譲渡

【図表8－2】 スポンサー型再生案件における数値計画フロー

〈事業譲渡（ないし会社分割）スキームによる新会社・旧会社の資産・負債の切り分け〉

	a	b	c(a+b)	d	e	f(d+e)	g	h	i	j(h+i)
	令和2年3月末			令和2年9月30日 実態貸借対照表予測			財産の切り分け			
	修正前 基準日BS	実態 修正額	修正後 基準日 実態BS	R02.9末 予測残高	実態修正 額（時点 修正）	修正後 予測	個人所有 SP譲渡 対象資産 受入処理	新会社移 転資産 （担保資 産）	新会社移 転資産 （担保以 外資産）	新会社移 転資産 合計
現金預金	8,000		8,000	3,300		3,300				—
受取手形	1,000		1,000	900		900			△900	△900
売掛金	11,000	△1,000	10,000	10,000	△1,000	9,000			△9,000	△9,000
棚卸資産	13,000	△4,000	9,000	12,100	△4,000	8,100			△8,100	△8,100
その他流動資産	1,000		1,000	1,000		1,000				
流動資産	34,000	△5,000	29,000	27,300	△5,000	22,300	—	—	△18,000	△18,000
建物	26,900	△16,900	10,000	26,900	△16,900	10,000	—	△10,000		△10,000
機械装置	69,000	△40,000	29,000	70,000	△40,000	30,000			△30,000	△30,000
土地	65,000	△10,000	55,000	65,000	△10,000	55,000	10,000	△65,000		△65,000
リース資産	—	500	500	—	440	440			△440	△440
その他	300	△100	200	300	△100	200			△200	△200
減価償却累計額			—		△2,000	△2,000			2,000	2,000
（有形固定資産）	161,200	△66,500	94,700	160,200	△66,560	93,640	10,000	△75,000	△28,640	△103,640
ソフトウエア	100		100	100		100				
電話加入権	500	△500	—	500	△500	—				
（無形固定資産）	600	△500	100	600	△500	100				
会員権	20,100	△20,000	100							
投資有価証券	7,000	△4,000	3,000	7,000	△4,000	3,000				
その他投資資産	2,100	△2,000	100	2,100	△2,000	100				
（投資その他資産）	29,200	△26,000	3,200	9,100	△6,000	3,100				
固定資産	191,000	△93,000	98,000	169,900	△73,060	96,840	10,000	△75,000	△28,640	△103,640
資産の部	225,000	△98,000	127,000	197,200	△78,060	119,140	10,000	△75,000	△46,640	△121,640

	a	b	c(a+b)	d	e	f(d+e)	g	h	i	j(h+i)
	修正前 基準日BS	実態 修正額	修正後 基準日 実態BS	R02.9末 予測残高	実態修正 額（時点 修正）	修正後 予測	個人所有 SP譲渡 対象資産 受入処理	新会社移 転負債	新会社移 転負債	新会社移 転負債 合計
支払手形	11,000		11,000	9,900		9,900			△9,900	△9,900
買掛金	7,000		7,000	6,300		6,300			△6,300	△6,300
短期借入金	10,000		10,000	10,000		10,000				
役員等借入金	2,000		2,000	2,000		2,000	10,000			—
賞与引当金	—	1,000	1,000		800	800				
その他流動負債	1,000	3,000	4,000		2,500	2,500				
清算費用			—							
流動負債	31,000	4,000	35,000	28,200	3,300	31,500	10,000	—	△16,200	△16,200
長期借入金	290,000		290,000	290,000		290,000				
リース債務	—	500	500		440	440			△440	△440
その他固定負債	4,000		4,000	4,000		4,000			△4,000	△4,000
固定負債	294,000	500	294,500	294,000	440	294,440	—	—	△4,440	△4,440
負債の部	325,000	4,500	329,500	322,200	3,740	325,940	10,000	—	△20,640	△20,640
株主資本	△100,000	△102,500	△202,500	△125,000	△81,800	△206,800	—	△75,000	△26,000	△101,000
純資産の部	△100,000	△102,500	△202,500	△125,000	△81,800	△206,800	—	△75,000	△26,000	△101,000
負債・純資産合計	225,000	△98,000	127,000	197,200	△78,060	119,140	10,000	△75,000	△46,640	△121,640

譲渡対象資産・負債のネット譲渡対象資産は 101,000 に対し差引譲渡対価は 120,000
→よって当方の資産査定どおりに資産負債が受入処理された場合に新会社に計上されることが想定
（ただし、SP側の実際の受入処理はSP側の資産査定に基づいて行われることから、実際に同金額がSP側でのれんとして計上さ

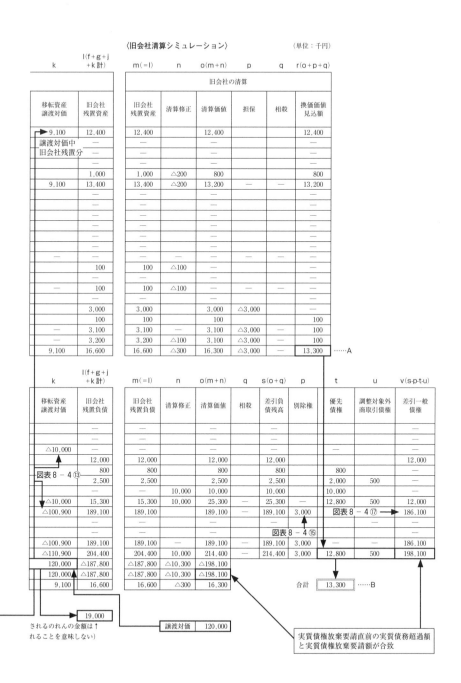

〈旧会社清算シミュレーション〉　　（単位：千円）

されるのれんの金額は↑
れることを意味しない）

19,000

譲渡対価　120,000

実質債権放棄要請直前の実質債務超過額と実質債権放棄要請額が合致

対象資産・負債および対象会社に残置される資産・負債の切り分けを行い金融機関に対する弁済原資を試算してしまうと、この期間の損益の変動に伴うBS数値の変動が考慮されない結果、弁済原資の試算結果に影響が生じてしまう。したがって、損益予測の取り込みをきちんと考慮するように留意しなければならない。

また、この期間の損益は、通常の数値計画上、「計画期間内に属する数値」として位置づけられることから、自主再建の案件であれば計画期間の数値に対象会社の自助努力を反映させる必要があるが、スポンサー型再生案件においては「自助努力の反映」よりも「着地見込みの精度」がより重要となる。

例えば、計画立案時点において5月末の試算表数値が確定しているのであれば、確定月までの損益数値は試算表の数値に依拠しつつ、これに6月から9月までの予測数値を加えることで、より精度の高い着地見込み残高の予測が可能となる。

⑶　クロージング時点の BS 予測

⑵の損益着地見込みの予測を行うことで、クロージング予定日における着地見込み表面BSの純資産残高が確定するが、資産項目および負債項目も変動することから、勘定科目ごとに一定の仮定をおいて資産・負債それぞれの項目の着地見込み残高を予測する必要がある（【図表8−2】d列）。

また、計画策定時点ですでに確定している試算表数値に依拠したうえで、以後の期間の予測数値を加えることで、より精度の高い着地見込み残高の予測が可能になる点は、損益予測と同様である。

なお、足元の試算表数値を参考にせず、基準日（3月末時点）における表面BS残高を出発点として、クロージング予定日（9月末時点）における着地見込み表面BS残高を予測してしまうと、例えば予測にあたって、この期間中に会員権の売却はまったく考慮外としていたところ、試算表数値を確認した結果、5月末までの間に売却済みですでに資金化および売却損益が計上されていたことが判明し、当該BSの動きについて計画上反映漏れになるといったことが起こりかねない。足元の試算表数値には、くれぐれも留意する必要がある。

(4) 基準日 BS からクロージング BS までの CF 計算書の作成を通じた BS・PL 予測の妥当性検証

(2)と(3)のプロセスを経ると、クロージング予定日時点における着地見込み表面 BS 残高が一応明らかになる。もっとも、この着地見込み表面 BS 残高の信憑性に関する心証を得るために、計画の外枠（ないし参考情報）で基準日からクロージング予定日までの間におけるキャッシュ・フロー計算書を作成して、各種数値の変動に違和感がないかどうか確認することが望ましい。

また、多くの案件において、クロージング予定日までの月別資金繰り見込み表が別途作成されたうえで金融機関に提示されるが、同資金繰り見込み表との整合を確認するという意味においても、キャッシュ・フロー計算書の作成および検証は重要である。

キャッシュ・フロー計算書を作成・検証した結果、クロージング予定日時点における着地見込み表面 BS 残高上の想定現預金残高（キャッシュ・フロー計算書上の現預金残高）と資金繰り見込み表上の想定現預金残高に乖離が生じている場合には、PL および BS 着地見込み数値の作成前提および月別資金繰り見込み表の作成前提に乖離が生じている箇所がないかどうか、すり合わせを行う必要がある。

(5) プレ DIP 資金の必要性の検討

時間の経過に伴う業況悪化の影響が、資金繰りの悪化として顕在化する案件は少なくないが、クロージング予定日時点における着地見込み表面 BS 残高（【図表 8 − 2】d 列）における想定現預金残高がマイナス（実質資金繰り破綻）となってしまうケースがある。

この場合には、クロージング予定日までの間における月別（ないし日繰り）資金繰り見込みに基づいて、資金繰り破綻を回避すべく、代表者等個人による対象会社に対する資金注入の可否の検討、取引金融機関に対するプレ DIP 資金注入依頼の検討、またはスポンサーに対して譲渡対価の一部について事前注入要請の検討等が必要になる。

(6) クロージング予定日時点における着地見込み表面 BS 残高の時点修正

以上(2)〜(5)のプロセスを経るとクロージング予定日時点における着地見込み表面 BS 残高が確定するが、次に当該表面 BS 残高に時点修正を反映させ

る必要がある（【図表8－2】e列）。

　基本的には、基準日時点における修正事項および修正金額が拠り所になるが、例えば、基準日時点において会員権の評価損が△20,000計上されていたところ、見込期間中の4～9月の間に売却（売却損益計上済み）されているのであれば、この時点修正において、会員権の評価損△20,000の修正は不要である。

　ただし、クロージングまでの時間的制約等が存在することから、例えば基準日時点における売掛金の評価損が△1,000であったところ、「クロージング予定日までの間に回収不能見込額がさらに100増加した」といった事実が生じていたとしても、時点修正の段階では実態修正事項として捕捉しきれないケースもあろう。したがって、この「時点修正」プロセスには一定の限界があることには注意しなければならない。

⑺　譲渡対象資産・負債、残置資産・負債の切り分け

　⑹のプロセスによって確定したクロージング予定日時点における着地見込み実態BS残高について、代理人弁護士を通じて入手した事業譲渡（会社分割）契約等に基づく譲渡対象資産および負債の内容をもとに、譲渡対象資産・負債および残置資産・負債に切り分けを行うことが必要になる。この切り分けを行うことで、譲渡対象資産・負債（それぞれ時点修正後）およびネット譲渡対象純資産と譲渡対価の大きさの比較が可能になる（【図表8－2】g列～l列）。

　すなわち金融機関にとって、スポンサーが提示している譲渡対価が譲渡対象のネット純資産を上回っているか否か、仮にこちらの資産査定どおりにスポンサーサイドで資産・負債を受け入れた場合、「正ののれん」が計上されるか否か、超過収益力を織り込んだうえでの値づけになっているか否か、などが明らかになることから、譲渡対価の相当性を判断するうえでの物差しのひとつになり得る。

　案件によっては、譲渡対価が譲渡対象ネット純資産の金額を下回ってしまうケースも存在する。当方サイドの資産査定では事業継続を前提に正常価格評価としているところ、スポンサーサイドでは実質資金破綻状況に追い込まれている、ないし承継事業の一部について事業継続を見込まないなどの事情

214

を考慮した結果、当方サイドの資産査定結果とスポンサーサイドの資産査定結果が乖離してしまうこともある。この点は、仮に当方サイドの資産査定に基づくと、「負ののれん」が生じてしまうようなケースにおいても、譲渡対価がスポンサーサイド独自の資産査定に基づいて決定されていることに鑑みれば、スポンサー選定の手続が正当であり、清算価値保障を満たしつつ、対象債権者が同意できるものであれば、やむを得ないものと整理されよう（『実践的中小企業再生論［第3版］』第8章第2節4（225頁）参照）。

　なお、この切り分けのときに、譲渡対象資産を金融機関に対する担保資産と担保外資産に分けて表記すれば、譲渡対価中いくらが担保資産見合いの借入金の弁済に充当され、いくらが非保全借入れの弁済原資になり得るのかが一目瞭然になる。

(8) 譲渡対象となる資産・負債の内容に応じた留意点

　スポンサーとの間での譲渡契約等のなかで、例えば「在庫評価については8,100とし、クロージング時点における事後棚卸等の結果を踏まえ、譲渡対価を調整する」といった取決めがなされているケースも存在する。このようなときには、金融機関に対する弁済原資を保守的に見積もることで、事後的に計画上の弁済見込額に対して実際の弁済原資が不足する、といった事態を回避する必要がある。

　また、比較的多くの案件において、対象会社の手元現預金は譲渡対象外とされているが、例えば譲渡対価は確定値、クロージング予定日時点における売上債権・棚卸資産・仕入債務が譲渡対象となっている場合、理論上、対象会社が意図的に棚卸資産の保有水準を落とし、売上債権化を経て現預金化した場合、他の条件を一定として、スポンサーに対するネット譲渡対象純資産は減少することになり、スポンサーには不利になる。逆に、仕入債務がクロージング予定日で想定していた残高と大きく異なったこと（例えば、仕入債務が予定より大幅に減少すること）により、想定手元現預金残高が大幅に減少した場合、他の条件を一定と仮定すると、スポンサーが承継する仕入債務が予定より減少することを意味することからスポンサーにとって有利になり、計画上想定していた金融機関借入金の弁済原資を満額確保できないといった事態が生じるおそれがある。

そのため、スポンサーと対象企業との間でクロージング予定日までの間、信義則に従って、両者でモニタリングする必要があると考えられる。

(9) **対象会社からみた会社分割・事業譲渡別の数値計画面での留意点**

対象会社からみた場合、計画数値面に影響を及ぼす事項として、消費税があげられる。

会社分割の場合、消費税は課税対象外であることから、譲渡対価に対して消費税を考慮して数値計画を立案する必要はない。一方、事業譲渡においては、譲渡対象資産のうち消費税課税対象となる資産については、譲渡対価のうち仮受消費税見合いの資金を金融機関に対する弁済原資から除外し、対象会社に残置したうえでクロージング後に納税する必要がある。譲渡対価が税込みで定義されているのか、税抜きで定義されているのかに留意しなければならない。

また、事業譲渡であればいったん従業員の解雇を前提とするケースが多いことから、退職金等は対象会社の残置資産から支払う必要があり、金融機関に対する弁済原資の試算にあたって考慮する必要がある。さらに、自己都合退職に基づく支給とするのか、会社都合退職に基づく支給とするのかについても、関係者間で事前にすり合わせる必要があろう。

(10) **残置資産の追加修正**

(7)の段階で譲渡対象資産・負債、残置資産・負債の切り分けが行われると、対象会社に残置される実態ベースの資産および負債が明らかになる。当該「実態」は当方の資産査定（時点修正）を反映させた後の数値であるが、ここでのひとつの例をもとに考察を加える（【図表8－2】n列）。

例えば、「ソフトウエア」という償却資産が時点修正後の実態貸借対照表で100と評価され、これは財務DDの評価基準に照らせば適正であったが、スポンサーに対する譲渡対象資産から外れ、対象会社に残置されたとする。譲渡対象外資産として残置された現預金以外の資産については、換価のうえ、同じく譲渡対象外として残置された負債の決済資金に充当する必要がある。

しかし、当該ソフトウエアが実際に換価不能と見込まれる場合には、時点修正時点における実態修正とは別に、この換価フェーズにおいても追加修正

を施さないと、実質債権放棄を要請する金融機関の残置借入金以外の負債（一般商事債務、租税債務、労働債務等）の決済シミュレーションに狂いが生じる（本来譲渡対価の算定段階で、負債の決済資金として対象会社に追加でプールしておくべきであった）ことになる。

したがって、対象会社に残置される資産および負債が確定した段階で、時点修正時における実態修正とは別に、換価可能性の視点を加えて追加修正を施すべき残置資産の有無を検討する必要がある。

⑾　清算費用・再生関連費用の織り込み

⑹のクロージング予定日時点における着地見込み表面BS残高の時点修正のところで当該費用が織り込まれていない場合には、残置負債に追加するかたちで当該費用を改めて織り込む必要がある（【図表8－2】n列）。この費用が計画上適切に織り込まれていないと、譲渡後の対象会社が特別清算等に向かうにあたり、実質債権放棄要請対象の金融機関借入金以外の要支払債務の支払のために対象会社にプールすべき換価可能残置資産の見立てに狂いが生じることになる。

なお、この費用の多寡は金融機関に対する弁済原資に直結するので、その内訳（代理人弁護士報酬、ファイナンシャルアドバイザー（FA）報酬、公認会計士報酬、検証関連報酬、税理士報酬、清算関連人件費、管財人報酬など）に対する金融機関の関心は高い。そこで、計画提示後になって金融機関からの質問が寄せられることを防ぐべく、あらかじめ数値計画には別途独立の項目として織り込んだうえで、内訳を明示しておくことが望ましい対応であると考えられる。

⑿　予備費の織り込み

スポンサーサイドのクロージング希望日との兼ね合いで、⑵～⑹の手続に要する十分な時間を確保することが困難なケースがある。しかし、そのような状況であっても、計画上金融機関に提示した弁済額を弁済段階で確保できなかった、という事態が生じないよう、計画上の弁済額試算プロセスでは細心の注意を払う必要がある。このため、手続上の制約や不測の事態に備えた「調整弁」として、一定の予備費を残置負債に追加計上することは有用である。金融機関に対しては、予備費を追加計上した理由、仮に予備費の一部が

費消されなかった場合には追加弁済原資に充当される予定である旨を事前に
アナウンスしておけば、難色を示されることは多くないと考えられる。

　もっとも、実務上は、非保全弁済原資がわずかであることから相応の予備
費を計上したくても計上できない「ギリギリ」の状況にあることが少なくな
く、計画提示段階でただでさえ少ない非保全弁済原資をさらに削って予備費
にまわすか否か、大変悩ましい決断を下さざるを得ない案件も存在する。

⒀　残置会社の要支払債務の確認

　ここで改めて強調しておきたいのが、スポンサーからの譲渡対価が明らか
になれば、それをもってダイレクトに金融機関に対する弁済額に結びつくわ
けではないという点である。

　というのも、スポンサー型再生案件（一括弁済型）において金融機関の弁
済原資になるのは、大きく①譲渡対価および②対象会社に残置されたネット
資産余剰額の合計であることから、厳密には譲渡対価のみでは弁済原資を語
ることができない。また、対象会社に残置されたネット資産（実質債権放棄
要請対象借入金を除く）がマイナスの場合には、譲渡対価から要決済残置負
債に係る決済不足額を控除したのちの金額が弁済原資になる。

　以上のとおり、残置されたネット資産余剰額は残置会社の要支払債務の多
寡に影響を受けることから、この要支払債務を確認することが極めて重要に
なる（【図表8-2】t列、u列）。

　この試算プロセスが計画で明示されていないと、計画上で提示している実
質債権放棄要請額（裏を返せば弁済額）が過剰支援にあたるのか否か判断す
ることができない。そのため、計画提示後に金融機関より追加資料の提示を
求められることになる。

⒁　役員等借入金・求償権放棄予定額と保証人財産目録との整合

　⑶のクロージング時点のBS予測において、クロージング予定日時点まで
の間における対象会社の資金繰りの状況を踏まえ、代表者等が資金注入（対
象会社からみれば役員等借入金増加、個人からみれば会社に対する貸付金増加・
その他個人資産減少）を行い、対象会社の資金繰りをつなぐことがある。

　クロージング時点のBS予測を行う段階で初めて資金不足に陥る状況が明
確になった場合には、⑸のプレDIP資金の必要性を検討するフェーズにお

いて、代表者等個人資金の注入の可否がクローズアップされることから、その検討結果がBS予測に反映されるものと考えられ、同時に保証人の財産目録記載の数値との整合も図られる。

ところが、DD基準日後、BS予測を行う前の段階で、代表者等が対象会社の資金繰りをつなぐべく、すでにつなぎ資金を注入しているにもかかわらず、BS予測にあたって注入済みの役員等借入金の捕捉漏れが生じるケースが存在する。この場合には、保証人の財産目録記載数値とBS予測残高との間で整合がとれなくなっているものと考えられる。そのため、BS予測にあたっては、貸借対照表から想定される最終的な代表者等借入れ等に対する放棄予定額と保証人財産目録記載額との整合について注意を払い、捕捉漏れが生じないように留意する必要がある。

⑮　**実質債権放棄要請額の確定、放棄要請額と実質債権放棄要請直前段階における実態債務超過の比較を通じた過剰支援・過少支援の有無検証**

前述のとおり、基準日実態貸借対照表からクロージング予定日までの間に行われる、実態BS予測に始まり金融機関借入金の実質債権放棄要請直前段階における対象会社の残置BS予測までの各フェーズにおいて、様々な要因によって純資産の変動が生じている。

具体的には——

①　修正前基準日貸借対照表からクロージング予定日時点における修正前BS予測時点までの間における期間損益変動に伴う純資産の増減（**【図表8－2】**d列純資産－a列純資産）

②　クロージング予定日時点における修正前BS予測値から修正後実態BS予測値への評価替えに伴う純資産の増減（**【図表8－2】**e列純資産）

③　スポンサーに対する譲渡対象資産・負債と譲渡対価の差額相当額である事業譲渡損益の計上に伴う純資産の増減（**【図表8－2】**j列純資産＋k列純資産）

④　対象会社に残置される資産に対して、換価可能性の観点から追加修正計上を行ったことに伴う純資産の増減（**【図表8－2】**n列純資産中の追加修正額）

⑤　清算費用・再生関連費用の織り込みに伴う純資産の増減（**【図表8－**

2】n列純資産中の織り込み額)

⑥　予備費の織り込みに伴う純資産の増減（【図表8−2】n列純資産中の
　　織り込み額）

などの増減が想定される。

　修正前基準日貸借対照表上の純資産に、これらの純資産の増減を反映する
ことで、対象会社の金融機関に対する実質債権放棄要請直前段階における、
残置資産・負債（実質債権放棄要請金融機関借入金および債務免除予定代表者等
借入金・求償債務を含む）および同実態純資産を明示することが可能となる。

　そのうえで、同実態純資産の大きさと、実質債権放棄要請金融機関借入金
残高および債務免除予定の役員等借入金等の合計額の大きさを比較すると、
両者の大きさが等しいことが分かる（【図表8−2】o列純資産額△198,100お
よびv列合計額198,100）。

　すなわち、上記試算プロセスから導かれた金融機関借入れに対する実質債
権放棄要請額（裏を返せば弁済額）が、債務免除予定の代表者等借入金等に
ついて免除を受けることによる純資産増加後の最終的な実態債務超過の金額
と合致していることを意味することから、この事実をもって金融機関に対し
て、一連の試算プロセスを経て導かれた実質債権放棄要請額は、過剰支援に
も過少支援にもあたらないことについて疎明することが可能となるととも
に、金融支援の相当性を疎明するための材料のひとつとなる。

　仮に金融機関借入れに対する実質債権放棄要請直前段階（役員等借入金等
免除後）における実態債務超過（例えば△186,100）に対して債権放棄要請額
（最終BS段階で残置された金融機関借入金。例えば187,100）が多い状況であれ
ば、金融機関にとって「過剰支援」の状況にあるものと判断されることにな
るが、これを前提に残置実態貸借対照表の状況を推測すると、換価可能ネッ
ト資産が1,000余っている状況のもとで187,100の放棄要請、放棄後同額の免
除益が計上されたのちの最終純資産は△186,100＋免除益187,100＝＋1,000
となり、余剰資産1,000見合いで、純資産が＋1,000残存していると考えられ
る。これが、数値上「過剰支援」の状況が顕在化している状況である。

　また、金融機関借入れに対する実質債権放棄要請直前段階（役員等借入金
等免除後）における実態債務超過（例えば△186,100）に対して同債権放棄要

請額（最終 BS 段階で残置された金融機関借入金。例えば185,100）が少ない状況であれば、金融機関にとって「過少支援」の状況にあるものと判断されることになるが、これを前提に残置実態貸借対照表の状況を推測すると、換価可能ネット資産が1,000不足している状況のもとで185,100の放棄要請、放棄後同額の免除益が計上されたのちの最終純資産は△186,100＋免除益185,100＝△1,000となり、不足資産△1,000見合いで、純資産が△1,000残存していると考えられる。これが、数値上「過少支援」の状況が顕在化している状況であり、このままの状態で金融支援が提案された場合には、金融機関に弁済したのちに、「再度検算した結果、対象会社の残置資産が1,000不足しており、要支払租税債務・労働債務・一般商事債務等の決済資金不足が想定されることから、金融機関に対する弁済予定額として提示した金額のうち1,000を返してください」という事態に陥ることになる。

　これらを踏まえると、最終段階において実質債権放棄要請額の確定、および放棄要請額と実質債権放棄要請直前段階における実態債務超過との比較を通じた過剰支援・過少支援の有無を検証することが重要になる。

　加えて、公認会計士の立場で改めてこれらの試算プロセスを俯瞰すれば、ある意味で当然の帰結であるが、それぞれの数値がもつ意味について、「過剰支援」「過少支援」との関連性と紐付けたうえで俯瞰する視点が欠けていると、バンクミーティングにおいて金融機関から「この計画は金融機関にとって過剰支援にあたるのではないか」といった趣旨の質問がなされた際に、思考停止状態に陥ってしまう。そのため、それぞれの数値がもつ意味を、事前にきちんと理解し、整理しておく必要がある。

　なお、当該「意味」に対する理解が希薄であることに起因して、過剰支援および過少支援の有無に関する数値上の疎明ができていない（純資産の動きに関する記載がない）数値計画も見受けられる。数値計画を作成する際には、純資産の動きも明示することが望ましい。

⒃　タックスプランの確認
　基準日時点の税務上の青色欠損金を出発点にして、一連の BS 試算プロセスのなかで生じた期間損益、評価損益、譲渡損益（試算プロセス上、スポンサーに対する譲渡損益は便宜的に資産査定後の譲渡対象資産・負債と譲渡対価の

差額として認識されるが、実際の経理処理は簿価ベースでの譲渡対象資産・負債と譲渡対価の差額として認識されることから、評価損益計上額および譲渡損益計上額と実際の会計処理上の評価損益計上額と譲渡損益計上額の内訳に差異が生じることになる)、その他追加発生損益を考慮したのちの想定青色欠損金、および同時点における期限切れ欠損金を試算したうえで、役員等借入金等の免除益および金融機関に対する実質債権放棄要請額が、欠損金の合計額の範囲内に入っていることを確認する必要がある。

(17)　**クロージング BS から導かれた金融機関借入金弁済原資（捻出源泉）と譲渡対価の関係要約**

(15)などでも触れたとおり、修正前基準日貸借対照表から債権放棄要請直前の対象会社の残置実態貸借対照表までの各試算プロセスを経ない限り、数値上どの角度から俯瞰しても整合性のとれた金融支援案を提示することは困難である。

その一方で、数字の読み手（例えば代理人弁護士、金融機関等）の立場を考慮した場合、「各試算プロセスを経て導かれた金額につき、間違いはない。よって返済原資は113,900である。詳細は上記 BS フローを確認されたい」といった趣旨の説明にとどめてしまうと、（公認会計士の立場であればともかく）読み手側の十分な理解が得られないおそれがある。読み手側の立場からすれば、複雑なプロセスを示すのではなく、譲渡対価から出発し、差し引くものは差し引き、加算するものは加算したうえで、弁済原資が明らかになる平易な表記が望まれよう。

筆者は、経験上、譲渡対価を先頭に配置し、その下段で一連の BS の試算プロセスをもとに試算された各種項目を加減算することで、最終的な弁済可能原資を示す形式に変換したうえで表記すれば、読み手側にとっても頭に入りやすいのではないかと感じている。また作成者の側からしても、事後的に当該加減算数値の根拠を求められた際に、上記 BS の試算プロセスに紐付けて疎明することが容易となる。

そこで、これらを考慮して作成したのが【図表 8 - 3】である。

なお、これは余談になるが、外部に対する「説明のしやすさ、理解のしやすさ」を重視したためであるものと考えられるが、当該譲渡対価と金融機関

【図表8－3】 スポンサー譲渡対価と金融機関借入金弁済額の関係

①	スポンサーからの譲渡対価		120,000
②	旧会社残置現金預金		3,300
③	旧会社残置担保提供資産		3,000
④	旧会社残置その他資産換価額		900
		①～④小計	127,200
⑤	未払賞与		△800
⑥	租税債務		△2,000
⑦	旧会社残置未払一般商事債務		△500
⑧	清算関連費用および予備費		△10,000
		⑤～⑧小計	△13,300
差引金融機関借入弁済原資			113,900

借入金弁済原資の試算プロセス表（【図表8－3】の趣旨の表）のみの提示にとどまっている計画を目にすることがある。検証担当の立場から、「この減算項目の根拠は」と作成者に照会したところ、十分な BS 試算プロセスを経ることなく試算した概算値にすぎなかったことが判明し、その後、根拠となる一連の試算プロセスを示してほしい旨を依頼した結果、当初の概算提示数値に考慮外の漏れが生じていたことが判明した事例や、対象会社の残置 BS に金融機関に弁済可能な余剰換価可能資産が残存するにもかかわらず、譲渡対価からその後必要と見込まれる諸経費見積額を減算するのみで、当該余剰換価可能資産の弁済額に対する加算反映が漏れていた事例等が、少なからずあった。

このような事例を踏まえると、見せ方は「シンプルなかたち」にしつつも、それぞれの記載数値の試算は「緻密なプロセスを経て」示すことが望ましい。

8 数値計画と金融支援案（数値部分）の整合性

【図表8－4】は、具体的な金融支援案（数値部分）の例示（金融支援案の

段階では、稟議をあげる金融機関の立場を考慮して円単位の表記とすることが望ましい）であるが、ここに記載されているそれぞれの金額と、7の計画フロー記載の金額の整合性、具体的には——

 ③ 振替後残高（300,000。以下千円単位表記）と【図表8－2】f列の短期借入金（10,000）および長期借入金（290,000）の整合性

【図表8－4】 金融支援案

〈非保全シェアの試算〉

（単位：円） ①   ②   ③（＝①＋②） ④

対象債権者	金融支援基準日残高（R02.4.30）	保証協会分振替	振替後残高	法人担保資 本社（土地・建物）
A行	290,000,000	－22,000,000	268,000,000	65,000,000
B行	7,000,000		7,000,000	
C行	3,000,000		3,000,000	
保証協会		22,000,000	22,000,000	
合計	300,000,000	0	300,000,000	65,000,000

〈弁済金額の試算〉

    ⑩（＝④） ⑪（＝⑥） ⑫（＝⑫合計×各⑨） ⑬（＝⑩～⑫計）

対象債権者	スポンサー譲渡対価からの弁済額			スポンサー譲渡対価からの弁済額合計
	保全資産対応借入金弁済額	物上保証人（個人）担保資産対応借入金弁済額	非保全借入金弁済額	
A行	65,000,000	10,000,000	31,210,360	106,210,360
B行			1,131,981	1,131,981
C行			0	0
保証協会			3,557,657	3,557,657
合計	65,000,000	10,000,000	35,899,998	110,899,998

                  ↑

【図表8－2】k列と合致（円未満端数切捨て処理）

⑩　保全資産対応借入金弁済額（65,000）および⑪物上保証人（個人）担保資産対応借入金弁済額（10,000）と【図表8−2】h列の新会社移転資産（担保資産）（75,000）の整合性

⑫　非保全借入金弁済額（35,900）と【図表8−2】k列の短期借入金（10,000）および長期借入金（100,900）の合計額（110,900）から上記保

⑤	⑥	⑦（＝④〜⑥計）	⑧（＝③−⑦）	⑨（＝各⑧／⑧合計）
産評価額	個人担保資産評価額	担保資産評価額合計	非保全残高	非保全シェア
有価証券	本社土地			
	10,000,000	75,000,000	193,000,000	86.9369%
		0	7,000,000	3.1532%
3,000,000		3,000,000	0	0.0000%
		0	22,000,000	9.9099%
3,000,000	10,000,000	78,000,000	222,000,000	100.0000%

⑭（＝（⑫／⑧）	⑮（＝⑤）	⑯（＝⑬＋⑮）	⑰（＝③−⑯）
非保全借入に対する弁済率	旧会社残置担保資産による弁済額	金融機関への弁済額合計	実質債権放棄要請額
16.17%		106,210,360	161,789,640
16.17%		1,131,981	5,868,019
0.00%	3,000,000	3,000,000	0
16.17%		3,557,657	18,442,343
16.17%	3,000,000	113,899,998	186,100,002

　　　　　↑　　　　　　　　　　　↑
【図表8−2】p列と合致　　【図表8−2】v列と合致

全資産対応借入金弁済額（75,000）を控除した残額（35,900）の整合性

⑮　旧会社残置担保資産による弁済額（3,000）と【図表 8 − 2 】 p 列の
　　別除権（3,000）の整合性

⑰　実質債権放棄要請額（186,100）と【図表 8 − 2 】 v 列の長期借入金
　　（186,100）の整合性

を確認する必要がある。

　なお、7 で説明した計画フロー内の【図表 8 − 2 】 g 列に個人所有担保資
産の疑似取り込み（実際に対象会社が個人から譲受け後にスポンサーに譲渡する
契約になっている場合には、「疑似」ではないケースもある）が行われている場
合には、計画フローから導かれた実質債権放棄要請額と上記⑰は合致する
が、取り込みが行われていない場合には、上記⑰に上記個人所有担保資産の
金額を加えた金額が、計画フロー上の実質債権放棄要請額（【図表 8 − 2 】 v
列）と整合することになる。

　そのうえで、当該実質債権放棄要請額に対して連帯保証人の保証履行の局
面において、個人所有資産のなかから非保全弁済が行われたのちに金融機関
の債権放棄額が確定するという流れを想定している。

　また、上記のとおり弁済原資を⑩〜⑫および⑮の区分で分別表記すること
で、金融機関や代理人弁護士にとって、金融機関に対する弁済原資の発生源
泉が明確になるのみならず、どのタイミングで弁済可能かについても把握す
ることが容易になる。

第 9 章

座談会
DDに臨む専門家の意識と姿勢

1 はじめに

福島 本日は、お時間をいただきありがとうございます。

本日のテーマは、原稿を執筆いただく際に「ここの部分はうまく書き切れなかった」とか「いくつかあった論点のうち本文では触れられなかった」ものをピックアップしてみました。

ひとつは、「大きな粉飾などの問題点を発見してしまったとき、どのように対応するか、対応すべきか」というもの。デューディリジェンス（DD）のなかで、これが明るみに出ると案件の進行自体に影響を与えそうだ、というものをみつけてしまったときにどのように対応をすべきかというテーマです。もうひとつは、いわゆるフルスペックで行うDDと、手間や時間をかけないで行う簡易なDD——この座談会では、それぞれ「フルDD」「簡易DD」などと呼ぶことにします——という考え方があるなかで、「フルでもなく簡易でもないDDの落としどころ」を探ろうというテーマです。

様々な案件に対応するなかで、悩ましい場面に遭遇するケースは少なくないと思うのですが、いずれのテーマも、その根元の部分には専門家としての意識や姿勢、もっといえば「専門家の矜持」という大きなテーマがあると考えています。そこで、本日は長く中小企業再生支援全国本部［編注：現・中小企業活性化全国本部］にいらっしゃった藤原敬三さんをお招きして、座談会を行うことにしました。みなさまには、これらのテーマも念頭においていただきながら、お話しいただければと思います。

藤原 本書の先生方の原稿を拝見し、やはり財務DDは奥深いということも改めて感じました。今日の座談会の大きなテーマは「専門家の矜持」ということですが、これは究極の目標、究極の課題だと思います。実際、再生案件に取り組んでいますと、公認会計士の先生ばかりではなく、弁護士などの他の専門家、案件に携わる多くのみなさまがここにぶつかって悩んでいらっしゃると感じています。

そのなかで、今日は粉飾を切り口にしていただいているのですが、再生案件で頭を抱えてしまうケースというのは、何も粉飾に限らず、債務者企業にとって命取りになることや要望もあります。債権者の金融機関、特に地域金

融機関にもいろいろ配慮しなければなりません。さらに「真のクライアント」は誰か——中小企業活性化協議会［編注：旧・中小企業再生支援協議会。以下、この座談会では再編の前後を問わず「協議会」と呼びます］から依頼を受けた案件は協議会の立場で対処することになりますが、他方でふだんは地元の金融機関から依頼を受ける案件も多いので、その顔色をうかがってしまうことはないか。これは先ほど福島先生が指摘された「専門家の矜持」というところにもつながると思います。

　DDに携わる専門家の先生方が、どのような点に悩みを抱えていて、その悩みをどうやって解決あるいは整理しているのか、今日はそのようなお話をうかがうことができればと考えています。

2　大きな粉飾と再生可能性

⑴　粉飾案件と経営者責任

福島　1つ目のテーマは、大きな粉飾を発見した場合ないし最終段階で再生阻害要因といいますか、案件を壊しかねない事情を発見してしまったときに、DDに携わる専門家としてどのように対応すべきか、実際にどのように対応されているか、という点です。

　最初に、藤原さんから、想定される事例や、かつて東京の協議会や全国本部にいらっしゃった際のご経験などから、問題提起をいただければと思います。

藤原　協議会に相談にきた案件のDDをしていたところ、DDをお願いした先生から、「この債務者は、反社会的勢力（反社）との関係が疑われます」という中間報告がありました。

　そうすると、協議会案件としてこれ以上進めることは難しいのですが、そうはいっても進められない理由を協議会からオープンにするわけにもいきません。そこで、社長とお話をして「進め方について協議会と言い争いになってしまったので、もう協議会には頼まないことにした」というかたちで協議会への相談を取り下げ、いったん協議会に来る前の状態に戻して、そのうえで個別に金融機関と交渉を進めてほしいとお話をして、社長からもご理解をいただいたケースがありました。

これはちょっと極端なケースなのですが、いわゆる問題案件というか、一筋縄ではいかない案件に直面したとき、われわれはどのように対応すべきなのでしょうか。

　福島　私は、反社関連案件の経験はないのですが、みなさまはいかがですか。

　安齋　私も反社関連案件の経験はないのですが、協議会のサブマネージャーとして在籍していた際に、似たような案件がありました。

　その当時は経験が浅く、どうやって手を引いたらよいか見当がつきませんでしたので、金融機関出身のサブマネージャーの方に教えていただいて対応したのですが、仮に協議会が理由を説明して打ち切ることにしたとしても、各金融機関に情報が伝わるタイミングには時間差が出てしまうことがあります。そのため、藤原さんの案件と同じく、理由を明らかにせず、自ら案件を取り下げていただくかたちで切り抜けました。

　というのは、案件が協議会のテーブルに載っている間は、DD 期間中であっても、金融機関には返済猶予というかたちで足並みを揃えていただいています。いわば協議会を信じて待っていただいているわけですが、案件が取り下げられたあとは「よーいドン」状態になりますから、そこから回収モードになるのか、新たな再建策を練るのかは金融機関の判断です。ですから、情報提供のタイミングには非常に神経を使いました。

　牛越　私は、協議会アドバイザーではなく、債務者アドバイザーの立ち位置で関与したのですが、社長や経営陣の経営管理や会計に対する認識の甘さがあり、金融機関に「黒字決算でなければならない」という固定観念にとらわれていて、売上高や在庫を操作することで利益を水増ししていた事案がありました。長期間、利益操作がされていたので、過去の帳簿数値に信頼がおけない状況で、事業性の把握も含めてメインバンクから関与依頼があったものです。残念ながらいずれも数年後に破産してしまいました。

　粉飾案件だったから破産したというような単純な話ではありませんが、これらの案件の経緯についてのちほど詳細にお話しできればと思っています。

　鏡　私が所属する会社では、これまで約180件の協議会案件に関与していますが、そのうち３件が途中で取下げになっています。いずれも当社が DD

をしているなかで粉飾が発覚したものの、債務者としては「金融機関には絶対にオープンにできない」というケースでした。牛越先生と同じく後日談にはなりますが、やはり3件中2件がその後に破産しています。一方、計画策定が完了した案件では、新型コロナウイルス感染症の影響もあって破産する会社が出るまでは、破産したケースはありませんでした。

　これは結果論というところはありますし、私自身の願望も多分に含んでいるのですが、現実には、DDに取り組んでいると多くの案件で粉飾を発見します。ただ、経営者が過去の誤りを素直に認めたうえで、覚悟をもって再生に真摯に取り組むからこそ事業再生が成功するのではないでしょうか。また、そういう経営者だからこそ、われわれも全力でサポートのしがいがあるように感じています。

　福島　「隠したまま前に進めても、あとで結局うまくいかなくなるな」ということは分かりきっていますから、協議会案件であれば、協議会とも相談しつつ債務者に自ら依頼を取り下げてもらうよう説得する。それで、「協議会案件としてはおしまい」ということになるのでしょう。

　もちろん、債務者企業自体がそこからすぐに破産するしかない、ということではありませんが、案件を取り下げざるを得ないような事態が生じているケースでは、正直に申し上げますと、そのあと長続きする企業は少ない、というのが実情だと思います。

　牛越　粉飾案件について、具体的にご紹介します。

　本件は某業界の卸売企業で、創業社長が当時70歳近い高齢でした。その方が、かなり昔のことになりますが取引先等に対して過剰接待を繰り返していたそうです。加えて、売掛金・在庫の水増しや借入金・預金残高を改竄し、金融機関ごとに異なる決算書を作成し、説明していたという経営者のモラルが問われる案件でした。社長が高齢だったこともあって事業承継を進めなければならず、この粉飾分も含めて過剰債務であるということで、協議会で再生計画を策定することになったものです。お子さんが何人かいらっしゃいましたが、一番若いお子さんが、これまでの創業社長の諸行為の責任も受け止めながらフレッシュスタートしたいということで、この方が会社を引き継ぎつつ、創業社長は個人破産することになりました。

本件では、①事業性はあるのか、②誰が経営を担うのかの2つがポイントになりました。

　過去長期間にわたって販売システムや実地棚卸原票などの原データそのものが改竄されており、過去の正確な損益水準が分かりませんでした。そのため、システムを入れ替え、半年ほど正確に経理記帳することでしかこの会社の収益性を確認するすべがありませんでした。しかし、この会社が特定分野で地域経済を支えている側面があったこと、また取扱商材も外部環境が追い風の状況にあったこともあり、これらが事業性を補完する材料となりました。さらに、従業員の多くも誠実に働いていました。取引金融機関は10行を超えていたのですが、粉飾の内容やその経緯をつまびらかにしながら、協議会の枠組みでDDS計画に同意していただくことができました。タイムリーかつ正確な経営数値の把握に多大な労力をかけることになりましたが、その結果、一定水準の収益性が確認できたことで、計画にご理解をいただけたのだと考えています。

　一方で、今後の経営を誰が担うのかというガバナンスの問題については難航し、外部スポンサーによる支援や地域ファンドの活用などについて関係者間で多くの議論がなされましたが、結局、創業者本人の意向もあり、先ほどのご子息が経営を継がれることになりました。しかし、残念ながら新社長・新経営陣には組織を再構築して計画を実行することができませんでした。徐々に取引先や従業員が離反していき、最終的に破産となってしまいました。

　いま思えば、外部スポンサーなどの支援を受けながら、第二会社方式等を活用して、より踏み込んだ抜本再生計画を策定すべきだったのではないかと後悔しています。

　藤原　安齋先生からご紹介のあったケースも、私が紹介したケースも、「協議会として社長に案件を取り下げてもらう」ことの意味は、「ここでもう終わりですよ」と会社を見捨てることではありません。「協議会手続では対応できないけれども、ほかの手法がないわけではないよ」ということで、むしろ次の道につなげるためのアプローチだと理解しています。

　そのうえで、いま牛越先生からご紹介があったような経営者に問題がある

ケースについて、事業を引き続きその経営者に任せてよいのか、というのは確かに悩ましい問題です。

　ただ、そのような案件で私が常に心がけてきたのは「事業を営むのはあくまで経営者なのだ」ということです。決して金融機関ではないし、弁護士や公認会計士などの専門家でもないわけです。自主再生を目指す、スポンサーの支援を仰ぐ、いずれのケースであっても、協議会を含む専門家は精いっぱいのアドバイスをしますし、検討材料も提供するけれども、「最終判断するのは当事者である」という点は、結果責任は当事者が負うということが重要なのだと思います。そのためにも、当事者自身に「自分はリスクを承知のうえで決めたのだ」と、納得して決断していただく必要があると考えています。

　どうしても事業ですから、結果としてうまくいかないケースはあります。ですが、私はいつもそのように割り切りながら案件に取り組んでいました。

(2)　「粉飾認定」は必要か

　金子　いま、取下げという議論が出ていて少し心配になってきましたが、ひとくくりに「粉飾」といっても、減価償却をしていないという程度から始まり、牛越先生が紹介されたような大規模な架空売上げというところまで、程度の差が大きいです。「協議会案件のなかで粉飾のないケースはほとんどない」といったら少しいいすぎかもしれませんが、およそ粉飾があったら問題であり、取り下げるか取り下げないかを議論する、ということになってしまいますと、それは非常に怖いなという気がしています。もちろん、悪質度が高い場合には対応を検討することが必要だと思いますが、案件の取下げというのは、それが即破産に結びつくものではないとしても、かなり重大な結論だと感じています。

　一方で、このような案件に携わっていますと、専門家として困るケースはいくつかあります。その最たるものが、「DDの結果、過去の数値に大きな修正が入ってしまいました」というケースです。そのことをバンクミーティングで報告しますと、金融機関側から「先生、これは粉飾ですか？」という質問を受けるのです。

　経営者自身が粉飾であることを認めているケースでは悩みはないのです

が、なかには、「これは単なるミスだ。粉飾ではない」とか「部下が勝手に
やったので、自分はあずかり知らないことだ」とか、経営者が釈明をしてい
るケースもあります。また、メインは粉飾の責任追及をしたいけれども、メ
イン以外は「そんなことを正式に認定してくれるな」と考えているという具
合に債権者間で思惑が異なるケースもあります。

　私自身がそのような質問を受けたときには、「私は、経営者の内心を調査
しているわけではないので分かりません」と答えるようにしています。私は
あくまで会計の専門家ですから、実態を表す正しい数字を割り出すのが仕事
であって、犯人を聴取して自白させたり、故意なのか過失なのかを取り調べ
たりするわけではないですよ、と……。このようなケースで、その数字の誤
りを専門家として「粉飾」認定してよいのか。この点を毎回大変に悩ましく
感じています。

　福島　私も同じような事案に当たったことがあります。

　親子会社間で売上げをあちらに付けたりこちらに付けたりして、連結すれ
ば相殺されるはずなのですが、そのままにしていたのです。そうすると、金
融機関には売上げが倍にみえますから「どんどん成長していてすごい会社
だ」と貸し込んでしまったのですね。ところが、DDをすれば当然「この売
上げはただの『行って来い』ですから、連結ベースでみれば半分程度になり
ますよ」とお示ししたところ、先ほどの金子先生と同じく「これは粉飾では
ないか」と大騒ぎになりました。

　この会社は売上げを大きくみせ、運転資金が必要だからという名目で借入
れをしていたので、金融機関は「ウソをついて借りていたのか」と責めるの
ですが、経営者は「それは見解の相違です。自分は堂々と売上げだと思って
います」と頑として認めません。専門家としても困ってしまいまして、「あ
とは金融機関としてどう判断しますか」ということになるわけですが、ちょ
うど新型コロナウイルス感染症の影響が広まってしまいましたので、メイン
から「まずは暫定リスケにして、今後本当に利益が出るかどうかを見極めま
しょう」と説得があり、いったんペンディングになりました。

　ちなみに、私も金子先生と同じく「これはわれわれが判断する話ではあり
ません」というスタンスです。監査でいうところの不正なのか誤謬なのか、

経営者がどのような意図で処理したのかは、会計の専門家が判断できることではありません。ですから、そのときもそのように説明しましたし、いまでもそのようにしか説明しようがなかったと思っています。

金子 よかったです。同じで（笑）

藤原 協議会にも同じような質問が寄せられることがありますが、協議会は裁判所ではありませんから、やはり粉飾かどうかを判断する立場にはないわけです。そして実際にも、程度の差こそあれ粉飾はありますから、その点だけを取り上げてことさらに責任追及をすることは、少なくとも協議会ではしたことはないと思います。

ただし、これは「粉飾を不問に付せ」というわけではありません。現状を踏まえて、これからいかに再建を図るのかを考えるにあたっては、ステージを切り替えていくことが大事だということです。ですから、少しでも再建可能性があるのであれば、協議会とDDをお願いした先生方が一緒になって、金融機関に理解してもらう努力をすることになるのでしょうね。

金子 そうですね。協議会から「粉飾認定をせよ」と求められたことはないです。金融機関からバンクミーティングの場で質問されるケースがほとんどだと思います。

藤原 かつて協議会で携わった案件で、ひどい事例がありました。一次面談の場で、それこそ十何種類でしたか、金融機関ごとに全部違う決算書を出していると、それを堂々と白状されたので、「そこまでいくと、さすがに犯罪ですよ。もし本当ならば、公的機関である協議会として黙認できません。冗談ですよね？」と……。昔の話ですが。

(3) 粉飾と事業再生の可能性

安齋 私も、以前担当した案件で、取引金融機関ごとに決算書を変えていた案件がありました。当然DDのなかで明らかになり、バンクミーティングでも議論になりました。

ただ、そのあとその案件がどうなったかというと、粉飾の度合いとしては悪質だったのですが、事業性が確認できたのでスポンサーが現れたんです。金融機関にすべてオープンにしたので、当然金融機関からは「経営者保証ガイドラインの利用なんか絶対に認めない。とにかく社長は破産だ」といわれ

たわけですが、事業性が認められたことでスポンサー案件としてまとまった。

　そのため、最初の話に戻ってしまうのですが、ステージの切替えが大事であって、「粉飾が巨額・悪質だから取下げだ」という判断もあるとは思いつつ、それとは別に、粉飾の影響が業績にどの程度及んでおり、その点を補正したら何が残るのか——例えば粉飾の影響を考慮しても足元の事業性が認められるのであれば、経営者自身の責任についてはいったん脇において、再生方向で案件が進むことはあると考えています。

　赤坂　私も、いま安齋先生が指摘されたのと同じような印象をもっています。

　粉飾の事実があったとしても、事業性が認められるのであれば、「まずは事業性を判断して案件を進めていきましょう」と、切り離して議論できるケースが多いと感じています。とはいえ、計画策定の段階では経営責任論がついてまわりますから、その段階では、粉飾に至る経緯や責任の所在などについて金融機関から説明を求められます。そのため、計画のなかで過去の経緯も含めた説明責任を果たし、それを債権者である金融機関がどのように受け止めるのか、というところに着地すると思っています。

　この点について、最近少し気になっているのは、専門家が思っている以上に金融機関が割と粉飾に対して「慣れっこ」になってしまっているかもしれない、ということです。バンクミーティングを開催しても、われわれは「これは悪質な粉飾だし、相当ハレーションが起こるだろうな」と覚悟していた案件なのに、意外にも大きなリアクションがないまま終わってしまうことが多くて、経営者も「なんだ、こんなもんなんだ」と拍子抜けするというか、変に安心してしまうケースがあります。なので、経営者に自覚と反省を促すためには金融機関の側にもいうべきことはいってほしい、と感じることもままあります。バンクミーティングの場では声を上げづらい面があることは理解しますが、そのような案件のなかには、計画策定段階に進んでから責任論が蒸し返されることがあり、経営者もそこで責任追及されることを想定していなかったために金融機関に抵抗してしまって、対応に苦慮するケースもあります。

安齋　協議会には、一種の「ガス抜き」の場を提供するという機能もあると感じています。経営者にも事前にきちんと覚悟を決めていただく。そして金融機関には、場合によっては経営者のいない状態でバンクミーティングを開催し、とにかく思いの丈や不平・不満をぶつけていただく。そのうえで、「お気持ちは分かるけれども、事業性がありますよね」「それを踏まえて、過去の不正に罰を下すのか、責任は果たさせつつもチャンスを与えてみるのかは、金融機関自身の支援姿勢や考え方次第ですよ」というかたちで、案件に取り組む方法もあるだろうと感じました。

　私が協議会に在籍していた頃ですが、粉飾の事実を報告しましたら、ある金融機関の担当者がやにわにテーブルを叩いて「どうしてくれるんだ！」と怒鳴りかかってきたんですね。私は思わず飛び上がってしまいまして、当事者ではないにもかかわらず「すみません、お気持ちは分かりますけど……」となだめる役にまわりました。

　ただ、いまにして振り返れば、それはそれでひとつのガス抜きにはなったのかなと思っています。というのも、その案件はそれで頓挫したわけではなくって、紆余曲折ありながらも計画成立に至ったからです。

　青柳　再生は、債権者と債務者の信頼関係の上に成り立つものです。粉飾はその信頼関係を破壊する重大な裏切り行為ですから、特に自力再生においては経営者がきちんと謝罪して信頼回復に努めることが第一歩になります。実際には粉飾や不正とまではいえないボーダーラインのケースもたくさんありますが、そもそもグレーゾーンであることを悪いと思わない、そういう会計リテラシーの低さも信用を失う原因です。

　であれば、まずはそのような態度を真摯に反省して改めることから再生は始まっているわけです。そして、われわれは、そのような反省を経営者に促すことも、会計の専門家としての責務のひとつではないでしょうか。

　そのうえで、なぜ粉飾をしてしまうのかと考えますと、今日のテーマである「大きな粉飾」が発覚するようなケースでは、資金流用の隠蔽などを目的とするものはあまりなく、赤字の隠蔽や利益の水増しを目的とするものが圧倒的に多いと思います。つまり、事業性が極めて厳しいから大きな粉飾をするわけです。DDで大きな粉飾が発覚したというのは、お医者さんで例えれ

ば、手術で開腹してみたらとんでもない腫瘍がみつかった、というのと同じです。そこで、発見して終わりなのか、そうではなくて助けるのか、助けられるのかという話につながってくるのだと思います。

この腫瘍を取り除く、つまり問題を解決するためには、債権者から時間をもらって事業性の実態を見極めたり、改善を進めたりすることが求められますが、その前提として、そもそも再生に向けたチャンスをもらえるのか、それとも再生をあきらめるのかという判断が必要になります。そのようなケースで──お手上げするのは簡単なのですが──専門家として再生に向けた仕事をするのであれば、どの点にチャンスを見いだすことができるのか、どの点を説明すれば金融機関からチャンスをもらえるのか、どの点を改善すれば儲かるようになるのか、こういった青写真を描くことに力を尽くすことになるのだと思います。

(4) 金融機関・協議会側の課題

藤原　みなさん、公認会計士として、大きな粉飾は隠せない、黙ってはいられない、という点は専門家の矜持としてもっていらっしゃるのだと感じました。とはいえ、だからといって粉飾のあった事業者を、そのことだけを理由につぶすわけにもいかない、という点も共通していたと思います。

そのなかで、いま「事業性」という話が出てきました。特に新型コロナウイルス感染症の影響が長引くなかで、事業性を重視する傾向が高まっていると思われます。その事業性判断を見極めるために時間を与えられるかどうかを判断するのは債権者ですから、そのための助言をすることも協議会の役割になってきていると考えています。いま、粉飾があったからといって、それだけを理由に再建の道を閉ざすケースは、時代遅れとまではいわないまでも少なくなっていると感じています。

それだけ事業性に対する意識が高まってきて、そちらに意識が移りつつあるのかなという感じがするのですが、債務者側ではなくて、金融機関や協議会側に問題があるという事例はありませんか。

福島　私は、ずいぶん前にあるコンサルタントの方から「メインバンクからDD費用のキックバックを要求され、これを断ったらメインバンクがその会社の支援を打ち切ってしまった」というお話をうかがったことがありま

す。自分が携わったわけではないので、協議会案件かどうかも含めて真偽の
ほどは不明ですが……。

　鏡　ちょうどリーマンショックの頃の話ですが、倒産した会社の借入金を
実質的には迂回融資によって肩代わりさせられた案件がありました。倒産し
た会社の借入金を代表者個人が第三者保証していたのですが、結果的に金融
機関から個人として1億円超の融資を受けて、その金融機関に対する保証債
務を履行したというものです。実は、この会社には、継続的にいまでも関与
していて、何かの折にその話題が出ることがあるのですが、このような場面
に遭遇したときに、専門家としてどう対応すべきなのか、いまだに答えは出
せていません。

　藤原　まさに専門家の矜持という意味で、私からひとつうかがいたいので
すが、それは最近よく耳にするM&Aについてです。成約額の一定割合を
「紹介料」などと称してキックバックするケースが一般化していますよね。
しかも、それが堂々とオープンにされていて、金融機関側にもそれでまかり
通っています。そして、M&AのためのDDを行う場面でも「銀行が紹介し
ているのだから、銀行にいくらかバックしてくれ」という事態が起こってい
るということも耳にします。

　これはコンフリクトが生じるおそれがあり、私は大変問題だと感じます。

　福島　私自身は、直接そういったことをもちかけられたことはありませ
ん。「そんなの受け付けないよ」というオーラをいつも出しているからかも
しれませんが（笑）。

　金融機関とは、ビジネスマッチングのお手伝いをすることはあります。
もっとも、とかく再生事案で、ビジネスマッチング的なことを求められる案
件については「コンフリクトが生じるおそれがあるので受けられません」と
断るようにしています。

　金子　以前はいろんな金融機関から、そういう話がありました。

　ただ、これは、どちらかというと、紹介料が欲しいというよりは、いま地
域金融機関がコンサルティング機能の発揮を求められるなかで、マッチング
契約の成約数を増やしたいというニーズがあって、その関係での相談が多
かったという記憶があります。私も、特に再生コンサルティングでは、コン

フリクトの問題があるので、あまり積極的には取り組みませんでした。

　あと、再生案件は金額の割に原価がかかって不採算ですので、再生についてはご遠慮して、M&Aなどの利益率の高いものについてご一緒しましょうとなったケースもありました。

　牛越　私たちは、正常先のコンサルティングに関してのビジネスマッチング契約を、かなりの数の金融機関と締結しています。一方、再生案件については、3〜4年ほど前からマッチング契約の範囲に入るかどうかの質問が様々な金融機関から入りまして、要は「再生案件を紹介した金融機関が紹介先から報酬をもらうことの是非」について意見を求められたわけですが、多分みなさまと同じ感覚で──特に協議会案件などではわれわれも中立の立場ですから──再生案件は基本的にはマッチング契約の対象外です、とお伝えすると、金融機関も理解を示されることが多いです。

　この点は、金子先生も指摘されたように、いま銀行のコンサルティングサービスが直面し始めている問題だと感じています。金融機関が、要注意先以下に対して計画策定支援サービスを提供されているケースも珍しくありません。ただ、金融支援やニューマネーが必要なケースでは、金融機関が行う計画策定支援サービスの提供と、当該金融機関による金融支援・ニューマネーへの期待が混同される場合もあるので、債務者や他の債権者対応には留意が必要かと思います。

　鏡　ちょうどいま、当社から出向者を出している金融機関からの紹介で、経営改善計画策定支援事業（405事業）に取り組んでいる案件があります。金融機関からの紹介案件の場合、債務者企業とすれば「金融機関サイドのコンサルタントではないか」という勘繰りや不安もあると思います。実際、その案件でも、計画策定の段階で社長から「お前はどっちの味方なんだ」と面と向かって問いただされました。

　紹介料のやりとりはありませんし、金融機関から紹介を受けているからといって金融機関に寄り添うことはないけれども、かといって金融機関の意向を無視して債務者企業の利益のみを完全追求というのも、弁護士のように債務者企業の代理人ではない以上、ちょっと違うと思うのです。そのときは、「貴社の事業再生にとってベストなものを計画に盛り込んで金融機関に説明

します。ただ、金融機関に対しても理不尽なリクエストはできません。あくまで中立な立場の専門家としてベストを尽くします」と答えました。

　この債務者企業は、十数年前に工場を建設して以来、高い金利を払い続けているせいでなかなか元本が減らないという不満があって、この計画作成を契機に金利を引き下げたいというねらいがありました。私にしてみれば、こちらは要注意先でもありましたので、そこまで高い金利だとは思えなかったのですが、十数年間ずっと変わっていないことと、世間では１％切るような水準で借りている先がたくさんあるということを耳にしていたので、そのような思いがあったのでしょう。

　正直に申し上げると、この案件で金利引下げは難しいと考えていたのですが、特許を取得するなど将来性が期待できる新規ビジネスの目途が立ち始めていたというプラス材料や、金利引下げによる支払利息減少額を半年ごとに内入れ弁済に充てるという条件にしたこともあって、多くの金融機関から金利引下げについて応諾をいただけました。結論だけみると、非常によい結果になったのですが、私自身には当初の見立てとの違いなどの点で反省すべきこともあり、また改めて「誰の立場で仕事をするのか」を考えさせられた一件でした。

3　DD が目指すべき理想型

⑴　簡易 DD が求められる事情

福島　次のテーマは、冒頭でもお話しした「フルでも簡易でもない DD」です。本当はフルでやりたいし、やってほしいけれども、時間やコストの関係でそこまでできないケースがあります。そのようなケースであっても「最低限ここまでは必要だよね」という、いわばフル DD と簡易 DD の間のゾーン──いわば落としどころを探っていきたいと考えています。

藤原　協議会では、一次対応の際に、おおよその「再生のイメージ」をつくるのですが、そのとおりいくかといえば、そうならないことも非常に多いです。財務 DD を進めていくなかでいろいろなことが明らかになって、当初の見立てである「再生のイメージ」を修正しなければならなくなるからです。

実際に DD に携わる先生方も同じように見立てをされると思うのですが、手続が進んでいくなかで、これはもう一段深掘りしなければ、という場面が出てくると思います。そういったケースで求められる水準を教えていただければと思います。

　青柳　私はいわゆる簡易 DD の経験がないので感覚的な話になってしまうのですが、仮に簡易 DD を求められたとしても、手続の入口段階では、基本的にはフル DD で行こうというスタンスで臨むと思います。そのスタンスをとりつつも、そこまでやらなくても他の手続や既存の資料である程度心証が得られる点だとか、全体のなかでこなすべきポイントの優先順位や証拠力を考えながら、フル DD で求められる手続から項目を省略（割愛）していくのが簡易 DD という位置づけになるでしょうか。

　そうだとしても、時間をかけられないからという理由だけで必要なステップを省略することはないと思います。心証を得るための材料はきちんと集めて、この材料があるからここは省略しても大丈夫だ、といった具合にして、簡易といっても一定レベルの心証が得られるようにしていくと思います。逆にいえば、たとえ時間の問題があったとしても、心証が得られないときにはスケジュールも延ばしてもらうべきです。個人的なスタンスとしても、フィーに関してもあまりこだわらずに柔軟に対応するだろうと思います。

　赤坂　私自身も、過去の案件を振り返ってみて、文字どおり簡易 DD で受けた案件は実はそんなに多くないという印象です。「報酬の総額をこれぐらいで抑えたいので、その範囲内でできることをやってもらいたい」という依頼を受けることはあるのですが、こちらからの提案の段階で「今回の案件の目的を達成するためには最低限これぐらいの業務範囲や作業深度が必要ではないか」ということを金融機関、対象企業にしっかりとお伝えして、われわれが不十分と感じる業務範囲などを前提としたご依頼は、申し訳ないのですができるだけ回避するようにしています。実際、そのように説明をすれば、その工数や作業期間を受け入れていただけることが多いです。

　簡易 DD が求められるのはコスト面での要請が強いからだと思っています。特に再生案件の場合、金融機関からすればフル DD をするに越したことはないけれど、対象企業の資金繰りが厳しい、だから少しでも安くお願い

242

したいと……。

　われわれもそこは理解できますから、そうはいっても目的を外さないためには最低限この業務は行います、一方でここはおそらく現時点では大きな影響はないのでスコープから外しましょう、というような切り分けを、受注段階で丁寧に行うようにしています。

　金子　私も実際に簡易 DD をした経験はありません。赤坂先生と同じように説明を尽くして、予算も調整して、そういった結論にならないようにしていました。もっとも、相談段階では結構そのようなリクエストはあったと思っています。

　ですから、私も仮定の話になってしまうのですが、もろもろの理由から「簡易なものにしたい」ということであれば、やはり怪しいところ——棚卸資産、売掛金などの粉飾がありそうところを中心に調べていくことになるでしょう。ただ、メインはそれで十分だと考えていたけれども、バンクミーティングで「今回は金融機関の要請で簡易 DD にしています」と説明をしますと、メイン以外の金融機関から「そんな話は聞いてない」とか「なぜ簡易なのですか。きちんと調べてください」という異論や批判が出ることもありそうです。つまり、そもそも DD のスコープについてのコンセンサスが得られていない。

　そうすると、簡易なものにするために調査を行わなかった点について質問を受け、対応しているうちに、結果的に費用も含めて簡易 DD ではなくなってしまった、ということになってしまうケースもありそうです。

⑵　DD に求められる水準

　青柳　先ほどは、自分が DD を行う場合を念頭にお話ししましたが、DD を依頼する側は、たとえ簡易なもので済ませるといっても、きちんと対象会社の中身が理解でき、質問を受けても答えられる程度——売上げや利益率だったらこのくらい、コスト削減ならこのくらい、という計画策定に向けての数値感覚をつかめる程度には取り組んでほしいと考えるはずです。

　どこまで証拠を集め、報告書（レポート）に盛り込むかは案件によりますが、対象会社や数字の中身が理解でき、ある程度の「土台」が築ける程度——俗な表現ですが読み手が「腹落ちできる程度」にまでは取り組んでほし

いと思います。

　藤原　よく「リスケ案件だから簡易 DD で」ということをいわれることがあります。もっとも、実際に先生方が調査を進めてみると「これはどうだろう？」という問題が出てきて、結果的にフル DD に近くなっていく、ということはありそうですね。そして、先ほどご指摘があったように、仮にフル DD に対して簡易 DD というものがあるとしても、最低限調査しなければならない、報告書に盛り込まなければならない点はあるはずで、現実にはその線引きが問題なのだと思います。

　そこで、視点を変えて、債権者である金融機関が何を一番求めているのかを考えてみますと、「他の金融機関に割り負けしていないかどうか」をかなり重要視しているように感じます。つまり、金融機関別の借入額、担保・保証の有無や信用保証協会付きかどうか、金利水準、借入れの時期――これらを他の金融機関と比較しているのです。とすれば、どのような案件であっても、これらのポイントについてはきちんと調査してほしいと考えているはずで、それができていないと、たとえ「簡易 DD ですよ」といったところで、あとから追加でこれをやってくれ、あれをやってくれとか、そういう話になりかねないという気がします。

　福島　現実には「報酬がここまでしか払えないから、その範囲でやってほしい」という依頼を受けるケースはありますよね。ただそうはいっても、自分自身のなかで「ここまで調べてみないと分からないし、自分としても説明ができない」と――先ほどの言葉を借りれば「土台」ですが――そういう部分はあります。この基礎となる部分が何かを DD 担当者が理解できているかどうかは、重要だと思います。

　また、藤原さんや金子先生のご指摘とも関連するところですが、簡易 DD で済ませることについてのコンセンサスという問題も結構深刻です。私も以前、とある協議会の案件に「3 年後に抜本やるから、本格的な DD はその時でいいよ」という理由で実態 BS だけお願いしたいと依頼を受けて関与したケースがありました。ですが、暫定リスケだとしても金融機関別の残高一覧は用意しなければいけないわけで、あれも必要、これも必要で、結局それなりに調査をしなければなりませんでした。

冷静に考えてみますと、3年経ったら金融機関の担当者は替わっているでしょうし、そのときに「なんで保全表すら作っていないんだ！」となるのが関の山です。また、金子先生ご指摘のように、メインはそれで十分だと考えているけれども、メイン以外は全然そうは思っていないというケースもありました。

安齋　私が担当した検証型の案件で、スポンサーが劣後債を入れることで金融機関の債権カットはなし、というスキームの事案がありました。ですが、提出されたDD結果を読んでみますと、保全・非保全の区分け、鑑定評価の反映、登記簿の読み込み方なども曖昧で、信用保証協会の保全の考え方などについても、正直に申し上げて、あまり理解のない内容になっていたのです。ところが、DDを担当された方にその点を指摘すると「これはリスケ案件だから関係ないでしょう？」と……。

そのケースでは、確かにリスケ案件なのだから、例えば担保不動産の評価額の割付方針に違和感を抱いたとしても金融支援案の内容が残高プロラタであれば直接影響はないよな、とも思ったのですが、私自身は違和感を拭えずにいました。

いま藤原さんからのお話をうかがって、どこに重きをおくか、あるいは誰が利用するDDなのか、という視点で重要性を捉え直すことができ、あのときの自分の違和感は間違っていなかったと、ちょっと安心した次第です。

牛越　私はファンドの仕事もしておりますので、今後投資対象会社がどれだけ利益が出せるか、非常に短期間のうちに見極めなければならないケースがあるのですが、そのDDや計画策定を依頼する際には、数字が論理的に裏付けのあるものであることを求めます。

例えば、せっかく過去5年間ぐらいのPLが部門別や商品別などに並べられていて、趨勢を捉えたDDができているのにもかかわらず、出てきた計画値は大幅な売上増・粗利増となっていて、しかも納得感のある説明が一切ない、そんなケースも散見されます。

もちろん、経営者の意思で売上高や利益増を見込んだ計画を策定することを否定するものではありません。ただ、難しいものでなくてもよいので、DDと計画の因果関係や施策の内容と利益増加の関係性について説明してい

ただければ、金融機関やファンドも、計画実行段階で仮に想定どおりの利益が出ない場合に、次の一手を考えやすくなりますよね。専門家には、論理的な説明は最低限押さえてほしいなと感じるところです。

福島 まさに、先ほどご指摘のあった、読み手が腹落ちできるかどうかが土台になる、という話ですね。

青柳 ひとことで要約すれば、その債務者の状況を説明できるか、いわば「会社（債務者）の代弁者になれるか」ということだと思います。いちいち会社に直接確認しなくても、DD担当者に尋ねれば分かる、というところまで調査し、分析する。それは、フルDDか簡易DDか、ということではなくて、どこまで理解して、自分の言葉で説明できて、将来に実感を込められるかということだと思いました。

鏡 少し話がズレてしまうのですが、ある協議会では、専門家報酬について債務者負担はなく、協議会が全額負担していました。その結果、債務者負担を求める協議会の案件と比べて、報酬は半分とまではいかないまでも七掛けとか八掛けといった水準になってしまい、ある程度調査項目を絞り込まざるを得ませんでした。ただ、それを仮に簡易DDと呼ぶとしても、どこを割愛するのかというのは非常に悩ましいですし、求められる範囲も専門家、金融機関、協議会によって三者三様です。その基準を考えるとき、「会社の代弁者になれるか」という線引きは、自分自身の反省も含め非常に参考になりました。

ところで、ある協議会では、債権届出の提出を各金融機関に要請しており、残高はもちろん担保・保証、金利等の情報共有が図られています。DD担当者はその情報を報告書にまとめるだけよく、手間をかけずに正確な明細表を作成できる非常にありがたい仕組みです。各地の協議会でもこの運用を取り入れていただけると、専門家は非常にやりやすいですし、正確な資料の作成にも寄与すると思います。

青柳 「簡易DDで」というリクエストを受ける案件というのは、おそらくある程度の見立てがある場合だと思います。

そのようなケースでは「その見立てに間違いがない」ということが確認できれば足りるはずですから、簡易DDで進めることになった理由や背景、計

画の目線などをきちんと把握することが必要ですね。

　鏡　ご指摘のように、協議会からの要請で始まる簡易DD案件は、協議会が債務者企業からヒアリングをした結果をもとに組み立てて、「今回は粉飾もないし、計画も引きやすいと思いますから、簡易DDでお願いします」といってスタートするケースが大半です。

　ですが、実際に蓋を開けてみますと、半分はそのとおりに進捗するのですが、半分は粉飾が発見されるなど当初の見立てが外れて、「全然簡易じゃないよね」と……。

　青柳　「簡易でOKです。特に落とし穴はないですよ」といわれてスタートして、でも、実際にやってみるとそうでないことが確認できた、というのであれば、それで十分使命をまっとうできていると思うのです。

　物足りないなと感じるDDというのは、何か表面をなぞっているだけなんですよね。DDに臨むにあたっては常に「何かあるのでは？」という感覚をもっていなければいけないのに、特段問題意識を抱くことなく、すべての情報を所与のものとして、通りいっぺんの手続で「特に何も出てきませんでした」と済ませてしまう……。

　それでは、たとえ「簡易DDでよい」といわれていたとしてもまったく不十分で、把握されるべき問題が把握できないで終わるという危険があります。

　赤坂　いまの話で改めて認識しましたが、「簡易なものでよいですよ」という案件の方がむしろ難易度が高いと思っています。特に報酬や期間に制約があるケースでは、対象を絞り込まざるを得ない一方、最低限の項目は当然クリアーしなければいけないので、一律に「簡易だから工数を落とす」というわけにはいきません。

　そうしますと、簡易案件というのは、実際にはその言葉に反して、相当な熟練者が、極めて納期が短いなどといった制約を受けながら、重要論点を外さずに着地させる必要があるケースといえ、その意味ではむしろ非常に難易度が高い案件だと感じています。

(3)　**検証型案件での問題**

　藤原　少し話が変わるのですが、先生方が検証型として協議会に持ち込ま

れた案件の財務 DD の検証を依頼されたケースで、「検証対象の財務 DD が不十分で、とても検証型に堪えるレベルにない」という事例はありましたか。

　福島　表現を変えると、フル DD が必要なはずなのに、簡易というか不十分な DD に終わっているケースはないか、ということでしょうか。

　藤原　そうですね。検証型で持ち込む以上、本来的にはフル DD が済んでいるはずです。にもかかわらず、そうでないケースがあるように感じています。

　もしかしたら、当初は「リスケで済むんだから簡易なもので十分ですよ」という金融機関からの依頼でスタートしたものが、途中からそうもいかなくなって協議会に持ち込まれ、最初から DD をやり直すのではなくて「検証型でお願いします」というパターンということなのかもしれません。

　いずれにしても、とても検証型で対応できるレベルになく、事実上最初からやり直しになってしまう、というケースがあるのです。

　青柳　これは私の経験ですが、何をどこまで調査したのかがきちんと書かれておらず、調査の痕跡すらない、という報告書も実際には結構あります。その意味で、先ほどの繰り返しになりますが「読めば何をどこまでやったかが分かる」というのが報告書の最低限のレベルだと思います。

　実際、どの調査をどこまで行ったかをしっかり書けている報告書は、やるべきステップがきちんと踏まれています。逆にそれがない報告書は、検証段階で DD 実施者に質問や確認をしてみても、そもそも調査をしていなかったり、ポイントがズレていたりすることが多いです。

　安齋　検証の過程に携わっていますと、DD 実施者としてはフルでやっているつもりが不十分な内容になっているのか、それとも、もともと「簡易なもので」という前提だったのに、協議会で検証の対象になっているのか──これは見極めがつかないのです。

　後者の場合には、時間や費用面等の制約がなければ相応の DD が行えたはずですから、DD 担当者としては不本意ですよね。

　福島　それはそうだと思います。ただ、私自身も、本人はおそらくフル DD をしたつもりなのでしょうが、実際に中身を読んでみると、例えばカッ

ト案件なのに保全表がないとか、「えっ？」と思うような報告書に出くわすことがあります。そうなってしまうと、これは、フルだとか簡易だとか、そういった次元の前の話になってしまって……。

青柳　最低限のところができていない……。

福島　そういわざるを得ないですよね。藤原さんのご質問とは少し離れてしまったかもしれないのですが、検証型で出てくる案件にも、残念ながらそのようなものが結構あるように感じます。

⑷　調査対象（スコープ）の上手な絞り込み方

福島　そこで、そのような不十分なDDにならないようにするために、調査対象（スコープ）の上手な絞り込み方、絞り込みについての視点を考えてみたいと思います。

例えばM&Aのバイサイドで行うDDだと、買い手であるクライアントやFAと議論しながら、「ここを重点的に調べよう、これはそぎ落とそう」というように、事前に手続のスコープを深く協議してから臨むことが一般的だと思います。

一方、協議会からお願いされるときとか、金融機関から依頼されるときには、「とりあえずDDをお願いします。報酬はこの程度です」だけで、スコープ含めて全部お任せというか丸投げ。にもかかわらず、報告書について、あれはやっていないとか、ここはやりすぎだといったリクエストが噴出する──そういったご経験はないでしょうか。

鏡　数年前、暫定リスケ案件で「財務DDと事業DDを合体した簡易版のようなものができないでしょうか」というリクエストを受けまして、それ以来、財務と事業の要素を両方織り込みつつ、フルDDより工数を少なくして実施した案件がいくつかあります。

当初は、うまく工数を削ることができずフルスペックに近いものになってしまったり、削ったら削ったで協議会や金融機関からあれがないこれがないと指摘されてしまったり、あるいは簡易ということで若手中心に担当してもらったところ逆に勝手が分からず収拾がつかなくなってしまったり、という状態でした。

そこで現在は、「簡易で」という依頼があったものも含むすべての案件に

ついて、最初に複数のマネージャーで見立てを行い、論点や手続の過不足に関するディスカッションを複数回実施するようにしています。そのうえで、重要な論点を優先的にチェックしていき、当初の見立てどおりであれば、残りの論点は最低限の確認のみにとどめて、報告書には盛り込まないという運用をしています。

先ほど赤坂先生から「簡易DDこそ難しい」というご指摘がありましたが、どれを取り上げて、どれを割愛するかの選択は、本当に悩ましいというのが率直な感想です。

赤坂 私たちも、案件の早いタイミングで、ベテランのスタッフが決算書などを読みながら「ここはしっかりとチェックした方がいい、ここはある程度簡略化できるよね」という切り分けのアドバイスをし、担当者が調査手続に入るというステップを設けることで、論点の取りこぼしや作業の無駄を回避するような運用をしています。

また、提案段階での合意形成が結構重要だと思っています。なかには提案の日に初めて対象会社の社長にお会いすることになるケースもあります。ですが、可能であれば、決算書や財務データの入手だけでなく、それに加えて、事前に一度お会いして直接事業や専門家に期待する事項、会社自身が考えている経営課題や管理状況などをうかがいながら、それに応じてスコープを検討する、ということです。そのなかで、特に納期や報酬の制約などがある場合は、土台の部分をしっかりと捉えられるような作業スコープを決めて案件に臨むことが大切でしょう。

青柳 DDは、契約で事前に合意された範囲で実施するのがスタンダードだとは思いますが、実際それでよいのか、十分なのかという課題もあると考えています。

というのは、DD契約が締結され、それに基づいてスコープが決まるのはDD実施前なわけですが、実際に実施してみなければ、DDとしてそれで十分かどうかなんて分からないですよね。そうだとすれば、契約形態がどうであれ、責任感——実際に契約上の責任を負うかどうかでなくて、専門家の責任感としては、目的に照らして調査をどこまで、どのような方法で実施するかの判断は、むしろ専門家が託されてしかるべきであり、どこまで足し算、

引き算するかは、それこそ託された専門家の腕のみせどころだとも思うのです。

　全体として必要かつ十分な DD が実施されていると思わせる手続を設計していくためには、DD を進めるなかで把握した情報に照らして、専門家自身が常に検討、判断を繰り返して、一つひとつの焦点を合わせ、軌道修正していくしかありません。専門家は、スコープを決めるということから逃げてはいけないと思います。

　安齋　お話をうかがっていて、少なくとも今日ご参加のみなさまの要求水準に照らしますと、先ほどもありましたように、簡易 DD というのは、実はいわゆるフルスペックよりも難しい。それは「最低限ここまでやってほしい」という水準ですし、この場の言葉をお借りすれば「自分でそれを説明できるかどうか」がひとつの物差しになるということだと思います。

　その一方で、世に出回っている簡易 DD というのは、文字どおり簡易というか、先ほどの水準に達していないものも結構ありそうです。そうしますと、その水準を高めていくのはそう簡単なことではないぞ、と感じました。

　牛越　簡易 DD というのは本当に難しいです。全体が分かるからこそ不要な部分を引いていけるわけで、結局、全体が分かっていなければならない。そうであれば、そういった全体を見渡せる専門家の育成が、これからの大きなテーマだと感じています。

　一方で、当社でも新たな採用を継続的に行っているのですが、いま公認会計士などの専門家の業務単価がどんどん上がる一方、協議会などの予算は残念ながら据え置かれていますので、「だったら通常の監査をやっている方が稼げるじゃないか」という実態もあります。

　再生分野は心身ともに大変な仕事ですが、社会的な意義や関係者からの感謝をやりがいにして取り組んでいるところがあります。人材育成の部分ではわれわれ民間が汗をかいていきたい。ただ、ある程度の報酬が得られなければ専門家としても再生業務に挑戦しにくいのも事実です。再生分野をより魅力ある業務にするために官民合わせて努力するべきで、申し上げにくいことですが、専門家費用などの考え方についても民間の状況に応じて見直していってもらいたいと感じます。

青柳　この点はご指摘のとおりで、「ポイントを外さない簡易」を行うにはそのための人材やノウハウが必要なのですが、その一方で、簡易 DD が求められるシチュエーションというのは、小さな企業で案件にかけられる予算が少ないケースですよね。つまり、低予算の案件にもかかわらずそれなりの人材やノウハウが要求されるという、構造的にミスマッチがあるような領域だと思います。

　福島　簡易というのは、簡単にできるという意味でも、簡単に終わらせてよいという意味でもないですよね。そうすると、鏡先生や赤坂先生からもご紹介がありましたように、メンバー間できちんと議論をして、ポイントを絞ってという具合に、それなりの熟練者が担当する必要がありますし、手間もかなりかかります。

　かつて監査法人に在籍していたとき、とある会計処理基準の簡便法について「簡便法は決して簡単法ではないよ。実はフルでやることをちゃんと理解していないと簡便法を理解できないよ」と説明されたことを、いま思い返していました。

4　おわりに

　青柳　牛越先生の問題提起をうかがってふと思ったのですが、もうひとつ提言をさせていただくと、本当に「簡易 DD」というものを進めるのであれば、スタンダードをつくるべきだと思っています。

　監査の世界でいえば、レビューが制度として成り立っているのは、レビューのスタンダードがあるからですよね。ところが、簡易 DD にはそのようなスタンダードがないので、「簡易」といわれたときにどこまでやるべきなのかが分からない。簡易 DD に関してわれわれがもやもやした思いを抱いているのは、そのせいだと思うのです。

　だとすれば、これは協議会への提言になるのかもしれませんが、簡易 DD というものを本当にきちんと運用していきたいというのであれば、ぜひそのスタンダードをつくっていただきたいなと思います。スタンダードを打ち立てて周知することが第一歩で、その運用がうまくいっているか、いっていないかというのは次の議論なのかもしれません。当然、簡易 DD だけに限らな

い話になってしまう可能性はありますが。

牛越　新型コロナウイルス感染症の影響を大きく受けている中小企業・小規模事業者は、いま非常に厳しい状況におかれています。

ただ、先ほどの手続面での議論を前提とした場合、いまから全体を理解したうえで小さな企業に対する簡易DDができる人材を育てようとしても、時間との関係でなかなか現実的ではないように思います。

そうなると、あるべきDDや計画、報告書のあり方といった手続面にあまり重きをおきすぎるのではなく、事業再生に対する意欲を実績とともに見極めるようなモニタリングする制度を設けて、そのなかで公認会計士等の専門家が業績を継続してウォッチするだけのものにしていく——つまり、思い切って詳細なDDの実施や計画策定は手続から省略し、会社が申し出た計画と実績をウォッチすることに専念して、そこに乖離があれば利害関係者にアラートを鳴らすような、より簡便な仕組みを導入することも一考に値するのではないでしょうか。

金子　私は、この書籍を執筆するにあたって、簡易DDで済ませるための要件のひとつに「多額の仮装経理のおそれがない」ことをあげてみました。

ただ、見立てと違って、実際に蓋を開けてみると様々なことが出てきてしまうケースは数多くあります。そうすると、入口の段階での確認が非常に難しくなり、その見立ての部分に経験値の高い人たちを投入しないといけないのですが、そのリソースを確保できるかはかなり疑問ですよね。

安齋　ある案件におけるDDが、簡易なものでよいのか、フルスペックなものが必要になるのか、誰しも判断に迷うところです。なので、この座談会では、その基準というか考え方のようなものがみえてくればよいな、という思惑もあったと思うのですが、実際には議論すればするだけ分からなくなりますね。

青柳　金子先生、安齋先生が指摘された点も含めて、やはり簡易DDの定義や内容、簡易なもので済ませる目的がはっきりしないと、どこから手をつけてよいのか分からない、議論がまとまらない状況になってしまいますよね。だからこそ、まずは定義や内容、目的の整理が必要だと考えるのです。

藤原　議論すればするほど、「簡易DDとは何なのか」というところに行

き着きます。一方で、牛越先生からご指摘のあった目の前の現実的な問題を念頭におきますと、「簡易DD」の位置づけを、法的整理での財産評定との比較の観点から考えてみるのもひとつの方法かもしれません。例えば、規模が小さく、債権放棄して事業再生するというのではなく、廃業せざるを得ない状態というケースを考えますと、BSを中心に金融取引の状況と時価評価だけをして、PLそのほかについては確認しないでよいことにするとか……。この例はさすがに極端すぎるかもしれませんが、良いか悪いかは別にしても、協議会が一定の条件付きで「簡易DDとはそういうレベルのものである」と割り切る。そのように定義することに決めれば、それはそれでスッキリするのかもしれません。

　もちろん様々な議論はあるでしょうが、特に小さな企業の廃業事案については、それぐらいの割り切りがなければ機能しないのかもしれないな、という気がしました。

　福島　コロナ禍にあって、この座談会も当初想定していたのとは違ってリモートで行う方式になってしまいましたが、思っていた以上にたくさんのお話ができて、非常に勉強になりました。

　引き続き、私自身もよりよいDDの手法やあり方を探っていくことができればと考えていいます。本日はありがとうございました。

資料

財務 DD チェックリスト

協議会案件における財務 DD で実施すべき手続を定めた一般的な指針はなく、そのレベル感は委嘱された専門家の技量と裁量によるところが大きい。しかしながら、中小企業活性化全国本部から示されている財務調査報告書のサンプル（ひな型）がレポートを作成するうえでの事実上の実務標準となっていることと、これまでに多数の案件実績が積み重なってきたことから、財務 DD を利用または検証する側が目指す「合格ライン」ともいえる必要最低限のレベル感が、ある程度の共通認識として醸成されている。

　したがって、一定の時間とコストの制約のなかで通常期待される必要最低限のレベルを満たさない財務 DD は、それが中小企業活性化協議会委嘱のアドバイザーであろうが債務者側アドバイザーであろうが、中小企業の再生業務を引き受けた専門家としての責任をまっとうしたことにはならないと心得るべきである。

　この資料「財務 DD チェックリスト」は、筆者がこれまで協議会案件に携わってきた経験を踏まえ、いわゆるフルスコープの財務 DD において通常期待されるであろうレベルに達するために満たしておきたいと考えるポイントをチェックリスト形式でまとめたものである。DD 最終段階でのチェックだけでなく、すべての段階でこれらのチェックポイントを心がけた調査を立案・実施することで財務 DD の品質向上、ひいては中小企業の円滑な再生につながれば幸いである。

　なお、本チェックリストは中小企業再生スキームに準拠しない案件を前提としているが、あらゆる財務 DD に当てはまるものではなく、ベストプラクティスを示すものでもないため、個別案件ごとの事情を踏まえて適宜省略または追加していただきたい。

1 レポート全体

(1) 全体構成

☐ 中小企業活性化全国本部から示されている財務調査報告書のサンプル（ひな型）に照らして、レポートの記載内容に不足はないか。

☐ 上記のサンプル（ひな型）はあくまで例示であり、対象案件の個別性なども踏まえたうえで必要事項を補充し、レポート全体として再生計画立案に必要な情報を十分に備えているか。特に、抜本的な金融支援や企業再生税制の利用が予定されている場合には、利害関係者（債権者・スポンサー等）の意思決定や税務処理の基礎として十分に堪えられる内容となっているか。

☐ DDの目的に照らして不要な情報（レポートに記載する意図が説明できない情報）が含まれていないか。

☐ 章立ては調査内容ごとに分かりやすくまとまっているか。

☐ 関連事項の記載箇所を適宜リファレンスしているか。

(2) 数　　値

☐ 出所を記載しているか。

☐ 根拠資料と一致しているか。

☐ 表計算に誤りはないか。

☐ 数値間の不整合はないか。

☐ 金額単位に誤りはないか。

(3) 文　　章

☐ ５Ｗ１Ｈに不足はないか。

☐ 読み手が理解できる用語を使用しているか。

☐ 誤字脱字、文脈の乱れはないか。

☐ 読み手をミスリードする記載はないか。

☐ レポート全体を通して説明内容に矛盾はないか。

☐ 推察や主観的な内容は、客観的な事実と誤解されないように記載しているか。

☐ 重要事項は強調されているか。

(4) 調査手続

☐ 実施した調査手続およびその実施結果を、個別具体的に記載しているか。

☐ それぞれの調査手続のスコープ（調査範囲）を具体的に記載しているか。

☐ 実際には実施していないにもかかわらず、実施した手続と誤認させる記載はないか。

☐ 重要性の高い調査項目については、十分な心証を得るに足る調査手続を実施しているか。

☐ 調査手続を簡略または省略した重要性の低い項目については、それらを合計した場合の重要性も許容可能なレベルであるか。

☐ 金額的重要性または質的重要性に関するすべての判断は客観的にも許容されるレベルであるか。

(5) 貸借対照表および損益計算書の情報

☐ 各科目の内訳や計上内容を十分に記載しているか。

☐ 科目別（なるべくその内訳別）の金額推移を示し、増減説明等を十分に記載しているか。

☐ 回転期間、売上高比率などの分析指標の推移を適宜示し、変動要因等を十分に記載しているか。

☐ 実態貸借対照表（実態BS）および実態収益力（実態PL）について、修正の内訳、それぞれの修正理由および金額算定根拠を記載しているか。

☐ 実態BSおよび実態PLは、財務DD（および事業DD）によって把握した対象会社の内部・外部の情報と照らして全体として矛盾はないか。また、窮境の原因およびその除去可能性に関する記載内容と整合的であるか。

(6) キャッシュ・フロー情報

☐ キャッシュ・フロー計算書や最新の資金繰り状況を示し、債務の支払遅延、取引先等による資金的支援、今後の資金繰り見込みに関する前提条件や重要な懸念、その他の重要なトピックを十分に記載しているか。

(7)　**セグメント情報**

□　事業別・部門別などのセグメント情報を十分に記載しているか。

□　すでに撤退したセグメントまたは今後の撤退が予定されているセグメントについては、財務、業績およびキャッシュ・フローに及ぼす影響を十分に記載しているか。

(8)　**グループベースの情報**

□　関係会社について各社の単体情報を記載しているか。

□　連結ベースの情報を記載しているか。

(9)　**関連当事者の情報**

□　重要な関連当事者との取引について、関係内容・債権債務・取引高・取引条件等の情報を記載しているか。

(10)　**税務の情報**

□　過年度の情報として、課税所得や欠損金等の推移、税務調査の実施状況、重要な税務リスクについて十分に記載しているか。

□　タックス・プランニングに必要な情報として、利用可能な欠損金や実現可能な含み損の状況などについて十分に記載しているか。

(11)　**将来情報**

□　調査の過程で将来の財政状態、業績、資金繰りに重要な影響を及ぼす（またはそのおそれがある）内外の情報を入手した場合、その内容と想定される影響をレポートに記載したか。

(12)　**留意事項の要約**

□　調査を実施するうえでの制約事項、事実解明に至らなかった事項、金額的に計量化できない問題事項など、調査の限界に関する事項や追加調査を要する事項を要約しているか。

□　計画策定に向けて検討・意思決定すべき重要な論点を要約しているか。

□　処分可能な資産について、その内容、担保関係、見積処分金額、課税所得への影響などを要約しているか。

□　重要なリストラクチャリングコストの発生が予想される場合、その内容と概算金額を要約しているか。

□ 調査基準日後の最新情報（含む将来情報）のうち計画策定にあたり考慮すべき重要事項について、その内容と影響を要約しているか。

□ 計画の実行可能性に重大な影響を及ぼす特定のリスク（不確実性）がある場合、その特定のリスク要因について要約しているか。

□ 対象会社が改善すべき事項（会計処理や管理上の要改善事項など）を要約しているか。

2 会計方針

(1) 資産の評価方法

□ 棚卸資産・有価証券等の評価方法が一般に公正妥当と認められる企業会計の基準に準拠していない場合および取得原価で計上すべき資産が再評価されている場合、その影響を実態 BS および実態 PL において適切に反映したか。

(2) 固定資産の減価償却・圧縮記帳

□ 減価償却方法が法人税法に準拠しておらず、会計的に妥当性を欠いている場合には、その影響を実態 BS および実態 PL において適切に反映したか。

□ 税法上の特別償却が損金経理方式によって行われている場合、その影響を実態 BS および実態 PL において適切に反映したか。

□ 直接減額方式による圧縮記帳が会計的に妥当と認められない場合、その影響を実態 BS および実態 PL において適切に反映したか。

(3) 引 当 金

□ 貸倒引当金、賞与引当金、退職給付引当金、その他引当金の計上方法に問題がある場合または企業会計原則注解18に照らして必要な引当金が計上されていない場合、その影響を実態 BS および実態 PL において適切に反映したか。

(4) 収益認識

□ 売上計上基準などの収益の認識基準が、一般に公正妥当と認められる企業会計の基準に準拠していない場合、その影響を実態 BS および実態 PL において適切に反映したか。

(5) 費用計上

☐ 発生主義によって計上されていない費用については、その影響を実態
BS および実態 PL において適切に反映したか。

(6) 消 費 税

☐ 消費税の会計処理が税込方式によっている場合、実態 BS および実態
PL を税抜方式に修正したか。

> 【注】棚卸資産や固定資産など将来の費用となる資産に含まれる消費税（取
> 得時に仕入税額控除済みの消費税）については資産性がないため実態 BS
> において減額すべきである。また、実態 PL においては各損益科目に含
> まれる消費税を除外するとともに、租税公課等に計上されている消費税
> の納付税額を除外すべきである。

(7) 外貨建取引等

☐ 外貨建項目が一般に公正妥当と認められる企業会計の基準に準拠して
換算されていない場合、その影響を実態 BS および実態 PL において適
切に反映したか。

(8) デリバティブ

☐ デリバティブ取引については、その利用目的などの実態や中小企業に
おける会計処理の実情も踏まえて、実態 BS および実態 PL において適
切に反映したか。

(9) リ ー ス

☐ 所有権移転外ファイナンス・リース取引については、中小企業におけ
る会計処理の実情も踏まえて、実態 BS および実態 PL において適切に
反映したか。

> 【注】基本的には原則的処理である売買処理によるべきである。賃貸借処理
> を採用する場合であってもファイナンス・リースの性質（中途解約不能、
> フルペイアウト）が変わるものではないため、実質的な有利子負債とし
> てリース契約内容や将来の支払予定額を DD において把握しておくべき
> である。また、必要に応じて重要な指標への影響を補正するか、補足説
> 明によりミスリードを避ける必要がある。

(10) 税効果会計

☐ 再生局面かつ計画策定前であることも踏まえたうえで、実態 BS にお

ける繰延税金資産および繰延税金負債（実態 BS 上の修正事項に対する税効果を含む）の計上要否を判断したか。

⑾　その他の会計処理

□　その他、DD を通じて把握された（実際に適用されている）会計処理の原則・手続は、一般に公正妥当と認められる企業会計に準拠していることを確認したか。

□　会計処理方法に問題がある場合、その影響を実態 BS および実態 PL において適切に反映したか。

⑿　会計処理方法の変更

□　会計処理方法および表示方法の継続性を確認したか。

□　会計処理方法または表示方法の変更がある場合、期間比較に関する記載事項は、変更による影響を適切に補正または説明しているか。

3　貸借対照表

⑴　科目共通

□　勘定科目明細、補助簿などとの整合性を確認したか。

□　関係会社に対する残高については、相手側の帳簿計上額と整合していることを確認したか。

□　債権債務の残高確認が実施されている場合、その結果を確認したか。

□　会計帳簿を通覧し、計上日、相手勘定科目、金額、摘要記載内容、計上パターンなどの異常や不正な経理操作がないことを確認したか。

□　勘定科目が適切に使用されているとは限らないため、先入観にとらわれることなくエビデンス等に基づく会計事実を把握したうえで、各科目の内容や会計処理の妥当性を確認したか。

⑵　現　　金

□　現金実査表・金種表などとの整合性を確認したか。

□　現金以外のものが残高に含まれていないか。

□　現金保有高が多い場合、その理由を確認するとともに、実在性に関するエビデンスを十分に入手したか。

(3) 預　　金

□　残高証明書、当座照合票、通帳等と照合したか。

□　銀行残高と差異がある場合には、差異の調整内容を確認し、修正の要否を検討したか。

□　小切手の利用がある場合、カイティング（入出金のタイムラグを利用した預金残高等の水増し）が行われていないことを確認したか。

□　定期性の預金については証書または通帳が手元に保管されていることを確認したか。

□　払い出しが拘束されている預金の有無を確認したか。

(4) 受取手形

□　手形取引の概要（販売取引に占める手形決済の割合、主要先、割引・裏書の有無、販売取引以外での手形取引の有無など）およびサイト等の条件を把握したか。

□　基準日現在の手持手形のうち調査実施時点までに期日決済、取立依頼、割引または裏書譲渡されている手形については、それらの事実をエビデンスにより確認したか。

□　上記以外の手形（調査手続実施時点でも手持手形）については、手形の現物を確認するか、実在性に関する十分なエビデンスを入手したか。

□　割引・裏書手形を含め、不渡手形の発生状況（期日を迎えていない場合は発生見込み）を確認したか。

□　ジャンプされた手形や通常を超えるサイトの手形がある場合、回収可能性について慎重に検討したか。

(5) 売 掛 金

□　売上計上プロセスの概要および代金回収条件を把握したか。

□　販売管理システムなど会計システムとは別のシステムによって売掛金が管理されている場合には、システム間の整合性を確認したか。差異がある場合には、差異の調整内容を確認し、修正の要否を検討したか。

□　調査実施時点までに回収済みの売掛金については、回収の事実と回収時期が条件どおりであることを確認したか。

□　調査実施時点で回収されていない売掛金については、年齢調べなどの

方法により入金遅延債権か否かを確認するとともに、売上計上に関する
エビデンスを入手して不正や誤謬がないことを確認したか。

□　入金遅延や違算がある場合には、その原因・内容を確認し、修正の要
否を検討したか。

□　売掛金の調査結果を踏まえ、例えば下記の勘定科目との関連について
検討したか。

　・貸倒引当金：取り崩しの要否

　・棚卸資産：振り戻しの要否（売上未実現の場合）

　・負債科目：売掛金との相殺要否

　・未払金：売掛金相殺対象の費用計上漏れの有無

　・売上高・売上原価：実態 BS 修正に伴う影響

(6)　**棚卸資産**

□　棚卸資産の内訳、所在場所、事業内容との関連、販売形態、生産形
態、販売または仕入れの条件、リードタイム、在庫保有ポリシー、在庫
リスクの所在、在庫処分の状況、在庫管理の状況（継続記録の有無、原
価計算体制等）、実地棚卸の実施状況、棚卸資産の評価方法および評価基
準などを把握したか。

□　実地棚卸集計資料との整合性を金額ベースで確認したか。

□　売上計上されたもの、仕入計上されていないものが実地棚卸から除外
されていることを確認したか。

□　継続記録（受払記録）が整備されている場合には、実地棚卸との間に
金額ベースで重要な差異がない（実地棚卸の精度に重要な懸念がない）こ
とを確認したか。

□　実地棚卸集計資料の数量について、実地棚卸で使用した実数カウント
資料（タグ、リストなど）や外部預け先の預り在庫証明書類と照合した
か。

□　実態 BS 基準日と異なる時点で実地棚卸が実施されている場合、基準
日までの入出庫が適切に調整されていることを確認したか。

□　簿価単価が正しい取得原価であることを確かめたか。

　　【注】原価計算に基づいている場合の検証内容については後述の損益計算書

に関するチェックリスト参照。

・外部から購入している棚卸資産について個別原価法または最終仕入原価法が採用されている場合には、請求書または仕入データと照合したか。
・売価還元法が採用されている場合には、個々の売価が正確であることと、原価率が適切に算定されていることを確認したか。
・半製品・仕掛品については進捗度が合理的に決定されていることを確認したか。
・先入先出法、移動平均法または総平均法を採用している場合には、それらの計算が適切であることを確認したか。

□　収益性が低下している資産を網羅的に識別し、適切に簿価を切り下げたか。
・正常営業循環過程にないもの、販売に至る可能性に懸念があるもの、正味売却価額が取得原価を下回っている（つまりアフターコスト考慮後で赤字である）ものを適切に洗い出したか。
・収益性が低下した資産の洗い出しは、入手可能な情報、事業のバックグラウンドや対象会社の特性、個別アイテムの理解を踏まえて適切に識別したか。
・廃止が予定されている（または廃止を検討すべき）不採算事業については事業単位で評価切下げを検討したか。

(7)　前払費用（長期を含む）

□　エビデンスに基づいて支出の内容および期間配分の適切性（未経過部分の支出額であり、基準日後に費用化されるべきものであること）を確認したか。

□　今後継続する事業の費用削減に貢献するとは認められない場合、契約解除による現金回収見込額によって評価したか。

□　繰延資産に該当するもの（すでに財貨または役務の提供を受けているがその支出効果が長期に及ぶため資産計上されているもの）については、原則として評価をゼロとしたか。

(8) 貸付金（長期を含む）

☐ 貸付けの目的・必要性を確認したか。

☐ 契約書または借用証を入手し、帳簿残高が約定どおりに回収されているものであることを確認したか。

☐ 契約書または借用証が存在しない場合、帳簿上の貸付先が実際の出金相手であることを出金時のエビデンスにより確認したか。さらに、貸付金としての実在性（相手先が債務として認識していること、時効により債権が消滅していないことなど）について十分な根拠を入手したか。

☐ 帳簿上の貸付先と実際の出金相手が異なる場合や貸付金とは認められないものが計上されている場合、事実関係を慎重に調査したか。

☐ 貸付金としての実在性が認められるものについては、貸付先の決算書等により財務内容を把握し、貸付先の経営状況および担保・保証等を考慮した貸倒見積額を算定したか。

☐ 約定どおりに回収されていない貸付金については、これまでの督促等の状況と今後の法的対応を含む回収方針を確認したか。

☐ 関係会社に対する貸付金について親会社等として他の債権者と異なる取扱いを受ける可能性がある場合、その影響を考慮して貸倒見積額を算定したか。

☐ 役員等に対する貸付金については、当該役員等の資産や収入の状況、保証債務の状況等を考慮して貸倒見積額を算定したか。また、保証責任または経営責任により役員等に経済的負担が生じることが見込まれる場合はその影響も考慮したか。

☐ 従業員に対する貸付金については、当該従業員の資産や収入の状況、退職金支払予定額等を考慮して貸倒見積額を算定したか。

(9) 有価証券（投資有価証券を含む）

☐ 有価証券の保有目的、処分可能性、有価証券の評価基準および評価方法を確認したか。

☐ 実在性および数量の正確性に関するエビデンスを十分に入手したか。

☐ 実態BSは時価（時価のない有価証券については合理的に算定された価額）により評価したか。

□ 関係会社株式については、関係会社の実態BSを踏まえて評価したか。

□ 継続保有の必要性が乏しい時価のない有価証券については、状況に応じて処分価額によるなど、実態BSにおいて適切に評価したか。

⑽ その他の流動資産

□ 金銭債権の性質を有するもの（未収入金、立替金など）については、エビデンスに基づいて実在性および計上内容を確認するとともに、売掛金または貸付金に準じて、回収状況や相手先の財務内容に基づいて回収可能性を検討し、貸倒見積額を算定したか。

□ 未収収益（経過勘定として使用されているもの）については、エビデンスに基づいて期間配分の適切性を確認するとともに、回収可能性を検討したか。

□ 前渡金、仮払経費など将来の費消によって費用化する資産については、エビデンスに基づいて支出の内容および期間配分の適切性（費消前の支出であり、基準日後に費用化されるべきものであること）を確認したか。

⑾ 有形固定資産および無形固定資産

□ 固定資産の内訳、所在場所、所有権の状況、事業との関連性、使用状況、資本的支出と収益的支出の判定方法、減価償却方法、特別償却および圧縮記帳の実施状況などを把握したか。

□ 自社所有不動産については登記事項証明書により権利関係を確認したか。

□ 動産その他の資産についてはヒアリングなどにより実在性を検討したか。

□ 固定資産台帳、土地明細などのレビューにより、費用処理すべき支出が資産計上されていないことを確認したか。

□ 関係会社または関連当事者から購入した資産、社内製作した資産または代物弁済により取得した資産などについては、取得原価の妥当性を検討したか。

□ 再評価が実施されている資産がある場合、取得原価への修正要否を検討したか。

□ 償却資産の耐用年数が妥当であることを確認したか。

□ 減価償却の再計算および税務申告書のレビューにより償却過不足を確認したか。

□ 継続使用が見込まれる事業用不動産については、不動産鑑定評価額、これに準じる評価額またはその他の適正と認められる評価額により評価したか。

□ 不動産・動産とも、非事業用資産、遊休資産または今後撤退が予定されている事業に係る資産については、状況に応じて処分価額によるなど、実態 BS において適切に評価したか。

□ 賃借処理によっているリース契約で上記と同様の状況にあるものについては、解約違約金見込額を負債に計上したか。

□ 美術品など土地以外の非償却資産がある場合、適正と認められる評価額により評価したか。

□ のれんは有償で取得したものに限り、適正と認められる評価額により評価したか。

□ 時価または処分価格によらずに取得原価を基礎とする会計上の適正簿価で評価するものについては、（再生計画の方向性も考慮したうえで）減損すべきものがないか検討したか。

⑿ **その他の投資等**

□ 各資産の必要性、処分可能性および会計処理方法を把握したか。

□ エビデンスに基づいて実在性および計上内容を確認したか。

□ 実態 BS は資産の内容に応じて、時価または回収可能額など適切な評価額により評価したか。

⒀ **支払手形**

□ 手形取引の概要（仕入取引に占める手形決済の割合、主要先、仕入取引以外の手形振出の有無など）およびサイト等の条件を把握したか。

□ 基準日後の当座照合票との照合、または基準日前の手形帳の「ミミ」との照合により、基準日までに振り出した手形が漏れなく正確に計上されていることを確かめたか。

⒁ **買 掛 金**

□ 仕入計上プロセスの概要および代金支払条件を把握したか。

□　購買管理システムなど会計システムとは別のシステムによって買掛金が管理されている場合には、システム間の整合性を確認したか。差異がある場合には、差異の調整内容を確認し、修正の要否を検討したか。

□　請求書・納品書との照合などにより、基準日までに発生した仕入債務が漏れなく正確に計上されていることを確かめたか。差異がある場合には、その原因・内容を確認し、修正の要否を検討したか。

□　請求書ベースで買掛金が計上されている場合には、納品ベースとの相違による影響を検討したか。また、請求遅れや請求漏れによる過少計上の可能性を検討したか。

　　【注】中小企業では請求書どおりに仕入計上しているケースが見受けられるが、請求書が納品状況を示しているとは限らないため、請求書と一致していれば必ずしもよいというものではない。

□　条件どおりの支払が行われていない買掛金については、理由を把握し、修正の要否を検討したか。会計上の修正事項ではない場合（支払が必要な場合）、支払スケジュールを把握し、重要な支払遅延についてはレポートにおいて注意喚起したか。

□　買掛金の調査結果を踏まえ、棚卸資産および売上原価の修正要否について検討したか。

⒂　**借 入 金**

□　残高証明書、契約書、返済予定表等と照合したか。

□　借入口別の条件・残高（実態 BS 基準日、金融支援基準日）・返済状況・信用保証協会その他保証機関による保証状況・連帯保証人の状況等を把握し、借入金明細表に取りまとめたか。

　　【注】留意点については**第 5 章**を参照されたい。

□　役員、会社関係者または第三者からの借入金について契約書または借用証が交わされていない場合、帳簿上の借入先が実際の資金源であることを入金時のエビデンスにより確認したか。さらに、借入金として認識すべき根拠、過去の返済状況および今後の約束等についても確認し、実態 BS における修正の要否および税務リスク（受贈益認定リスク）を検討

したか。

□　返済条件が書面で明確になっていない借入金については、予期せぬ返済要求によって資金繰りに影響する可能性や契約書等の締結可否などを確認し、レポートにおいて注意喚起したか。

□　劣後借入金を実質的な資本として考慮する場合、資本性借入金としての要件を充たしているか検討したか。

□　役員借入金を実質的な資本としてみなす（中小企業特性として扱う）か否かについては、当該役員の個人財産の状況、保証責任または経営責任の見込みなどに照らして返済の要否を検討したうえで判断したか。

⑯　その他の負債

□　公租公課（税金、社会保険料など）について基準日現在の未納債務が漏れなく正確に計上されていることを申告書・納付書等により確かめたか。

□　給与について計算期間および支給日を把握し、基準日までの経過分が漏れなく正確に計上されていることを給与台帳等により確かめたか。

□　後払いの経費と支払条件を把握し、基準日までに発生した未払債務が漏れなく正確に計上されていることを請求書等により確かめたか。

□　売掛金と相殺される費用について、基準日までの売上げに対応する未払債務が漏れなく正確に計上されていることを支払通知書等により確かめたか。

□　代金前受取引について、契約書などにより内容・条件を把握するとともに、台帳等による残高管理状況を確認し、基準日現在の前受残高が漏れなく正確に計上されていることを確かめたか。

□　有償発行の商品券・利用券等について、有効期限などの発行条件を把握するとともに、台帳等による残高管理状況を確認し、基準日現在の未使用残高が漏れなく正確に計上されていることを確かめたか。無償発行の商品券・利用券等については引当計上の要否を検討したか。

□　取引保証金や不動産賃貸保証金などの預り金受け入れについて、契約書などにより内容・条件を把握するとともに、台帳等による残高管理状況を確認し、基準日現在の預り金残高が漏れなく正確に計上されている

ことを確かめたか。

☐　給与控除預り金（源泉税、住民税、社会保険料、財形貯蓄、保険料等）について、基準現在の預り金残高が漏れなく正確に計上されていることを給与台帳等により確かめたか。

☐　未払費用・前受収益（いずれも経過勘定として使用されているもの）について、エビデンスに基づいて正確に計算されていることを確認したか。また、継続的な役務提供を把握し、未払費用・前受収益が漏れなく計上されていることを確かめたか。

☐　条件どおりの支払が行われていない債務については、理由を把握し、修正の要否を検討したか。会計上の修正事項ではない場合（支払が必要な場合）、支払スケジュールを把握し、重要な支払遅延についてはレポートにおいて注意喚起したか。

☐　支払遅延に係る損害金、延滞金、利息等の未払いを実態BSに反映したか。

⒄　オンバランスの引当金

☐　引当金の算定過程を検証し、会計基準に準拠して過不足なく適正に計上されていることを確かめたか。

☐　貸倒引当金については、実態BSにおける対象債権の評価方法に応じて、不要と認められる引当金を取り崩したか。

☐　役員退職慰労引当金については、経営責任の観点も踏まえた今後の支給可能性も考慮したうえで、取り崩しの要否を検討したか。

☐　目的使用による引当金取り崩しが、PLにおいて適切に処理されていることを確かめたか。

☐　洗替による繰入額および戻入額がPLにおいて適切に処理されていることを確かめたか。

☐　引当過不足による損益影響額および非経常的な引当金繰入・戻入は、実態PLにおいて修正したか。

⒅　オフバランスの引当金

☐　賞与引当金、退職給付引当金、製本保証引当金、返品調整引当金、ポイント引当金、売上値引割戻引当金、修繕引当金、債務保証損失引当

金、訴訟等による賠償損失引当金、事業等の撤退費用に係る引当金、その他の引当金（企業会計原則注解18に照らして計上すべき引当金）について、実態 BS における引当計上の要否を検討し、必要額を引当計上したか。

☐ 引当計上した場合の損益影響額（ただし非経常的な損益影響額を除く）を実態 PL において修正したか。

⒆ 簿外債務

☐ 偶発債務、オフバランス取引について質問し、必要と認められるものは実態 BS に反映したか。また、実態 BS に反映しない場合でも、注意喚起が必要な場合はレポートに記載したか。

☐ 基準日後の出金取引のなかに簿外債務（意図的か否かを問わない）の支払がないか検討したか。

☐ 会計帳簿の通覧やその他の調査手続を通じて把握した情報に照らし、会計操作による債務の簿外化のおそれ（債務に計上されるべきものが他の勘定科目で処理されているおそれ）がないか検討したか。

☐ 同一先との反対取引、相手先の実態や必要性が不明瞭な取引、時価と乖離した価格での取引、その他通常では考えにくい条件での取引について全容の把握に努めたか。

☐ 関係会社や関連当事者との取引内容や取引条件に不正を示唆するものはないか確認したか。関係会社を対象とする財務 DD の範囲や手続に不足はないか。

☐ 上記のほか、DD において理解が不足している取引がないか確認したか。

⒇ 実態 BS・実質純資産

☐ 会計上の修正事項および評価損益を反映した実態 BS を科目別の BS 形式で作成したか。

☐ いわゆるゴーイングコンサーンベースの実態 BS（会計上の修正事項および非事業用資産の評価損益を反映した実態 BS）と時価ベースの実態 BS（事業用資産の評価損益を反映した実態 BS）を作成したか。

☐ 実態 BS 上の修正後純資産に、資本性の要件を充たす劣後借入金、役

員借入金、代表者等の個人財産などを加味した実質的な純資産を実態BSとは別に算定したか。

【注】実質的な資本として加味した借入金や個人財産であっても実態BSの純資産に反映すべきではない。再生スキームの検討における誤解を避けるため、実態BSは権利関係を正しく示しておくべきである。

⑵1 実態PLへの影響

□ 実態BSの修正事項・調整事項については、実態PLにおいて適切な年度の修正事項・調整事項として反映したか。実態PLへの反映を省略した場合、その理由は妥当であるか。

㉒ 担保提供資産

□ 自社所有資産について、すべての物的担保と対応債務を確認したか。

【参考】一般的な物的担保の例

・抵当・根抵当：不動産・財団等

・質権：預金・有価証券等

・債権譲渡担保：売掛金等

・動産譲渡担保：棚卸資産・機械設備等

□ 自社所有資産について、金融機関以外の債権者に対する担保差入状況についても確認したか。

□ 自社所有資産について、他者の債務に対する担保提供（物上保証）の有無についても確認したか。該当がある場合は、実態BSにおける債務保証損失引当金の要否を検討したか。

□ 第三者所有資産の担保提供（物上保証）の有無を確認したか。

□ すべての担保について権利関係（担保権者、被担保債権、第三者対抗要件の充足状況等）をエビデンスにより確認したか。

□ 金融機関借入金について保全表を適切に作成したか。

【注】留意事項については**第5章**を参照されたい。

□ 第三者対抗要件を充たしていない担保物がある場合、その旨をレポートに明記したか。また、清算BSおよび保全表において適切に取り扱ったか。

- [ ] 担保提供資産の評価額は、予定されている再生スキームや当該資産の継続使用見込みなどを踏まえ、財務 DD の目的（実態 BS 作成、清算 BS 作成、保全表作成）に応じてそれぞれ適切な評価額を採用したか。
- [ ] スポンサー型案件で承継資産の範囲が決まっていないなどの理由により、計画提示段階で担保評価額を変更する可能性がある場合には、その旨をレポートに明記したか。

(23) その他の所有権の制約

- [ ] 担保提供資産以外に、所有権の制約（所有権移転留保、差押え、公的規制、共有などにより自由処分権を有していない資産）がある場合、実態 BS、清算 BS、再生計画等に与える影響を検討したか。

(24) 清算 BS

- [ ] 金融支援の経済的な合理性（清算価値保障原則を満たしているか否か）を判断するための基礎として適切に作成されているか。

  【注】留意点については第7章を参照されたい。

4　損益計算書

(1) 科目共通（検証手続・実態 PL 作成）

- [ ] 補助簿（売上台帳、仕入台帳、給与台帳等）または各種システム（販売管理システム、購買管理システム、給与計算システム等）との整合性を確認したか。
- [ ] 関係会社との取引高については、相手側の帳簿計上額と整合していることを確認したか。
- [ ] BS 科目は実態 BS 基準日残高だけでなく、過年度の残高に重要な問題がないことを補助簿・管理システム等との残高照合、残高内訳のレビュー、分析的手続（増減分析、回転期間分析など）により確認したか。
- [ ] 会計帳簿を通覧し、計上日、相手勘定科目、金額、摘要記載内容、計上パターンなどの異常や不正な経理操作がないことを確認したか。
- [ ] 勘定科目が適切に使用されているとは限らないため、先入観にとらわれることなくエビデンス等に基づく会計事実を把握したうえで、各科目の内容や会計処理の妥当性を確認したか。

☐ 損益計上区分が収益力や損益構造を適切に示すものであることを確認したか。

・売上高に売上げ以外のものが計上されていないか。

・売上原価と販管費は適切に区分されているか。

・営業費用と営業外費用は適切に区分されているか。

・特別損益に経常的な損益が計上されていないか。

・収益と費用は総額表示の原則に従っているか。

☐ 部門間など内部取引が計上されている場合、漏れなく相殺されているか。

☐ 収益計上基準に問題がある場合は修正したか。修正が困難な場合にはその旨を明記したか。

☐ 預り売上げが計上されている場合、実現主義に照らして売上計上時期に問題がないことを確認するとともに、棚卸しから除外されていることを確認したか。

☐ 発生主義によって処理されていない費用を把握し、期間損益に重要な影響を及ぼしている場合には修正したか。

☐ 費用の期間配分は費用収益対応の原則を満たしていることを確認したか。

☐ 売上原価中の棚卸高は期首・期末ともすべて BS の棚卸資産と一致していることを確認したか。

☐ 実態 PL 対象期間における棚卸資産の関連損失（減耗損・廃棄損・安値処分損など）を把握し、内容や経常性に応じて実態 PL における取扱いを検討したか。

【注】棚卸高の増減を通じて棚卸資産の関連損失が売上原価に含まれているケースが多く、何らかの記録が残されていなければ把握できない。他勘定振替高を用いて特別損失などに振り替えている場合、恣意的な利益調整の可能性があるためその振替根拠を慎重に検証する必要がある。

☐ 棚卸資産が原価計算に基づいて評価されている場合、原価計算資料をレビューし、原価の範囲、計算要素および計算方法などが原価計算基準に照らして妥当であることを確認し、問題がある場合は実態 BS・実態

PL を修正するとともに、今後改善すべき事項を記載したか。また、原価計算の継続性を確認し、変更がある場合にはその影響を適切に調整するか、調整が困難な場合には期間比較のうえで注意喚起したか。

☐　棚卸資産の評価が実際原価計算に基づいている場合、予定価格等（予定価格・予定賃率・予定配賦率）により計算された原価と実際発生額の差異を把握・分析し、その原価差異が適切に当該年度の売上原価に賦課または配賦されていることを確認したか。

・実際原価計算が行われていても、中小企業では原価差異の把握・処理まで行っていないケースが多い。この場合は、原価計算に用いている材料費の単価、労務費の賃率、経費の配賦率が不適当であっても予定ベースのままで棚卸資産が計上されていることになるため留意が必要である。

・予定価格等が不適当で比較的多額の原価差異が生じている場合には、実態 BS・実態 PL を修正（原価差異を当該年度の売上原価と期末棚卸資産に適切な方法により配賦）する必要がある。

☐　棚卸資産の評価が標準原価計算に基づいている場合、標準原価と実際原価の差異を把握・分析し、異常な原価差異については当該年度の費用（非原価項目）として処理され、その他の原価差異は適切に当該年度の売上原価に賦課または配賦されていることを確認したか。また、異常な原価差異については実態 PL において非経常的な費用として除外すべきか検討したか。

・標準原価計算に基づく在庫評価が行われていても、中小企業では実際原価計算まで行っておらず、原価差異が把握されていないケースが多い。原価差異が把握されていない場合には、そもそも標準原価の精度について検証できないため、標準原価によって棚卸資産を計上することの是非について十分に留意する必要がある。状況によっては何らかの方法で在庫評価を全面的に引き直すことも考えられる。

・標準原価の種類は 1 つではないため実態 BS・実態 PL の作成にあたって検証すべき原価を取り違えないように十分理解すべきである。例えば、在庫評価とは別の標準原価を用いて採算管理目的の粗利計算を

行っているケースもある。この場合、粗利計算用の標準原価は財務会計には何ら影響しないため、当該粗利計算における粗利の合計（または標準原価の合計）と PL の粗利（または製造原価）を比較しても財務会計上の原価差異を把握したことにはならない。なお、上記のような粗利計算用の標準原価であっても採算管理・採算分析の前提となるため、DD においてその計算の妥当性を検証すべきであるが、検証目的が異なる調査要点である。

☐ 社内製作の固定資産が計上されている場合、その取得原価を構成する費用の性質（直接材料費などの増分費用か否か）や経常性などを考慮して、実態 PL において適切に取り扱ったか。

☐ 過年度損益の修正損益を把握し、正しい期間の損益として修正したか。

・必ずしも修正損益として明示されているとは限らない。各勘定科目で処理されている修正損益、棚卸資産や引当金の洗替を通じた修正損益もある。

・会計帳簿で修正されているとは限らない。販売管理システムなどで処理されている修正損益もある。

・会計帳簿などのマイナス処理が修正損益とは限らない。値引き・返品などのマイナス処理もある。

・修正処理がマイナス処理とは限らない。過年度の損益過少計上を修正するプラスの処理もある。

・修正処理が必ずしも過年度損益の修正とは限らない。当年度損益の修正処理もある。

・過年度修正損益を特定するアプローチはケースバイケースである。対象会社の業務処理プロセスなどを踏まえて調査手続を立案する必要がある。

☐ 収益または費用の計上年度後に発生した個別取引レベルの後発事象を確認し、実態 PL における損益帰属年度を適切に修正したか。

・後発事象の例としては、事後的な価格変更（値引き・増額）、返品、返金、追納または還付、追加的な費用の発生などがあげられる。

・把握すべき後発事象は、実態 BS 基準日後の後発事象に限らない。財務 DD は事後的に複数年度を対象として実施するものであるため、実態 BS 基準日前の事象であってもその前の年度の修正後発事象となる。したがって、カバーすべき事象は実態 PL 作成対象期間の最も古い年度終了後から調査時点までに発生した事象である。

・例えば、3 期前に計上した売上げに対する事後的な値引きまたは追加原価が 2 期前に計上されているケースを想定した場合、売上計上時期に問題があれば実態 PL 上は売上げ（および対応原価）の計上時期を 2 期前に修正する必要がある。売上計上時期に問題がないのであれば、特段の理由がない限り、値引きまたは追加原価を 3 期前に帰属させるべきと考えられる。

・修正後発事象を特定するアプローチはケースバイケースである。対象会社の事業内容や業務処理プロセスなどを踏まえて調査手続を立案する必要がある。

☐　実態 PL は主要科目、損益区分、段階利益、償却前利益などが分かるかたちで作成したか。なお、段階利益の修正のみならず、なるべく決算書の PL 項目や科目レベルで修正した実態 PL を作成することが望ましい。

☐　会計上の修正事項については原則として実態 PL に反映したか。ただし、会計的に適正な PL を作成することが目的ではないため、収益力の実態把握という目的に照らして修正することが適当ではないと認められる場合には修正を行わず、その説明をレポートに記載したか。

☐　会計処理方法または表示方法に変更がある場合、その影響を適切に調整したか。調整が困難な場合には、期間比較のうえで注意喚起したか。

☐　経理処理の精度が低く、計上科目の首尾一貫性に欠けている場合には、それらの影響を修正するか、期間比較のうえで注意喚起したか。

☐　非継続事業に係る損益やその他の非経常的な損益として調整することが適切と認められるものを実態 PL に反映したか。

☐　独立した第三者間取引における価格と乖離している取引を把握し、損益に与える影響を修正したか。

□ 窮境に陥ったことに起因するコストの減少または増加により正常な損益を示していない事実がある場合、再生計画の方向性や今後の解消見込みも踏まえて実態 PL における取扱いを検討したか。

・役員報酬の極端なカット

・従業員給与の一時的なカット

・金利減免等の支援または金融債務の求償権化などによる財務コストの減少

・信用リスクの悪化に伴う極端な財務コストの上昇

・延滞金、遅延損害金等の発生など

□ その他の要因による費用の一過性の減免（例えば、企業誘致や経済対策による租税公課等の減免など）について、実態 PL における取扱いを検討したか。また、将来のコスト増加要因としてレポートにおいて注意喚起したか。

□ 実態 BS の修正金額に消費税が含まれている場合、実態 PL は税抜ベースで修正したか。

□ 実態 PL の修正事項は収益と費用が対応しているか。

・売上高などの収益を修正している場合には、対応する売上原価などの費用も漏れなく修正したか。

・非経常的な費用を除外している場合には、対応する収益も除外したか。対応する収益が不明な費用や費用対効果が分かりにくい費用を安易に除外していないか。

・仕入原価または製造原価に属する費用を修正している場合には、棚卸資産の取得原価（実態 BS 評価額および実態 PL 棚卸高）に及ぼす影響も考慮したか。

(2) **売上高の分析**

□ 顧客別、販路別、顧客所在地域別、製商品別（または製商品カテゴリー別）、金額階層別、事業別、拠点別、部門別などのセグメント別売上推移を示し、それぞれの特徴、採算性、増減要因について説明を記載したか。

□ 製商品およびサービスについては、数量（個数、客数など）および数

量あたりの販売単価に分解し、それぞれの推移を分析したか。

□ 月別、日別、曜日別、時間帯別などの事業内容に応じて適当な売上推移を分析し、特徴や動向について説明を記載したか。

(3) 営業費用（売上原価、販管費）の分析

□ 科目別（重要な費目は相手先や支出内容による内訳別）の金額推移を示し、それぞれの内容、コストドライバー、増減説明等を十分に記載しているか。

□ 変動費について売上高（または適切なコストドライバー）との相関関係を示し、限界利益の増減要因を売上げと変動費の両面から分析したか。

□ 固定費について売上高に対する各費目の比率を示し、比率の悪化要因または改善要因を売上げと固定費の両面から分析したか。

□ 固定費について月次推移を示し、増減要因と最新の固定費の状況について説明を記載したか。

□ 固定費について数量と単位あたりの単価に分解するか、入手可能なコストドライバーとの相関関係を示し、推移を分析したか。

□ 各費用の内容、必要性、コスト削減の取組状況について十分に理解したか。

(4) 営業外・特別損益

□ 科目内訳の推移を示し、それぞれの内容、増減説明等を十分に記載しているか。

(5) 採 算 性

□ 製品別またはサービス別の採算管理（利益計算）が行われている場合、その基礎となる原価計算について原価の範囲、計算要素および計算方法が採算管理目的に照らして適切であることを確認したか。また、利益計算に用いている原価は販売時点の最新の原価を反映しているものであることと、財務会計上の原価と比較して重要な乖離がないことを確認したか。

□ 得意先別の採算管理（利益計算）が行われている場合、製品またはサービスの原価に加えて、当該得意先に対する販売コスト等が適切に考慮されていることを確認したか。また、それらの販売コストは販売時点

の最新の費用を反映しているものであることと、財務会計上の販売費用と比較して重要な乖離がないことを確認したか。

☐　部門別（組織上の部門に限らず、拠点別・事業別などを含む）の損益管理（利益計算）が行われている場合、各部門の定義、部門直接費の範囲、共通費の配賦方法、部門間取引や部門間振替えが行われている場合にはその仕切価格や振替価格の算定方法など、計算の基礎を理解したか。

☐　上記の確認の結果、計算方法またはその運用に問題があり、実際の採算が大きく異なる可能性がある場合にはレポートにおいて注意喚起するとともに、改善すべき事項を記載したか。

☐　製商品またはサービス別の採算について、それぞれの採算性の特徴や動向について販売面とコスト面から分析し、説明を記載したか。

☐　得意先別の採算について、それぞれの採算性の特徴や動向について販売面とコスト面から分析し、説明を記載したか。

☐　部門別の採算について、部門貢献利益レベルでの採算性の特徴や動向について分析し、説明を記載したか。分析にあたっては、各部門が取り扱う製商品またはサービス、その得意先、部門直接費、プロフィットセンターとコストセンターの違いなどを適切に考慮したか。

☐　全社または適当なセグメント別に損益分岐点分析を行い、損益構造の特徴、動向、課題などについての説明を記載したか。

(6)　**月次損益**

☐　月次損益の推移を示し、業績動向と主な変動要因、季節性などについて説明を記載したか。

☐　可能な場合には基準日後の月次損益まで分析に含めたか。

(7)　**実態 PL ベースの分析**

☐　実態 PL の推移について増減説明等を十分に記載しているか。

☐　可能な場合には、各種分析に係る金額・比率等の数値（科目別内訳推移、セグメント別情報、採算分析、月次損益）については実態 PL ベースに補正したか。

☐　各種分析数値を実態 PL ベースに補正していない場合、その旨を注意喚起しているか。また、ミスリードを招かぬよう、補正していない数値

に関して表面上の数値のみを根拠とする記載を避けているか。

5　キャッシュ・フロー関連の調査

(1)　CF 計算書の作成

☐　キャッシュ・フロー計算書を示し、資金の範囲、利息等の表示区分、表示方法（直接法・間接法）について説明を記載したか。

> 【注】対象会社がキャッシュ・フロー計算書を作成している場合は、その作成方法や内容を確認したうえで利用可能性を判断する必要がある。

☐　キャッシュ・フロー計算書を作成するにあたっては、PL および BS の内容を十分に確認したうえで各活動区分に振り分けたか。

> 【注】PL の営業外損益は営業活動・投資活動・財務活動に係る損益が混在しているため、内容に応じて振り分ける必要がある。また、営業損益は必ずしも営業活動に係る損益のみが計上されているとは限らない。BS においても未収入金・仮払金・前渡金・未払金・未払費用・仮受金などは、内容に応じて振り分ける必要がある。また、売上債権・仕入債務は必ずしも営業活動に係る営業債権債務のみが計上されているとは限らない。したがって、キャッシュ・フローの各活動区分を正確に示すためには、PL および BS の計上内容を確認する必要がある。この点、PL および BS の内容確認を省略した期間についてキャッシュ・フロー計算書を作成する場合には、ミスリードのおそれがないように配慮する必要がある。

(2)　CF 計算書の分析

☐　各活動区分のキャッシュ・フローについて主な収支の内容や増減説明を十分に記載しているか。

☐　営業活動キャッシュ・フローについては表面上の収支尻にとらわれることなく、PL 要因と BS 要因の両面からキャッシュ・フローの実態を的確に把握したか。

> 【注】営業活動 CF の収支尻が黒字または赤字であることをもって是か非かというだけでは実態を把握したことにならない。例えば、売上債権・仕入債務の変動は営業活動 CF の主要項目であるが、それら変動要因は売上構成・仕入構成の変化、決済条件の変更、期末休日要因、営業債務の支払遅延など様々である。

(3) **運転資本の分析**

□ 売上代金の入金手段（現金、手形、振込み、前受け等）と入金サイトを確認し、それぞれの構成割合を把握したか。

□ 仕入代金の支払手段（現金、手形、振込み、前払い等）と支払サイトを確認し、それぞれの構成割合を把握したか。

□ 入金条件または支払条件について今後の変更予定を確認し、変更が予定されている場合にはその資金的インパクトを検討したか。

□ 棚卸資産について正常在庫の残高推移、リードタイムや在庫保有ポリシーなどを確認し、削減の余地または積み増しの必要性を把握したか。

□ 年度末の運転資本（売上債権＋棚卸資産＋前渡金－仕入債務－前受金。可能であれば実態 BS ベース）の推移を示し、運転資本の構造的特徴（基本的な特徴）と変動要因を分析したか。

□ 季節性や大口取引の集中度合いにより年度内の資金需要が大きく変動する場合には、月次の運転資本（可能であれば実態 BS ベース）の推移を示し、期中における資金需要と資金余剰の発生傾向を把握したか。

(4) **設備投資の分析**

□ 過年度の設備投資や修繕費の推移と内容、設備資金の調達状況、主要設備の取得時期、老朽化の程度などを把握し、これまでの設備投資の状況と課題について記載したか。

□ DD 段階で今後必要な設備投資予定額、具体的な内容・概算金額と必要性を把握し、要点を記載したか。

□ 計画的な設備投資以外に、経常的に必要となる最低限の設備投資として考慮しておくべき平均的な水準を把握したか。

□ 今後の設備資金を確保する手段として、リース・割賦や補助金等の利用可能性を把握したか。

(5) **資金繰り**

□ 月次資金繰り表（実績・見込み）を示し、主な収支の内容や資金残高の推移について説明を記載したか。また、資金の範囲や今後の見込みに関する前提条件・計算方法など、資金繰り表を理解するために必要な説明を併せて記載したか。

- [ ] 容易に資金化可能な資産（割引可能な受取手形や即時処分が可能な有価証券など）を有している場合、資金残高のみならず、それらの資金化可能資産の残高や資金繰りへの充当状況を併せて記載したか。

- [ ] 今後の資金繰り見通しに重要な懸念（資金ショートの可能性や重要な不確実性）がある場合、その内容と顕在化したときにとり得る資金繰り対策を確認したか。また、必要に応じて日繰り表を確認したか。

- [ ] 資金繰り対策として、資産処分、取引先による資金的支援（サイト変更、前受入金、取引保証金返還等）、債務の支払繰延、借入金調達などが行われている場合または今後予定されている場合、それらに起因する将来の資金的なマイナスの影響を確認したか。
  - ・資産処分：賃貸収入の減少、売却益課税の負担等
  - ・取引先の資金的支援：支援終了時の資金負担
  - ・債務の支払繰延：損害金等を含む解消資金負担
  - ・借入金調達：元利払の資金負担、調達コスト増加

- [ ] 債務の支払繰延がある場合、相手先との関係、これまでの経緯（繰延期間、交渉状況、督促の有無など）、信用不安を招くおそれまたは法的手段による債権回収に進展するおそれなどを確認したか。

- [ ] 支払時期を予見できない債務の支払（条件が不明確な借入金の返済、退職給付債務の自己都合退職による支払、債権者側の要求により即時返還が必要となる預り金・前受金の支払など）を確認し、計画策定に向けた対応を検討したか。

(6) **必要最低資金の把握**

- [ ] 月中における主な入金・出金を把握し、資金がボトムとなるタイミングと、それに向けて保有しておくべき必要最低資金の水準を検討したか。

6 税務関連の調査

(1) **全般事項**

- [ ] 課税所得、青色欠損金、利益積立金（主な税務調整含む）の状況を示し、理解しておくべきポイントについて説明を記載したか。

□ 過年度の税務調査の実施状況（対象年度、指摘事項、対応状況等）を確認したか。

□ DD において把握した会計処理や取引の内容に照らして、過年度の税務申告に関するリスクが認められる場合、その内容を記載したか。

⑵ **タックス・プランニング**

□ 青色欠損金の繰越期限、処分可能な資産の評価損、その他の実態 BS 修正事項の損金算入可能性、税務上の含み損（将来減算一時差異）の実現見込みなどを踏まえて、タックス・プランニングに向けて留意すべき事項を検討したか。

□ 法人税法上の中小法人等に該当しない場合、タックス・プランニングへの影響を検討したか。

□ 抜本的な金融支援が予定されている場合、予定されている再生スキームにおいて債務免除益（見込額）を欠損金や実現可能な評価損などにより吸収することが可能か確認したか。

□ 仮装経理が行われていた場合、更正の請求を行うか否かによるタックス・プランニングへの影響を検討したか。

事項索引

執筆者・座談会参加者一覧（50音順）

青木健造　（第1章）
公認会計士
ロングブラックパートナーズ株式会社　ディレクター

青柳立野　（第4章、第9章、チェックリスト）
公認会計士・税理士
ハートワース・パートナーズ株式会社　代表取締役

赤坂圭士郎　（第1章、第9章）
公認会計士
ロングブラックパートナーズ株式会社　パートナー（事業再生アドバイザリー
部門統括）

安齋慎哉　（第5章、第7章、第8章、第9章）
公認会計士・税理士・中小企業診断士
株式会社アンカーコンサルティング　代表取締役

牛越　直　（第9章）
公認会計士
ロングブラックパートナーズ株式会社　パートナー（グループ統括）

鏡　高志　（第2章、第9章）
公認会計士・税理士
髙野総合コンサルティング株式会社　代表取締役

金子剛史　　（第3章、第9章）

公認会計士・税理士

MOD コンサルティング株式会社　代表取締役

一般社団法人中小企業私的再建推進協会　監事

鈴木哲史　　（第2章）

公認会計士・税理士・中小企業診断士

髙野総合コンサルティング株式会社　取締役

福島朋亮　　（第6章、第9章）

公認会計士・税理士

FA ソリューションズ株式会社　代表取締役

藤原敬三　　（第9章）

元・中小企業再生支援全国本部　統括プロジェクトマネージャー

一般社団法人中小企業私的再建推進協会　常務理事

中小企業再生のための
財務デューディリジェンスの実務

2022年10月28日　第1刷発行
2024年5月17日　第3刷発行

著　　者　福島朋亮／青木健造／青柳立野／
　　　　　赤坂圭士郎／安齋慎哉／牛越　直／
　　　　　鏡　高志／金子剛史／鈴木哲史
発行者　　加藤一浩

〒160-8520　東京都新宿区南元町19
発　行　所　一般社団法人 金融財政事情研究会
企画・制作・販売　株式会社きんざい
編集部　TEL 03(3355)1758　FAX 03(3355)3763
販売受付　TEL 03(3358)2891　FAX 03(3358)0037
URL https://www.kinzai.jp/

＊2023年4月1日より企画・制作・販売は株式会社きんざいから一般社団法人
金融財政事情研究会に移管されました。なお、連絡先は上記と変わりません。

DTP・校正：株式会社友人社／印刷：三松堂株式会社

ISBN978-4-322-14180-1